U0940585

北京大学比较文学学术文库／严绍璗 主编

# 哈姆雷特的问题

张　沛　著

北京大学比较文学学术文库

教育部211学术科研项目

# 哈姆雷特的问题

## "That Is The Question":
## Hamlet Re-read From A Chinese Perspective

张 沛 著

**图书在版编目(CIP)数据**

哈姆雷特的问题/张沛著. —北京:北京大学出版社,2006.11
(北京大学比较文学学术文库)
ISBN 978-7-301-11178-9

Ⅰ. 哈… Ⅱ. 张… Ⅲ. 悲剧—人物形象—文学研究—英国—中世纪 Ⅳ. I561.073

中国版本图书馆 CIP 数据核字(2006)第 126855 号

**书　　　名:哈姆雷特的问题**
著作责任者:张　沛　著
责 任 编 辑:胡　娜
标 准 书 号:ISBN 978-7-301-11178-9/I·0828
出 版 发 行:北京大学出版社
地　　　址:北京市海淀区成府路 205 号　100871
网　　　址:http://www.pup.cn
电 子 邮 箱:zbing@pup.pku.edu.cn
电　　　话:邮购部 62752015　发行部 62750672　编辑部 62767347
出版部 62754962
印　刷　者:北京大学印刷厂
经　销　者:新华书店
890 毫米×1240 毫米　A5　9.125 印张　260 千字
2006 年 11 月第 1 版　2007 年 5 月第 2 次印刷
定　　　价:22.00 元

---

# 出版总序

《北京大学比较文学学术文库》是近数十年来以北京大学学者为主体的中国比较文学研究的学术集成，它是这个学术群体数十年来在“比较文学”这一学科中所积累的对于这一学术的理解和从事的学术实践，现在以“系列书系”的形式公刊于世。

中国比较文学学术研究自20世纪70年代末期复兴以来，已经走过了30年的路程。如果从学术层面上考察，可以说出现了三代主峰。以朱光潜、黄药眠、杨周翰、李健吾、钱钟书、季羡林、金克木、李赋宁、周珏良、陈嘉、范存仲诸先生为代表，他们是“文革”之后推动中国比较文学复兴的第一代学者。以乐黛云、饶芃子、陈惇、钱中文诸先生为代表，他们是推进中国比较文学繁荣和发展的第二代学者。目前，在跨入21世纪之后，中国比较文学的学术研究已经形成了第三代学者。他们中间已经出现了一批杰出的具有代表性的学人。在几代主峰中间，也都存在着许多过渡性的学术桥梁。前一代主峰学者的学术与精神正是经由这些“学术桥梁”传达到了后一代的主峰层面上，承前启后，把学术推向新的境界。

北京大学比较文学与比较文化研究所的建立与发展，与中国比较文学事业发展的轨迹相一致。它的前身“北大比较文学研究中心”创建于1981年，由杨周翰教授领衔主其事。这正是第一代学者们致力于复兴中国比较文学学术的产物。它被定位于北京大学,或许这正体现了20世纪中国新文化与新学术发展的基本脉络。

1985年,我国教育部批示同意北京大学把"比较文学研究中心"改建为具有独立建制的实体性的"比较文学研究所"(1993年,北京大学校长会议依据学术研究的需要,决定将该所更名为"比较文学与比较文化研究所"),以季羡林教授为顾问,由乐黛云教授为所长。不久,乐黛云教授又当选为中国比较文学学会会长、国际比较文学学会(ICLA)理事、副会长。而北京大学比较文学研究所也成为中国比较文学学会秘书处与国际比较文学学会中国联络处的所在单位。这一系列的文化事态,便成为在80年代中期中国比较文学学术经过近十年的复苏准备而进入向其学术峰面跃进的标志。

此后的20年来,北京大学比较文学与比较文化研究所与全国学术同仁共同努力,希望在这个长期被忽视而又对于我国人文科学在世界崛起具有相当意义的学术领域中能够有所作为。尽管研究所的规模不大,教学与科研人员不多,但全所对于学术的忠诚不敢懈怠于片刻。在教育部和北京大学的支持下,比较文学与比较文化研究所不仅在国内学术界而且在国际学术舞台上,在三个层面中取得了具有决定性意义的发展。

第一,北京大学比较文学与比较文化研究所在我国高等学校比较文学研究的专业人才的培养中率先建立起了"硕士→博士→博士后流动站"的完整的学位学术体系。国内和国际上对比较文学学术有兴趣的研究者在这里经过严格的、规范的训练,造就成比较文学学术领域中强有力的学者,他们既在国内的学术界,也在欧洲、北美、日本、韩国和澳洲等广袤的学术领域中发挥着积极的学术作用。与此同时,20年的人才培养也使我们对于在中国人文环境中如何造就以本民族文化教养为基础的具有世界性多元文化思维能力的比较文学研究者的体验愈益深入和深刻,成为不可多得的学术财富。

第二,北京大学比较文学与比较文化研究所组成的学术群体,以自己坚韧的学术精神和相对坚实的学术功力,以他们勤勉和聪颖的智慧,在继承本学术领域内相对稳定和合理的公共成果的基础上,以创造性的精神，拓展和深化了比较文学的研究层面。由这一群体所特别提倡并躬身持久实践的比较文学的“发生学”、“形象学”、“叙事学”、“阐述学”、“符号学”和“比较诗学”等学术层面的研究，已有相当的进展，从而把对“比较文学”的学术认识从它的功能价值与社会作用引向了对学术内奥的研讨，把传统的“传播研究”、“影响研究”和“平行研究”综合而融为一体，推进了把文本实证与理论阐发相互贯通的多层面的原创性思维，显示了以中国文化为教养的世界多元文化精神、文化观念和方法论特征。今天，我们可以多少有把握地说，这一群体已经开始具备了捕捉国际学术发展新趋势，回应本领域中相关学术挑战的能力。

第三，北京大学比较文学与比较文化研究所组成的学术群体，不仅已经为国际学术界所承认，而且已经获得了相当的学术声誉。其标志有三。一是北大比较文学与比较文化研究所已经在本领域中建立了高层次的多项目的国际学术合作，其学术成果为学术界所认定，其中有获得国际(政府间)组织所授予的“学术类金奖”的荣誉，且目前仍然继续着这样的国际学术合作。二是本学术群体的成员，全部在研究对象国有过“学位留学”、“学术讲学”和“研修养成”等广泛的学术文化体验。其中有些先生的学术信念和学术观点为相应的对象国学术界所重视，在国际同行中具有程度不等的影响力和学术声望。他们的著作被指定为大学研究生的“必读书”；他们在国外学术会议中，经常作为“基调报告”和“主题讲演”者出现，从而开始实现以“自我学术”为基点融入并推进国际学术发展的“全球学术”势态。在这一过程中，相应展示了北京大学乃至中国的人文学术的某些风采特征。三是北大比较文学与比较文化研究所的成员，先后并长期承担着国际比较文学学术组织的负责工作。除乐黛云教授担任国际比较文学学会副会长外，孟华教授长期担任国际比较文学学会理事，严绍璗教授担任国际比较文学学会东亚研究委员会(CEAS)主席，并先后担任在日本大阪成立的东亚比较文化国际会议(常设)副会长、会长等。由此而使得北京大学比较文学与比较文化研究所有可能实际参与国际学术活动的运作，并相应地表达中国学者的声音。

北京大学比较文学与比较文化研究所数十年来随着祖国在世界的崛起，在丰富多彩的人文学术中尽了自己最大的努力，取得了这些微薄的业绩。正当研究所准备回顾自己的学术踪迹，结集自己的心得之时，《北京大学比较文学学术文库》作为“国家重点学科”的学术课题被纳入北京大学“211”学术规划之中，经我国教育部专家组审议予以认定，从而得以公刊于世。

本《文库》的内容暂定为两大系统。一是20年来，北大比较文学与比较文化研究所在邀请与接纳世界各国学者来本所讲学的同时，本研究所的教授也在世界许多国家有过许多的讲学和讲演。他们使用对象国的语言，阐述自己的研究心得，沟通中国比较文学学术与国际的联系，展现中国和北大学者的学术业绩和人文精神。《文库》对此加以编辑为《海外讲演录》，仍然使用作者当年讲学和讲演时的“对象国”语文出版，以便对他们在世界各地学术界表述的“中国声音”进行“保真”。第一期先行刊出英文版、法文版和日文版三卷，以后还将继续结集公刊；二是这一学术群体成员在多元文化层面中所做的具有学术意义的专门著作。我国比较文学的研究在近四分之一世纪中成果殊丰，但在作为比较文学学术内奥的各个文学与文化层面上则还未见有切实的阐述研究。本研究所致力于推进把文本实证与理论阐发相互贯通的多层面文化的原创性思维，在文学的发生学研究、形象学研究、比较诗学研究、阐述学研究和文化学研究诸多领域，作了探索性的努力，分别撰著为专题研究的论稿。第一期先行刊出四卷，以后将会陆续公刊。

参与《文库》著作的作者大约有三个层面，一是比较文学与比较文化研究所的成员，二是在本研究所获得“文学博士”学位的成员，三是参与本研究所课题研究的特邀成员。

我们希望这一《文库》的刊行，能够把比较文学的学术研究的注意力，在一般概念阐述的基础上引向更加深入的学科的各个研究层面，展现学科各个内在领域的内奥与各自的特征，逐步形成具有“中国话语”特征的“中国比较文学学术”。

我们衷心地期望有更多的学者在同一学术目标下有着更加广泛

和切实的合作，也诚恳地期待在阅读本《文库》过程中各位读者的批评指正和提出各种商榷感想。

本研究所感谢北京大学出版社承担本《文库》的出版，特别感谢出版社副总编张文定先生、外语编辑室主任张冰女士与各位编辑的辛勤劳作。

严绍璗

北京大学比较文学与比较文化研究所所长

《北京大学比较文学学术文库》主编

（2004年清明之日撰于北京大学静园六院）

# 目　录

序

# 《哈姆雷特》的问题

陆谷孙

张沛同志敏而好学，在复旦攻读硕士期间，我已发现此人审问、慎思的特点。士过三日当刮目相看。近读他的新著《哈姆雷特的问题》，深感张去北大攻博学成，复做博士后研究，素心焚膏，笃志穷道，融会中西，视界大开，器识已远非昔日可比。承他尚记当年在复旦莎士比亚课上逐字逐句精读《哈姆雷特》的心得，并以此剧为标本，从一曲审全貌，倘佯恣肆，既邃深商量旧学，又反复详玩新知，落笔十数万言，虽未必箭箭中鹄，但多洞见的论，我自叹弗如也。

张著取题“哈姆雷特的问题”，想来当是对应剧中“That is the *question*”（italics mine）一语，重点落在主人公身上，着重在哲理的探究。这篇代序试以“《哈姆雷特》的问题”为题，改以考察剧本而非主人公楔入，拟根据文本罗列一些有趣问题（不局限于社会、哲学方面，当然也不展开求解），意不在质疑折冲，倒是想提供多方面的视角，以冀扩大全书容量。有幽默感的读者，不妨把这篇序文，看作当年的老师在此与当年的学生唱一出双簧可也。

先从问题剧说起。

《牛津英语大词典》收录的"problem play"首例见于19世纪末期，严格说来，"问题剧"是一种晚近的戏剧样式，所谓"问题"者，专指某个社会关注问题。如萧伯纳在《论戏剧》[①]中提到的自Mary Wollstonecraft Shelley(英国诗人雪莱之妻，《弗兰肯施泰因》的作者)以还，社会普遍关心的妇女问题，直到挪威的易卜生写出《玩偶之家》才算是一部真正意义上的问题剧。萧本人也是写此类问题剧的好手，如《芭芭拉少校》，不但着墨讨论"救世军"等宗教问题，还涉及军火工业乃至战争与和平问题。

不过，萧伯纳又说，就任何剧作都或多或少提出社会问题的意义上说——如莎士比亚笔下的哈姆雷特琢磨自杀问题和卡西奥反省酗酒问题(后者见《奥赛罗》)——每一部戏又可被视作问题剧。而早在萧之前一个多世纪，就已有评家从更宽泛的意义上，用"问题剧"一词来指称莎士比亚在17世纪初年写成的几部剧作，即《终成眷属》、《哈姆雷特》、《一报还一报》和《特洛伊罗斯和克瑞西达》，理由是剧中有"反常的心智状态"和"复杂的良知问题"，到最后只能"采用没有先例的方法去解决"[②]。当然，还有宽泛无边因而不免舛讹的说法，即把全部莎剧，不管是喜剧、悲剧、历史剧或传奇剧，一网打尽，统称之为"问题剧"，即如莎士比亚出生地托管基金会主席Levi Fox所言[③]。

《哈姆雷特》乃全部莎剧中篇幅最长的一部，主人公丹麦王子一人台词共1506行，占全剧台词的39%，名列所有说台词的1378名莎剧角色之首。130年来，前身为莎士比亚纪念剧院的英国皇家莎士比亚剧团(RSC)演出频度最高的是《哈姆雷特》，共82次(场数更多)，而百年以来根据剧中故事拍成的影片有75部(仅次于《罗密欧与朱丽叶》)，两种媒体相加，受众无计，从而使故事在全世界家喻户晓。从这样一部剧作和这样一个角色入手来诠释莎士比亚的各种问

---

① West, E. J. (ed.). *Shaw on Theatre*. New York: Hill and Wang, 1968.

② Boas, Frederick S. *Shakespeare and His Predecessors*. New York: Greenwood Press, 1896, Reprinted 1969, pp. 14—15.

③ Salzma, L. F. (ed.). Levi Fox in *The Victoria History of the County of Warwick* (*IV*). Oxford: OUP, 1947, p. 218.

题，无论从文本本身的代表性，或从接受主义的广度来说，无疑是有的放矢的。

就挖掘并提出问题而论，《哈姆雷特》不啻是座“富矿”。问题中荦荦大端者如“生与死”、“知与昧”、“知与行”、“虚与实”、“盈与冲”、“貌似与本真”、“表演/化妆与自然”、“朝夕与永恒”、“樊笼与无垠”、“计谋与宿命”、“奸佞与仁义”、“牺牲与保全”、“吁天与亵渎”等等。此类问题中有不少正是张著论述的重点，小序不赘。但犹有许多与文本或舞台演出有关的问题，至今尚阙圆满的答案，有的可能成为永远的谜团，窃以为相当一部分的莎士比亚魅力正在于此。

譬如说，已为后世耳熟能详的独白“To be, or not to be; ...”(III, i, 58—92)究竟本来行文面貌如何？《哈姆雷特》第一次印成文字是在1603年，形式是一剧一册的四开本(quarto)。这第一四开本史称“讹本”，是由几位甚至某一位演员(一说系扮演次要角色军官马西勒斯的那位)凭记忆拼凑而成的。必须注意，为防剧本外流到票房竞争者手里，当年的演员一般都只拿到自己饰演的角色的台词文本，全剧文本则掌握在舞台监督(时称book-keeper)手中，所以依靠演员回忆拼凑，准确性自然较差，但另一方面，按照当代某些莎学家的看法，这样的文本倒是可能更接近于“实时”(real-time)的莎士比亚①。第一四开“讹本”的那则独白开篇是这么几句：

To be, or not to be, I [=ay] there's the point,
To Die, to sleepe, is that all? I all:
No, to sleepe, to dreame, I mary [=marry] there it goes,
For in that dreame of death, when wee awake,
And borne before an euerlasting Iudge,
From whence no passenger euer retur'nd
The vndiscouered country, at whose sight
The happy smile, and the accursed damn'd.

① Garber, Marjorie. *Shakespeare After All*. New York: Anchor Books, 2004, pp. 467—468.

拿这8行与流传至今并引得学者们诠释不尽的文本作一比较，主要区别似在语速和用词；至于意象，“长眠”、“做梦”、“未被发现的天地，旅人不曾回归”都无变化，失落的是“命运的矢石”等大量的隐喻和对现世苦难的罗列，从而剥夺了后世学人阐释、解码破译、解构——重构的无穷乐趣；而 The happy smile 一语更是破坏了整段的基调。第一四开本是个“讹本”已有定论，但文本极为浓缩，长度仅及吾人今日所见文本之半，动作性和可演性强，不像今日所见文本前半部王子“延宕”复“延宕”(前四幕每一幕都有一大段独白)，直到三幕二场的“戏中戏”开始，思考转向动作，剧情急遽推进，而“讹本”被认为没有这种结构上的瑕疵。因此专门研究“文字莎士比亚”(Shakespeare on the page)的学者，似也应注意“舞台莎士比亚”(Shakespeare on the stage)，特别是英国伊丽莎白一世时代的“实时”莎士比亚。

我是个称铢度寸的微观型学人，兼之教过几轮《哈姆雷特》，脑子里还存有不少其他的琐屑问题，诸如幕启之时喝问口令的何以不是值班哨兵，反倒是行近的换岗人？这算不算文学中的一种“所指”，从戏一开始便埋下乾坤颠倒的隐喻？(后又为“地上打雷”—— earthly thunder 等意象反复强化。)第一幕第一场鬼魂的缄口与紧接其后第二场僭主的雄辩是不是奇崛的对照，出自剧作家有意的手笔？(谁说“意图”一定是“谬论”?)鉴于剧中反复出现因应时事的内容，僭主口中“our sometime sister, now our queen”会不会激发当年观众对伊丽莎白女王的联想？——其父亨利八世曾违背《旧约》“利未记”训诫，占嫂为妻。同样，波洛涅斯的原型是伊后的某位宠臣抑或波兰使节，他在 II, ii, 379—382 对巡回剧团剧目的饶舌介绍(悲剧、喜剧、历史剧、田园剧、田园喜剧、田园史剧、历史悲剧、历史田园悲喜剧)是否对戏剧学术化的讥讽？——特别是“历史田园悲喜剧”颇使人联想到今日里我称之为 pigeonholing 的学术细分，如 bio－＋x＋y...。剧中众哨兵追看鬼魂，观众看演员；哈姆雷特冷眼看僭主，观众看王子；还有“戏中戏”，众演员看戏子，观众看演员——这是不是一种“大娃套小娃”的“俄罗斯玩偶”式的戏剧效应？有使用电脑专事莎剧中意象复现统计的学者发现，“ear”一词在《哈姆雷特》剧中使用最频，疑与施毒于耳及全剧多偷听刺探的剧情有关，基于同理，我们是否可分别统计关于"腐败"(rotten, cankerous, contagion, ulcer 等)以及关于"伪装"(show, play, stage, face-painting, plast'ing art 等)的意象,以期更接近全剧主旨?关于 thou/you 的换用,如幕启时两哨兵的对话(勃那多先说"get *thee* to bed, Francisco",继问"Have *you* had quiet guard?"前者以私交身份,用亲切语气,后者则事关军务,语气自然涉公)以及 III, iv 母后寝宫的母子唇枪舌剑,是否可解今日读者之疑以利其他莎剧的阅读理解?莎翁创作《哈姆雷特》,除去已知的 12 世纪拉丁文《丹麦史话》、16 世纪的法文《历史悲剧》和早些时候的佚失剧《元始哈姆雷特》(*Ur-Hamlet*)之外,还读过些什么古书?已有的考证指出,莎士比亚的"To be, or not to be"名段明显受了从古希腊普罗塔克和古罗马西塞罗到法国蒙田等人著作的影响,那么剧中的其他内容是否也有所本呢?如墓地郁利克骷髅背后有无第一部人体解剖教科书《人体构造》(*De humani corproris fabrica*, Andreas Vesalius 著,1543 年)的影响?溯源莎剧过去有 Geoffrey Bullough 的 8 卷巨制可供参阅,如今又出了一位苏格兰格拉斯哥大学的年轻教授[1],断言莎翁读过郝林希特、普罗塔克、奥维德、贺拉斯、《圣经》、英国国教《祈祷书》、《伊索寓言》等 200 多种参考书,其结论可靠性如何?出现鬼魂的莎剧不只《哈姆雷特》一部(读者可比照《麦克白》、《理查三世》等),但惟有先王老哈姆雷特用词丽靡,且有塞涅卡古风,形容惨遭谋杀一段颇有伊甸园神话的意味,加上对忏悔、炼狱的描写,是否足见天主教教义对作者的影响?对于新历史主义宣称的莎氏在清教主义英国阴奉旧教的结论,算不算又是一证?剧中"globe"一词倘若兼有"脑袋"、"地球"、"环球剧场"的三重意义,"union"有"宝石"和"联姻"两重意思,那么"nunnery"(III, i, 122)除了"尼姑庵"以外有无伊丽莎白时代俚语中"妓院"的暗指?鬼魂出现于暗夜,闻鸡鸣急遁,随后就是笔者吟玩不倦的关于旭日、朝露、青嶂的两句,由霍拉旭说出:

> But look, the morn in russet mantle clad

---

① Gillespie, Stuart. *Shakespeare's Books: A Dictionary of Shakespeare Sources*. London: Ahlone Press/Continuum, 2001.

Walks o'er the dew of yon high eastward hill. ①

可以想象现当代演出中此时舞台照明由暗转亮，正如紧接其后的I, ii中，在富丽堂皇的宫廷，在远离金灿灿的王冠和珠光宝气的一隅，孤独地站着一身黑色丧服的王子。此类灯光和戏装的现当代常技，以伊丽莎白时代的标准衡量，是否迹近 melodrama? 反会导致莎剧诗之美趣（如上引两句）的失落？说到演出，还有一个有趣的问题：莎剧在伊丽莎白时代由全男班演出——女角由男童饰演——乃习俗使然，不足为奇（这一技术性障碍可能也是莎剧女角常常无母的原因之一，像《哈姆雷特》中似乎就缺了一个波洛涅斯夫人！），然而由全女班演出《哈姆雷特》就匪夷所思了。据记载，自 1775 年 Sarah Siddons 起，至少有五六名女士饰演丹麦王子，20 世纪的 Judith Anderson 更是在 73 岁的高龄扮演哈姆雷特，一时传为佳话②。派定女角演哈姆雷特的用意是什么？难道有导演在王子身上发掘出了女性的细腻和阴柔？奥菲丽娅是投水自杀还是意外溺水？王子给巡回剧团的戏文中加上 dozen or sixteen lines（实指"几句台词"，与"一打"或"十六"无关）究竟是哪些？……如此这般，关于《哈姆雷特》的问题诚如丝麻纷乱，要解开有的谜团可能是曲学多辩，钻奇凿诡，只会治丝愈棼。另一方面，如同其他学问一样，力至则入，钻研一下上述问题可能不是没有好处的。

哈佛女教授 Marjorie Garber③ 说，阅读或观看《哈姆雷特》的功效之一在于唤起认同和回忆。诚哉斯言！给张沛老弟这部专著撰写序言时，我仿佛又回到了当年"Shakespeare in-depth"的课堂。在张沛他们是："学，然后知不足"；在我是："教，然后知困"。我还记得曾与学生分享自己认为极其重要的两个看法。一是搞文学的必须熟读第一手的作品，且要做到手披目视，熟诵其言，心惟其义，切不可丢下

① 在人民文学出版社 1978 年版《莎士比亚全集》中，朱生豪译作："可是瞧，清晨披着赤褐色的外衣/已经踏着那边东方高山上的露水走过来了。"

② Crystal, David & Ben. *The Shakespeare Miscellany*. Woodstock and New York: The Overlook Press, 2005.

③ Garber, Marjorie. *Shakespeare After All*. New York: Anchor Books, 2004, pp. 467—468.

原著，盲目躁进，急急效模第二手文评，玩弄术语唬人，结果把学问做“僵”；二是搞外国文学的不可完全抛弃中国文人重性灵、机趣、兴会的传统，一味皮附欧美分析哲学的高论；即便是穿上了后者的“紧身衣”，写文章也还须挥洒自如，元气淋漓。我还提出，学生应向中国的钱钟书和外国的本雅明学习（后者自称是 *homme de lettre*，即 man of letters，类乎中国的“文人”之谓，嗜写随笔、杂感之类，少泡沫，有深度），最好达到 Wonderlander 加 Wastelander 的学术境界。

张沛老弟从严格的意义上说，非我弟子；除了复旦的一段因缘，他去北大之后，由于两人都不存学校之町畦，兼之时下电话和电邮又极方便，切磋反倒更频。尼采讲过宗师与弟子的关系，称“子将背其师，盖渠亦必自成大宗师也”。张年而立，可不勉欤！

2006 年 2 月 4 日于复旦大学

# 前　言

## 一

作为西方文学史上公认的最伟大的诗人与戏剧家，莎士比亚的作品对中国现代文学的翻译和创作均产生了深远的影响。

莎士比亚(1564—1616)出生于英格兰中部瓦维克郡埃文河畔的斯特拉特福(Stratford-upon-Avon)，1585年离乡到伦敦谋生，1590年参加剧团开始舞台和创作生涯，1599年与人合建“环球剧院”，1612年回乡定居，四年后病逝。作为诗人和剧作家，莎士比亚主要活跃于伊丽莎白一世(1558—1603)、詹姆士一世(1603—1625)统治时期。“这是一个颠倒混乱的时代”(《哈姆雷特》一幕五场)，这句话在一定程度上也是当时英国社会的真实写照。这时英国经历着民族扩张、商业繁荣和宗教论战，处于神权政治与君权政治、封建农业社会与近代工商业社会、民族国家与世界性国家的交接点上。社会的发展与变化，带来了“英国文学的黄金时代”，而戏剧则是这个时代的骄子。从1580年起，英国产生了数十位卓有成就的剧作家，见于记载的剧本达一千部左右。莎士比亚的前辈、同侪与后学，诸如约翰·李利、罗伯特·格林这些“大学才子”以及约翰·弗莱彻等人，共同创造了复仇悲剧、伟人悲剧、浪漫喜剧、历史剧、宫廷喜剧、悲喜剧等戏剧体裁；莎士比亚则集其大成，更加纯熟地驾驭这些表现形式，从而奠定了英国戏剧的伟大传统。

莎士比亚20余年内共写了2首长诗、154首十四行诗和38部戏剧。其戏剧创作的题材多取材于历史记载、小说、民间传说和老戏等，反映了封建社会向资本主义社会过渡的历史现实，宣扬了新兴资产阶级的人道主义思想和人性论观点。他的创作可分三个阶段：(1) 1590—1601年，主要是富于乐观精神和鲜明信念的英国历史剧、喜剧和悲剧；(2) 1601—1608年，多为反映深刻矛盾和表现怀疑情绪的作品，包括《哈姆雷特》等五部悲剧和三部“阴郁的喜剧”；(3) 1608年后，则是倾向于妥协和幻想的四部悲喜剧和传奇剧。

莎士比亚的戏剧是对当时恪守“三一律”(即时间、地点与行动的统一)的欧洲大陆戏剧传统的一个反拨。伊丽莎白时期的剧场采用类似中国传统“三面光”式的裙式舞台，不像现代镜框式舞台那样把观众与演员隔离开来，因此演员可以直接同观众交流。他们的表演既有歌舞玩笑，又有杂耍特技，几乎包括了当时流行的所有大众娱乐形式。

当然，今天我们所欣赏的主要还是莎士比亚的剧本。莎士比亚是英语世界中首屈一指的语言大师，在他使用的17,000余词汇中，既有文雅的古拉丁语、法语和意大利语，也有时人习用的方言土语，甚至是不雅驯的俚语粗话。另外，由于他在写作时并不打算作为文学作品来出版，而是作为演出的剧本，因此有时难免产生疏漏重复、臃肿花哨的毛病。对此琼森、德莱顿、伏尔泰等人先后都曾加以指责，但这些缺憾在一定程度上正反映了他的原生性创作天才。

## 二

莎士比亚是一名广博而深刻的人性观察家。歌德曾这样评论莎士比亚：“莎士比亚是一个伟大的心理学家，从他的剧本中我们可以学会懂得人类的思想感情”，“莎士比亚已把全部人性的各种倾向，无论在高度上还是在深度上，都描写的竭尽无余”，“他把人类生活中的一切动机都画出来和说出来了！”《哈姆雷特》一剧为我们理解这些话提供了最好的样本。所谓"有一千个读者就有一千个哈姆雷特"，这部伟大的悲剧为我们提供了无穷的审美与阐释空间。

《哈姆雷特》取材于12世纪初丹麦历史学家"博学者萨克叟"(Saxo Grammaticus)所著《丹麦史》中的一段传说(苏格兰学者卡莱尔更把这个故事上溯到北欧神话)，在写法上明显具有古罗马剧作家塞内加(Lucius Annaeus Seneca，4 BC—65 AD)"复仇悲剧"的特点，另外与1594年在伦敦上演的一部鬼戏(已失传)可能也有些渊源。《哈姆雷特》的现存早期版本有1603年的第一四开本、1604—1605年的第二四开本、1611年的第三四开本以及1623年的第一对开本。现在通用的版本是在1604年本与1623年本进行汇校的基础上，适当改革拼写并加以现代标点的版本。

《哈姆雷特》所讲的故事是：丹麦国王突然死去，其弟克劳狄斯接替王位并娶王后为妻，回国奔丧的王子哈姆雷特对父亲的死因感到可疑，并对母亲急忙改嫁心怀不满。当他从父亲的鬼魂那里知道父亲被叔王害死的真相后，决心复仇。这时克劳狄斯授意王子早年的两名好友进行试探，王子则让演员在宫里演出一场弑兄夺嫂的戏进行反试探。对此叔王反应异常并有所觉察，于是指示大臣波洛涅斯的女儿，也是王子的爱人奥菲利娅去试探哈姆雷特。哈姆雷特装疯卖傻并故意表示冷淡。克劳狄斯再命波洛涅斯偷听哈姆雷特母子的谈话，波洛涅斯被王子误当作克劳狄斯刺死。在多重打击之下，奥菲莉娅精神崩溃，失足落水而亡。其兄雷欧提斯闻讯从国外赶回为父妹报仇。这时哈姆雷特也通过修改克劳狄斯的密令，结果了奉命押送他到英国的那两名好友，再次返回丹麦。克劳狄斯闻讯与雷欧提斯定计，安排后者与哈姆雷特比剑决斗，并在剑头上涂毒。斗剑时雷欧提斯处于下风，于是用暗剑刺伤了对方，但很快也被哈姆雷特刺中身亡。这时克劳狄斯赐饮哈姆雷特毒酒，王后抢过喝下，旋即中毒死去。哈姆雷特将叔王刺死后自己也毒发身亡，临死时他嘱托至交霍拉旭传达他的遗愿：推举兴兵来犯的挪威王子继任丹麦国王并把他的故事昭告世人。

《哈姆雷特》位列莎氏四大悲剧之首，也是世界文学中最伟大的悲剧之一。作者围绕爱情、友情、亲情的种种冲突，塑造了众多鲜明、复杂的人物形象，展现了一幅幅恢弘而细腻的戏剧场面。在情节上，《哈》剧采用了复仇剧（其典型模式是出身低微而高尚的主人公通过确凿的证据查明有人对他犯下了骇人的罪行，然后他克服重重艰险而终于报仇雪恨、伸张正义）与“血腥剧”的基本程式（例如《哈》剧中先后死去八人，其中四人在最后一场殒命），但作者在主人公复仇的主线之外，同时又安排了雷欧提斯以及挪威王子福丁布拉斯为父报仇的两条副线，三条线索相互映衬而深化了对复仇行为的伦理思考。

但是，莎士比亚塑造的哈姆雷特王子并不是一个典型的复仇悲剧英雄。哈姆雷特在德国的维登堡（Wittenberg）读书，而这里是马丁·路德新教改革的大本营，因此他具有“新人”、“自由思想者”的某些特点。在《哈》剧中，莎士比亚探索了人类良知在特定的社会与历史条件下所面临的内心冲突。在和邪恶势力斗争时，哈姆雷特不可能也不愿意求诸神灵或任何权威，而是召唤、思考、展示了人性的本质特征。这，正是《哈》剧的永恒魅力所在。

《哈》剧甚至也不是一部一般意义上的悲剧。古希腊悲剧源于祭神仪式，确切地讲是“牺牲剧”或“祭献剧”，因此按照西方传统的悲剧理论，悲剧主人公必然是一个品性高贵但遭到“命运”嘲弄的人；其遭受不幸或出于本人有意或无意的“过失”（例如《阿伽门农王》、《俄底浦斯王》），或出于奸人的陷害（例如《奥赛罗》），或出于自身“性格缺陷”（例如《安提戈涅》）。前二者属于命运悲剧，后者则属于性格悲剧；无论在何种类型的悲剧中，主人公都是奉献给命运——作为终极目的之“永恒正义”——祭坛上的美好牺牲。《哈》剧可以说兼有上述三种悲剧的性质（哈姆雷特误杀爱人之父、被叔父与好友设计陷害属于前一种类型，而在复仇时犹豫不决而导致本人及其亲人死亡则属于第二种类型），但同时也超越了上述悲剧类型，即主人公乃是出于明达而非无知、自感洞透了世界的本质而厌弃命运的终极目的，从而产生了一种形而上的、对于存在本身的绝望：To be, or not to be?

就语言而论，《哈姆雷特》取得了极高的艺术成就。《哈》剧所用的语言系 16 世纪时的早期现代英语，以抑扬格五音步的素体诗（blank verse）为主，但也有相当多的散文道白成分（典型如五幕“墓地”一场的道白多为散文甚至口语；在三幕二场“戏中戏”中，作者对雕镂堆砌的诗剧体还予以了丑化摹仿)。不过,其中大量的典故、文字游戏(例如双关)以及由于时代和印刷而带来的不规范与讹误,也为今人欣赏、理解和翻译这部作品带来了一定困难。

## 三

外国文学的翻译引进,一般是首先传入故事情节,接下来以该文化既有的文学形式进行翻译,最后逐渐走向精确模仿原作形式、忠实传达神韵的阶段。

莎剧在中国的译介情况正是这样的。1856 年托马斯·米尔纳的《大英国志》由西方传教士慕威廉译成中文,这是莎士比亚第一次"来到"中国。1903 年《澥外奇谈》根据查尔斯·兰姆(Charles Lamb)姐弟撰写的《莎士比亚戏剧故事》翻译出版,其中包括《威尼斯商人》、《哈姆雷特》等 20 个莎剧故事。1904 年林纾据同一文本与人合作用散文体文言翻译出版《吟边燕语》,对当时的知识界产生了一定影响。

上述翻译的蓝本均为经过改编的莎剧故事而非莎剧原作。1921 年,田汉在《少年中国》第 2 卷第 12 期上发表了白话译本的《哈孟雷特》,这是中国出版的第一个莎剧译本。田汉的译作转译自日本人坪内逍遥的日文译本,因此与原作有些出入。之后开始陆续出现其他莎剧的中译本,例如张采真的《如愿》(1926)、戴望舒的《麦克倍斯》(1930)等等,这些翻译标志着严格意义上的莎剧中文翻译的起步。

20 世纪 30 年代,莎剧翻译渐趋繁荣,具有代表性的译者有田汉、梁实秋等人,《麦克白》、《威尼斯商人》、《第十二夜》、《暴风雨》、《罗密欧与朱丽叶》等莎剧都有两种以上中文译本问世。三四十年代的莎剧翻译更趋系统完整,译者们更加注意贴近原作的形式与神韵,如曹禺、卞之琳、孙大雨、戴望舒先后用诗体翻译或重译了《罗密欧与朱丽叶》、《哈姆雷特》、《黎琊王》(即《李尔王》)、《麦克白斯》等剧。40 年代的莎剧翻译以曹未风与朱生豪为代表。朱生豪从 1937 年开始翻译莎士比亚作品,至 1944 年先后译有喜剧、悲剧、杂剧等 31 种,其中 27 种由上海世界书局于 1947 年出版。

据统计,从 1903 年的《澥外奇谈》到 1947 年的朱生豪译本,先后共有21人加入了莎剧的翻译队伍,以数量而论,朱生豪、曹未风(12种)、梁实秋(8种)、方平(8种)居于领先。不过受限于时代风习和翻译条件,莎士比亚全集未能产生。

梁实秋是中国独立完成《莎士比亚全集》翻译的第一人。他从1930年即开始着手翻译莎剧,1936年商务印书馆曾出版梁译的莎剧8种。1967年,梁译《莎士比亚戏剧全集》全部完成并由台北远东图书公司出版发行。

朱生豪英年早逝,有6个历史剧和全部诗歌没有来得及翻译。1954年人民文学出版社出版了朱氏翻译的《莎士比亚戏剧集》,共12卷,收莎士比亚戏剧31部,此后国内一直沿用这个译本。1957年,台北中华书局也出版了以朱译为基础、由虞尔昌补译的《莎士比亚戏剧全集》。1978年人民文学出版社又以朱译本为基础,经补译、校对出版了包括诗作在内的《莎士比亚全集》11卷,所收剧目37部。这也是现在最通行的阅读和研究版本。20世纪末,译林出版社延聘专家对朱译本进行全面修订、补译(例如恢复了当年被认为“不雅驯”而被删除的词句与段落)、新译,推出了八卷本新版《莎士比亚全集》,成为中国迄今最全的莎氏作品集。

上述各家译文大都采用了散文体,这与莎翁原作的格律诗体有很大差距。比如朱生豪在译莎剧时注重“以明白畅晓之字句,忠实传达原文之意趣”,但没有考虑原作是用格律诗体写成的。这一思路与做法也影响了后来的莎剧译者。梁实秋虽然在以何种形式翻译莎剧方面作过探索,如他在其19世纪30年代出版印行的莎剧译本《例言》中指出莎剧原文大部分是“无韵诗”(素体诗),实已接近散文,不过节奏稍为齐整,同时中国的传统文学中根本没有“无韵诗”这种体裁,所以他最后还是采用了散文体。

在中国最早用诗体翻译莎剧的尝试始于朱维基,他在1929年就以诗体翻译了《奥赛罗》片段。此后孙大雨提出以“音组”构成韵文体翻译莎剧素体诗的理论,于1934年开始翻译《黎琊王》并于1948年出版集注译本。此后吴兴华在翻译历史剧《亨利四世》时也采用了诗体。50年代中期卞之琳采用“以顿代步”的方法翻译出版了《哈姆雷特》。20世纪八九十年代,“以诗译诗”由摸索走向了成熟。1984年卞之琳完成了四大悲剧的诗体翻译，并于 1988 年由人民文学出版社以《莎士比亚悲剧四种》的书名出版。90 年代中期，孙大雨和杨烈的诗体译本《莎士比亚四大悲剧》与《莎士比亚精华》先后在上海问世。1999 年方平、屠岸等更全部以诗体翻译出版了《新莎士比亚全集》。

由转述内容到转译其他语种的译本、再到直接翻译原作，同时由个人分头工作到集体攻关，由选篇到全集，最后兼顾形式与内容，信实再现原作风貌，莎剧的中文翻译大体上经历的就是这样一个过程。

## 四

中国大多数莎剧都有不止一个单行译本，比如 *Hamlet* 一剧就有《哈姆雷特》、《哈姆莱特》、《汉姆莱特》、《罕秣莱德》、《哈孟雷特》等 10 个以上的中文译本，是莎剧中中译本最多的一部。

朱生豪、梁实秋与卞之琳是中国莎剧翻译界中最具代表性的作家。梁译和朱译属于莎剧译介的第二个阶段，即以译入语（汉语）文学传统中固有的体裁进行翻译的阶段，他们的译本都采用了散文话剧的形式。“普及”是朱生豪当初翻译莎剧的动机，他崇尚唯美风格，因此译笔流畅而具有浓郁的中国韵味，在 20 世纪 40 至 60 年代不断被翻版或盗印，是唯一在台、港、大陆被大量翻印的莎剧译本。

相对而言，梁实秋的译文具有“存真”的特点，即他采用直译的方法，忠实于原文内容，而且决不删略原文，在内容上更为接近原貌。这样做产生了一些弊端，即行文稍显拘谨、略乏文采，但同时也是梁译的独到之处。莎剧原作不乏晦涩难解之处，其中有很多双关语、俚语、典故，特别是有不少猥亵语，朱生豪将这些内容都一律删去了（据梁实秋估计，每剧约删去 200 行以上），但梁氏坚持保存原作风貌，并加以大量注释以帮助读者理解原文。对比二者对《哈》剧三幕二场中哈姆雷特与奥菲莉娅戏谑斗嘴部分的处理，即可发现他们不同的审美口味、翻译标准与翻译风格。

卞之琳的译本属于最后的“精确模仿”阶段，即归依原文诗剧文体的形式，尽可能真实地再现莎剧的本来面目，他的译本往往能体现莎剧中素体诗的神韵。然而，即便是最出色的译文也无法取代原文。

即以哈姆雷特在三幕一场中的那段著名独白为例，其中第一句话是：

To be, or not to be, that is the question.

这句话的翻译不尽相同，例如“生存还是毁灭，这是一个值得考虑的问题”（朱生豪）、“是生存还是消亡，问题的所在”（孙大雨）、“死后是存在，还是不存在——这是问题”（梁实秋）、“活下去还是不活，这是问题”（卞之琳）、“活着好，还是死了好，这是个问题”（方平）等等。这些译法各有千秋，但是也都有不足之处：朱译的优点是朗朗上口，但“毁灭”不尽符合“not to be”的意思；孙译“问题的所在”似与原文对应不够；梁译有些“过度阐释”的味道；方译中同样出现了意义偏离；卞译虽然贴近原文的义涵，但是读来有些拗口；此外，他们都未能准确译出原文中定冠词“the”的意思。

剧中大量存在的双关等文字游戏，造成了翻译与理解《哈》剧的主要障碍。双关包括谐音双关与语义双关两种。谐音双关如一幕二场中哈姆雷特最初讲的几句话(67—71)：

King: But now, my cousin Hamlet, and my son—
Ham: [aside] A little more than kin, and less than kind!
King: How is it that the clouds still hang on you?
Ham: Not so, my lord. I am too much i' the sun.

朱生豪的译文是：

王：可是来，我的侄儿哈姆雷特，我的孩子——
哈：[旁白]超乎寻常的亲族，漠不相干的路人。
王：为什么愁云依旧笼罩在你的身上？
哈：不，陛下；我已经在太阳里晒得太久了。

梁实秋的译文是：

王：现在，我的侄子哈姆雷特，也是我的儿子——
哈：[旁白]比侄子是亲些，可是还算不得儿子。
王：怎么，你脸上还是罩着一层愁云？
哈：不是的，陛下；我受的阳光太多了。

卞之琳的译文是：

王：得，哈姆雷特，我的侄儿，我的儿——

哈：[旁白]亲上加亲，越亲越不相亲。

王：你怎么还是让愁云惨雾依旧笼罩着你？

哈：陛下，太阳大，受不了这个热劲"儿"。

在这里，莎士比亚使用了 kin 和 kind、son 和 sun 两组同音词，同时 kind 一词还一语双关，很难在汉语中找到完美的对应。梁、卞二位苦心孤诣也只能译出其中某一侧面，还得通过注释补足原义，朱译则干脆绕过了问题，连注释也没有。

另一类双关来自语义，其中异质文化的特殊性成分经过翻译便进一步得到了凸显。以《哈》剧五幕一场中两名掘墓小丑的一段对话(32—37)为例：

Other：Was he a gentleman?

Clown：'A was the first that ever bore arms.

Other：Why，he had none.

Clown：What，art a heathen? How dost thou understand the Scripture? The Scripture says Adam digged. Could he dig without arms?

这里的"arms"意谓盾形纹章，但这两个小丑把它跟"arm"的另一个意思"手臂"故意搅和在一起，造成了双关的效果。中国文化中是没有"纹章"概念的，"纹章"与"手臂"的双关更是无从谈起。对此朱生豪干脆撇开"纹章"不论，而是就汉语中的"很有两手"一词来体现原文中的双关意趣：

小丑乙　亚当也算世家吗？

小丑甲　自然要算，他在创立家业方面很有两手呢。

小丑乙　他有什么两手？

小丑甲　怎么？……《圣经》上说亚当掘地；没有双手，能够掘地吗？

梁实秋的译文前面几句都与原文丝丝入扣，但面对"纹章"与"手臂"

的双关，译者一筹莫展，只好转译为“工具”，还特地加了引号：

乡乙　他是一位绅士吗？
乡甲　他是第一个佩带纹章的。
乡乙　什么，他哪里有过纹章？
乡甲　怎么，……《圣经》上说“亚当掘地”；他能掘地而不用“工具”吗？

孙大雨的译文是：

小丑乙　他可是个士子吗？
小丑甲　他是开天辟地第一个佩戴纹章的。
小丑乙　哎也，他没有什么文装武装。
小丑甲　怎么，……《圣经》上说“亚当掘地”；没有文装他能掘地吗，正好比没有武装打不了仗？

“arms”的语义双关换成了“纹章”和“文装”的谐音双关，这不失为聪明的译法，但是后半句仍不得不用“武装”来找齐，而且汉语中并无“文装”一语，这种处理方式就不免显得有些勉强了。另一位译者曹未风干脆把它译成：

丑二　他也是个大户人家？
丑一　他是开天辟地第一个受封的。
丑二　谁说的，他没有受过封。
丑一　怎么，……《圣经》里说亚当挖土：他若是没有胳臂，他会挖土吗？

他在“受封”和“胳臂”两处加以注释，点明原文语义双关；这是一种无奈的选择，但也不失为稳妥的办法，因为既然有些地方是不可译的，那么就原样呈现给读者好了。毕竟，翻译只是原文的替代品，可以阅读原作的人不需要牵强的凑合，而无法阅读原作的人也可以通过注释等辅助手段来领略原作的妙处。

“越是民族的，就越是世界的”，这一论断在主题和内容方面或许可以成立，但就语言形式而言却不尽然。文学是语言的艺术，文学作品的表述形式在很大程度上就是它的内容，文学中特别是诗歌作品中的内容与形式可以说是无法分割的。阅读《离骚》及其白话今译，或阅读 *Hamlet* 与《哈姆雷特》，是两种迥乎不同的阅读经验。翻译是用不同的语言形式表达同一内容，而通过比较以上译文片断，我们不难发现：就文学翻译而言，无论多么优秀的翻译都不可能等同于原作，它或多或少、有意无意都会偏离甚至改写原作；这种偏离或改写正是来自语言形式的改变，而异质文化中不同的表达形式就导致了各种合法的和非法的“误读”。翻译作品可以帮助理解原作，但要想避免误读，领会原作精神，唯一的方法就是接触原典，由亲熟形式而达到内容的会解。这时翻译作品的任务就算完成了，而它的价值亦在此得到了最终实现。

第一章

# 悲剧·牺牲·祭礼·目的论哲学

相信有不少人是通过电影《王子复仇记》(劳伦斯·奥利佛导演并主演,1948 年出品)而最初接触到《哈姆雷特》和莎士比亚的;但是除了专门的研究者之外,不大有人注意到这部戏的原名和全称是《丹麦王子哈姆雷特的悲剧》(*The Tragedy of Hamlet, Prince of Denmark*)。我们就从标题中的"悲剧"谈起吧。

"悲剧"意味着什么呢?莎士比亚曾借剧中人 Horatio 之口说(V, ii, 410—415):

So shall you hear
Of carnal, bloody and unnatural acts;
Of accidental judgments, casual slaughters;
Of deaths put on by cunning and forced cause;
And, in this upshot, purposes mistook
Fall'n on the inventors' heads.

参考译文:

你会听到
肉欲、血腥和违反伦常的行为,
偶然的决断和意外的屠戮,
诡诈与胁迫引致的死亡,

以及最后的作法自毙。

在这里，他对全剧内容做了一个简明扼要的回顾，仿佛是给"悲剧"下了一个定义。作者的看法自然值得重视，但是正如我们经常在文学史中看到的，作者本人对自己作品的解释或认识不一定是最准确的（有时甚至是不准确的）；"肉欲、血腥和违反伦常的行为，偶然的决断和意外的屠戮，诡诈与胁迫引起的死亡"固然是悲剧中常见的主题情节，但是这些东西显然不足以概括悲剧——无论是一般悲剧还是这个悲剧——的本质。

亚里士多德在《诗学》中将悲剧界定为"对一个严肃、完整、有一定长度的行动的摹仿"[①]。这里所说的"摹仿"（mimesis）有"再现"的意思，例如我们可以说《哈》剧再现了哈姆雷特王子的复仇行为。不过这个定义偏于形式，并不足以说明悲剧的本质。亚里士多德本人做过一些补充说明，指出悲剧表现高贵者因自身过错（hamartia，亦作"偏差"、"罪过"解）致使命运发生逆转，从而引发怜悯与恐惧的效果[②]。以《哈》剧为例，哈姆雷特王子由于遭受陷害和内心惶惑而"延宕"复仇行动，致使包括自身在内总共八人[③]丧生，这一结局不禁令人产生"怜悯与恐惧"的感受（c. f. V，ii，355："You that look pale and tremble at this chance"etc）。不过，哈姆雷特是否犯有"过错"呢？退一步讲，他所犯的"过错"是怎样的呢？显然，我们需要重新审度"过错"的涵义才能回答上述问题。黑格尔认为恶就是"存在对于应当的非适合性"[④]：对于理想状态的"应当"来说，现实的"存在"必

---

① 亚里士多德：《诗学》第 6 章，陈中梅译，商务印书馆，1996 年，第 63 页。

② 《诗学》第 13 章，第 97 页。

③ 这八个人是：Polonius、Ophelia、Rosencrantz、Guildenstern、Gertrude、Laertes、Claudius、Hamlet。

④ 黑格尔：《哲学科学全书纲要》第 391 节，薛华译，上海人民出版社，2002 年，第 288 页。

然总是有所欠缺、不够完美;在这个意义上讲,存在即罪过[①],——这个略显笼统的说法或许就是最终的答案。

黑格尔的悲剧理论也很具有代表性。不同于亚里士多德关注形式的做法,黑格尔主要探讨了"悲剧性"或曰悲剧的精神。在他看来,悲剧表现为片面正义—悲剧人物之间的冲突、破裂以及永恒正义的调停、胜出。他在《美学》中指出:"基本的悲剧性"产生于"对立的双方各有他那一方面的辩护理由,而同时每一方拿来作为自己所坚持的那种目的和性格的真正内容的,却只能是把同样有辩护理由的对方否定掉或破坏掉";同时"随着这种个别特殊性的毁灭,永恒正义就把伦理的实体和统一恢复过来了"[②]。他在《法哲学原理》中也谈到了悲剧问题,认为:

> 这些人物(按:指悲剧人物)作为具有同等权利的各种不同伦理力量在彼此对立中出现,它们由于某种不幸而发生冲突;又因为其结果是这些人物由于跟伦理性的东西相对立而获有罪责。于是在这种情况下产生了双方的法与不法,从而真正的伦理理念,经过纯化并克服了这种片面性之后,就在我们心目中得到调和。[③]

他在《哲学史讲演录》中谈到苏格拉底时也指出:"在真正悲剧性的事件中,必须有两个合法的、伦理的力量相互冲突"[④],"两方面都是无罪的,但是这个无罪却是有罪的,并且因为它的罪过而受到惩罚";"一个伟大的人会是有罪的,他担负起伟大的冲突"而执行了"精神的

---

① 叔本华曾举西班牙剧作家卡尔德隆(Calderón,1600—1681)的诗句"人的最大罪恶就是他诞生了"为例,指出悲剧的真正意义在于深刻地认识到悲剧主人公所赎的不是他个人特有的罪,而是人类的原罪即生存本身之罪(参见叔本华:《作为意志与表象的世界》,石冲白译,商务印书馆,1982年,第352页)。关于"存在即罪过"的问题,德国社会学家舍勒(M. Scheler)曾有专文讨论,有兴趣的读者可参看他的《论悲剧性现象》一文(载刘小枫主编:《人类困境中的审美精神》,东方出版中心,1994年,特别是第307、309页)。

② 黑格尔:《美学》,朱光潜译,商务印书馆,1981年,第3卷(下),第286、287页。

③ 黑格尔:《法哲学原理》第140节,范扬等译,商务印书馆,1961年,第157页注2。

④ 黑格尔:《哲学史讲演录》,贺麟、王太庆译,商务印书馆,1960年,第2卷,第44页。

更高的原则";"这个新的原则是与以往的原则矛盾的,是以破坏的姿态出现的;因此英雄们是以暴力强制的姿态出现,是损害法律的";结果他们"作为个人,都各自没落了;但是这个原则却贯彻了"①。

黑格尔的观点对后世影响很大(例如尼采对悲剧的理解虽然另辟蹊径,但是也遵循了"冲突—和解"的思路②),特别是他的"片面正义"说,构成了"harmartia"与舍勒所谓"积极价值"③的一个中间环节。仍以《哈》剧为例,哈姆雷特对 Claudius 有杀父之仇、夺国之恨,他的举动自然不乏正义性;Polonius 逢君之恶自以为忠、Laertius 为复亲仇不择手段亦有其"片面正义"在;甚至 Claudius 弑兄篡位在很大程度上也是出于对 Gertrude 的炽热爱情(c. f. IV, vii, 15—18: "My virtue or my plague, be it either which, —/She's so conjunctive to my life and soul/That, as the star moves not but in his sphere, /I could not but by her.")。他后来派人刺探、设计谋害哈姆雷特也是为了保全自身,从他本人的立场来看也是正当的;何况他因看戏而良心发见(III, i, 58—62: "How smart a lash that speech doth give my conscience! /The harlot's cheek, beautied with plast'ring art, /Is not more ugly to the thing that helps it/ Than is my deed to my most painted word. /O heavy burthen!"),痛苦地忏悔了自己的罪孽(III, iii, 39—75: "O, my offence is rank, it smells to heaven; /.../O wretched state! O bosom black

① 黑格尔:《哲学史讲演录》,贺麟、王太庆译,商务印书馆,1960 年,第 2 卷,第 106—107 页。

② 不过对立双方不是各执一偏的伦理,而是"日神精神"与"酒神精神",它们最终也在"兄弟联盟"中取得了和解:"酒神说着日神的语言,而日神最终说起酒神的语言来"(尼采:《悲剧的诞生》第 21 节,周国平译,三联书店,1986 年,第 95 页)。尼采后来在《看哪这人!》中说他的这本书"散发着令人讨厌的黑格尔气息"(尼采:《权力意志》,张念东、凌素心译,商务印书馆,1991 年,第 50 页),可见他的观点确实受到了黑格尔的影响。

③ 舍勒指出:"悲剧性始终是以价值和价值关系为支点和基础的";"悲剧性首先是相当高的积极价值的载体(如处于同一婚姻、同一家庭或同一国家的若干贤德高位者)之间爆发的矛盾:悲剧性是在积极价值及其载体内部其支配作用的'冲突'";"毁灭更高积极价值的力量本身来源于积极价值的载体,当同样高的价值'天生注定'一般相互消耗、相互扬弃时,悲剧性现象便最为粹而不杂、轮廓鲜明"(舍勒:《论悲剧性现象》,《人类困境中的审美精神》,第 292、293—294、298 页)。

as death！/O limed soul，that，struggling to be free，/Art more engaged！Help，angels！Make assay.” etc.），后来看到 Ophelia 的疯态也心中恻然，叮嘱 Horatio 看护好她（IV，v，58：“Pretty Ophelia！”；75—76：“Follow her close；give her good watch，I pray you.”），亦见其天良未泯、善念犹存。存在固然是罪过，但同时“存在即合理”[①]，这一存在的吊诡构成了悲剧性的环中之义。

悲剧既是一种特定的文学样式（tragedy），也是一种风格、意蕴或精神；前者是特定历史文化条件下的产物（因此有“悲剧已经消亡”的说法），而后者普遍存在于人类社会，甚至可以说是“宇宙本身的一种基本要素”[②]。中文把“tragedy”译为“悲剧”在一定程度上混淆了这两者，于是一度产生“中国有无悲剧”的讨论。事实上，前一种意义上的悲剧起源于原始宗教祭礼，确切讲是古希腊酒神节（Dionysia）中的献祭仪式（dithyramb→tragoidia→tragedy，原意为“山羊歌”，盖以山羊为祭品而得名），译为“牺牲剧”似乎更为贴近悲剧的本质。

献祭是一种宗教行为，或者说是人神之间的一种交往模式。根据“经济人”（*homo economicus*）的理论假设[③]，献祭也是一种原始的商业交换行为，其目的是奉献牺牲向神换取利好的结果，而牺牲则是赎买福报的代价与手段。悲剧就是这种交往模式的艺术再现，但也有所变形：在古希腊悲剧中，茫茫天道（亦即“命运”）成为人的归宿或终极目的，而悲剧英雄（如索福克勒斯笔下的俄狄浦斯王）则是人类向命运祭献上的牺牲。这是一种原始的目的论生命哲学，它在悲剧形式中得到了最初表达，并且构成了希腊悲剧的精神内核与伦理支点。

在这个意义上，“目的论”与“戏剧性”可以说是一枚硬币的两面。

---

① 参见黑格尔：《精神现象学》，贺麟、王玖兴译，商务印书馆，1979 年，下卷第 86 页；《法哲学原理》，序言第 11 页；《哲学史讲演录》第 1 卷，第 39 页；《小逻辑》第 6、142 节，贺麟译，商务印书馆，1980 年，第 43、296 页。

② 舍勒：《论悲剧性现象》，《人类困境中的审美精神》，第 289、299 页。

③ 这一理论假设一切人都具有趋利避害的理性，这种理性以利益最大化为目标与决策原则，做出最有利的决定，并且不受文化、感情、习俗、道德、信仰等非理性因素的影响。

古希腊哲人把宇宙视为一出起承转合丝丝入扣的戏剧，“命运”就是它的结局或曰终极目的，其中每一角色、对白、事件均为这一目的而存在，都是它的必要环节和有意味的组成部分。中世纪神学也承袭了这一隐喻，只不过把“命运”换成了“上帝”，作为牺牲的悲剧英雄也变成了耶稣基督。这一点最终由德国古典哲学发挥为“历史具有长期合目的性”（康德）、“世界历史是精神的舞台”（黑格尔）等哲学观念[①]。至此，目的论和戏剧性简直可以等量齐观了[②]。

不过，哲学往往把终极目的视为“善”或者是“美”，而古希腊悲剧中的“命运”却意谓无情的必然性。如英国哲学家怀特海（A. N. Whitehead）所说，古希腊悲剧诗人把命运视为无偏无党、不以人的意志为转移的“自然秩序”，后世的科学精神即由此发展而来：

> 悲剧的本质不是不幸，而是事物无情活动的严肃性。但这种命运的必然性，只有通过人生中真实的不幸遭遇才能说明。因为只有通过这些剧情才能说明逃避是无用的。这种无情的必然性充满了科学的思想。物理的定律就等于人生命运的律令。[③]

如其所说，则命运乃是一种外在的目的，它横亘于人类之前（或之外），壁立千仞而无法企越，表现为绝对的否定力量：你必须（必然）付出牺牲，但是你的牺牲或许并无意义！

临对这样一种冥茫难测的命运，人类无法不萌生惶惑与愤懑。

---

① 基督教神学认为上帝编导了世界——历史，但在德国古典哲学体系中上帝变成了目的理性。如黑格尔提出目的是“真实的东西”与“事物的灵魂”，即“概念”或曰“自在自为的本质”；世界历史就是以“精神”为目的而必然展开的实现过程（参见黑格尔：《哲学史讲演录》第1卷，第355、370—373页）。

② 在20世纪的哲学中也不乏这样的叙述模式，例如美国哲学家桑塔亚纳（George Santayana，1863—1952）在其早期代表作《理性的生活》导论中开宗明义地提出：“科学、宗教抑或道德、艺术等方面的进步，都是人类事业的一段插曲和人类习性与精神面貌的可喜变奏，……整个人类发展历史就是一部道德剧，就是人类伟大自传所展现的一个故事”（*Reason in Common Sense*. New York: Dover Publications, Inc., 1980, p. 1）。当代西方的柏拉图研究倾向于把他的哲学对话作为戏剧而加以解析，这也从侧面表明了目的论哲学和戏剧性的相互渗透。

③ 怀特海：《科学与近代世界》，何钦译，商务印书馆，1959年，第10页。

他们最初只是抱怨命运不公,例如屈原诘问"天命反侧,何罚何佑"(《楚辞·天问》[①]),并没有怀疑上苍的存在,像基督教《旧约》中的约伯自怨自艾之余仍不忘申明"我知道我的救赎主活着"(Job, 19:25)[②]。但是到了后来,人类对上苍的存在也产生了怀疑,例如司马迁在《史记》中有一段著名的议论:

> 或曰"天道无亲,常与善人。"若伯夷、叔齐,可谓善人者非邪?积仁絜行如此而饿死!且七十子之徒,仲尼独荐颜渊为好学。然回也屡空,糟糠不厌,而卒蚤夭。天之报施善人,其何如哉?盗蹠日杀不辜,肝人之肉,暴戾恣睢,聚党数千人横行天下,竟以寿终。是遵何德哉?此其尤大彰明较著者也。若至近世,操行不轨,专犯忌讳,而终身逸乐,富厚累世不绝。或择地而蹈之,时然后出言,行不由径,非公正不发愤,而遇祸灾者,不可胜数也。余甚惑焉,傥所谓天道,是邪非邪?(《史记卷六十一·伯夷列传第一》[③])

"是邪非邪?"这是一个典型的哈姆雷特问题。它和"To be, or not to be?"一样对终极目的表示了怀疑,其锋芒直指天道或曰永恒正义的存在。太史公本人虽然没有明言,但是后人替他给出了答案,这就是:"天地无心,万物同途"(刘琨:《答卢谌》[④]),"吾固知苍苍之无信,莫莫之无神"(柳宗元:《祭吕衡州温文》[⑤])!

然而细想一下,问难其实预肯了信从,质疑者往往正是因为相信——多半是因为太相信——才比常人更加愤激痛苦。老子断言"天地不仁,以万物为刍狗"(《老子·五章》[⑥])时就要冷静得多。当然这种哲人式的冷静还不等于绝望;绝望的人是不会发问的,因为他已经全然麻木而觉得浑无所谓了。这时悲剧变成反讽,一切都沉入到

---

① 董楚平:《楚辞译注》,上海古籍出版社,1998 年,第 113 页。
② 《圣经》,中国基督教协会,1995 年,第 781 页。下引同。
③ 司马迁:《史记》,中华书局,1959 年,第 2124—2125 页。
④ 沈德潜:《古诗源》,中华书局,1963 年,第 174 页。
⑤ 《柳宗元集》,中国书店,2000 年,第 545 页。
⑥ 陈鼓应:《老子今注今译》,商务印书馆,2003 年,第 93 页。

了虚无之中。例如《红楼梦》第五十四回中，王熙凤在贾府的元宵夜宴上讲了这样一个奇怪的笑话：

> 凤姐儿想了一想，笑道："一家子也是过正月半，合家赏灯吃酒，真真的热闹非常，祖婆婆、太婆婆、婆婆、媳妇、孙子媳妇、重孙子媳妇、亲孙子、侄孙子、重孙子、灰孙子、滴滴搭搭的孙子、孙女儿、外孙女儿、姨表孙女儿、姑表孙女儿，……嗳哟哟，真好热闹！"众人听他说着，已经笑了，都说："听数贫嘴，又不知编派那一个呢。"尤氏笑道："你要招我，我可撕你的嘴。"凤姐儿起身拍手笑道："人家费力说，你们混，我就不说了。"贾母笑道："你说你说，底下怎么样？"凤姐儿想了一想，笑道："底下就团团的坐了一屋子，吃了一夜酒就散了。"众人见他正言厉色的说了，别无他话，都怔怔的还等下话，只觉冰冷无味。[①]

"真真的热闹非常"，然而"吃了一夜酒就散了"，这正是《红楼梦》全书的文胆所在：人生不过是一个"冰冷无味"的"笑话"！这个笑话堪称惊心动魄，而作者竟让凤姐于无意间以笑语出之，这就更加耐人寻味了。

《哈姆雷特》显然处在悲剧转向反讽的临界点上。以往的悲剧英雄都对自身选择的合理性与正义性深信不疑，而哈姆雷特对此却具有充分的自省意识，他朦胧觇见世界的无情本质而质疑命运的终极目的，于是产生了一种形而上的、对于存在本身的失望：如果牺牲不能促成永恒正义的显现，那么——To be, or not to be?《旧约》中的悲剧英雄约伯最终蒙受了双倍的神恩(Job, 42: 10)，但是哈姆雷特并不需要这种莫名其妙的恩典；同时，作为一国储君和被害人的独子，他无法超然置身局外(c. f. I, v, 215—216: "The time is out of joint. O cursed spite/That ever I was born to set it right!")，而作为清醒的思想者，他也不可能像王熙凤那样麻木不仁(c. f. V, ii, 5—6: "Sir, in my heart there was a kind of fighting/That would not let me sleep.")。于是，留给他的就只能是痛苦的自觉和自觉的痛

① 曹雪芹：《红楼梦》，人民文学出版社，1982年，第765页。

苦了。

不过痛苦是生物的特权,正是在痛苦中我们感受到了自己的主体性[1]。“我痛故我在”:器官产生病变时才会使人注意到它们的存在;同理,生命中出现了痛苦才会让我们感到自身存在的真实,并对之进行反思,像托尔斯泰笔下的安娜那样追问“我在哪里?我在做什么?为什么?”[2]个体由于痛苦而发现了小我(self),并有可能以此为契机进一步冲破小我,站在类族或者说大我(Self)的立场上重新审度命运。这时他或许会发现:个体意志在命运的轰击下凝然持存,这时它不仅拓展了生存的厚度与深度,甚且把命运收回自身而成为生命的内在目的。这一内在目的乃是个体生命的真实存在。“凡是感觉到了自己的具体存在的存在者,都应当为那种需要无限增强的存在而牺牲”[3];这时候,存在就不再是否定的(not to be)悲剧,而是成了肯定的(to be)喜剧。

《哈姆雷特》全剧以葬礼告终,但剧终时的殷殷炮声暗示了新生的开始:哈姆雷特死了,但是他的意志却借助他的敌手和镜像人物 Fortinbras 得到了实现(V, ii, 382 & 420—423);同时,他的精神生命则在见证人与后死者的记忆和传述中得到了延续。

---

① 黑格尔:《大逻辑》,杨一之译,商务印书馆,1976 年,下卷第 467 页;《历史哲学》,王造时译,上海书店出版社,1999 年,第 200 页。

② 列夫·托尔斯泰:《安娜·卡列尼娜》,周扬、谢索台译,人民文学出版社,1956 年,第 995 页。

③ 费希特:《现时代的根本特色》,梁志学译,辽宁教育出版社,1998 年,第 56 页。

# 第二章

# 比兴和双重视域

《红楼梦》第六回"贾宝玉初试云雨情，刘姥姥一进荣国府"，作者旁白曰：

> 按荣府中一宅人合算起来，人口虽不多，从上至下也有三四百丁；虽事不多，一天也有一二十件，竟如乱麻一般，并无个头绪可作纲领。正寻思从那一件事自那一个人写起方妙，恰好忽从千里之外，芥荳之微，小小一个人家，因与荣府略有些瓜葛，这日正往荣府中来，因此便就此一家说来，倒还是头绪。[①]

按"合抱之木，生于毫末"，由小民细事而敷陈一大故事，洵称大家手法。莎氏亦深谙此道，故以 Bernado 与 Fransisco 开场。Bernado 与 Fransisco 职属王宫戍卫，与王子之挚友 Horatio 一党同袍，哈姆雷特友视之而未寄腹心，正是刘姥姥一流人物。作者借彼演绎剧情，自可间而不离，以"零度写作"姿态悠然道来而渐入佳境矣。

非独如此，西方悲剧素有"歌队"之传统，作者以二三角色代表大众或理想人格，述评甚且介入剧中

① 曹雪芹：《红楼梦》，人民文学出版社，1982 年，第 99 页。

人事[①],实一己之化身而兼护符者也[②]。Horatio 亦是一歌队人物,然其职能非限于此(后节当详论之);Bernado 与 Fransisco(包括 Marcellus)则专属开场歌队,希腊悲剧《阿伽门农》开场之“守望人”及进场之歌队即为其典型,作者借其补叙必要之背景情节,并点染全剧之基调与底色。补叙之例,如 Bernado 向 Horatio 讲述鬼魂前两次显灵经过(I, i, 28—38; c. f. id. 77—78)[③],Marcellus 与 Horatio 一问一答,交代先王与挪威老王交兵本末(id. 73—74 & id. 95—108)并挪威王子复仇犯境(id. 108—120)、举国匆忙备战之事(id. 81—91)。点染之例,如 Bernado 与 Fransisco 换岗时之对白(id. 8—11):

> Fran. For this relief much thanks. 'Tis bitter cold,
> And I am sick at heart.
> Ber. Have you had quiet guard?
> Fran. Not a mouse stirring.

寥寥数语,凛冽之气沦肤浃髓,而全剧之肃杀氛围底定矣。寒天旷野子夜(c. f. id, 48: "the bell then beating one"),故曰“bitter cold”;军事倥偬(c. f. id, 87—90: "... whose sore task/Does not divide

---

① 或谓中国戏曲(如京剧昆曲)以丑角交通台上台下,庶几近之,然多为科诨发挥,似不得以“歌队”目之(川剧中之“帮腔”则另当别论)。

② 《汉书·艺文志》曰:“《春秋》所贬损大人当世君臣,有威权势力,其事实皆形于《传》,是以隐其书而不宣,所以免时难也。”(《汉书》,中华书局,1962 年,第 1715 页)著作而逢“时难”,非独《春秋》为然,何时何地无之?《庄子·天下第三十三》谓“以天下为沉浊,不可与庄语,以卮言为曼衍,以重言为真,以寓言为广,独与天地精神往来,而不敖倪于万物,不谴是非,以与世俗处”(郭庆藩:《庄子集释》,中华书局,1961 年,第 1098—1099 页),非虚言也。“不可与庄语”云云,即 17 世纪英国文人罗伯特·伯顿所谓“以滑稽语说真实理”(Robert Burton. *Anatomy of Melancholy*. London: J. M. Dent & Sons Ltd., 1932, p. 122: "One may speak in jest, and yet speak truth.")。美国政治哲学家列奥·斯特劳斯云吾人每于最佳之古代文学中见魔鬼、疯人、乞丐、诡辩家、酒徒、丑角代为作者立言(Leo Strauss. *Persecution and the Art of Writing*. Chicago: The University of Chicago Press, 1980, p. 24.),亦发见此意,即作者需化身—隐身“歌队”相机说法以免时难也。

③ 老哈姆雷特的鬼魂出现凡五次:前两次系虚写,第三次向 Horatio 显现(I,i, 48—62),第四次出现向哈姆雷特讲述被害内幕(I, iv, 42-v, 208),第五次出现督促哈姆雷特尽快复仇(III, iii, 116—156)。

the Sunday from the week. /What might be toward, that this sweaty haste/Doth make the night joint-labourer with the day?"),孤身执勤,且接连两夜均于此刻邂逅幽魂,自是"sick at heart";怵惕以待,偏生万籁俱寂,更觉诡秘无端。有论者剖析造型艺术之特点,要在选择高潮即将到来前"最具生发性之刹那"(der prägnanteste Augenblick)[①];"not a mouse stirring"云云,悬扼反衬"山雨欲来风满楼"之势,正中"于无声处听惊雷"之谓也。

又,此处笔法与所谓"比兴"颇多契合,宜细加玩味。"比兴"为中国诗学一大关目,二者并称而有分,自《周礼·春官·大师》以降,意见猬集。《文心》作者综合平章,曰"起情故兴体以立,附理故比体以生",又称"比则蓄愤以斥言,兴则环譬以记讽"(《文心雕龙·比兴第三十六》[②]);唐孔颖达则截断众流,以为"比之隐者谓之兴,兴之显者谓之比,比之与兴,深浅为异耳"(《左传·文公七年》[③]),一扫"美刺"陈说。宋人李仲蒙云:"索物以托情谓之比,情附物也;触物以起情谓之兴,物动情也"(王应麟:《困学纪闻卷三·诗》),是有胜义焉。今人叶嘉莹氏由心(情意)物(形象)关系立论,以"由心及物"者为"比"(如"飘飘何所似,天地一沙鸥"之类),"由物及心"者为"兴"(如"树欲静而风不止,子欲养而亲不待"[④]之类),其说亦庶几乎!

进而分疏之,则比兴不外意象譬喻,即今人所谓"symbol"、"metaphor"者也。孔颖达《毛诗正义》:"凡喻皆取其象"、"兴必取象";南宋陈骙《文则·丙》:"《易》之有象,以尽其意,《诗》之有比,以达其情,文之作也,可无喻乎"[⑤];章实斋《文史通义·内篇·易教下》:"《易》象"与"《诗》之比兴"互为表里,"深于比兴"即"深于取象"[⑥]。

---

① 莱辛:《拉奥孔》第3章及第16章,朱光潜译,人民文学出版社,1979年,第18、83页。

② 周振甫:《文心雕龙注释》,人民文学出版社,1981年,第394页。

③ 《十三经注疏·春秋左传正义》,北京大学出版社,1999年,第518页。

④ 叶嘉莹:《"比兴"之说与"诗可以兴"》,载《中国词学的现代观》,岳麓书社,1990年,第89页。

⑤ 《文则·文章精义》,人民文学出版社,1960年,第12页。

⑥ 叶瑛:《文史通义校注》,中华书局,1994年,第19页。

并观三说，斯义居然可知。近世而降，学者采撷西学以反哺本土传统，于“比兴”新有发明。如朱自清撰《赋比兴通释》一文，以为后世“比兴”连称，而“兴”实则“譬喻”或“比体”之“比”[①]。朱氏所谓“兴”，闻一多名之曰“隐”，以为“隐”者《易》之象、《诗》之兴，亦即西人所谓意象、象征之类也[②]。

即以《哈》剧之开场而论，子夜之意境固无论矣；“'Tis bitter cold”者，《哈姆雷特》全剧之起兴也，隐寓隆冬末世之意象；“sick at heart”，兴而兼比者也，征象疾入膏肓之情境，二者与后文之“Something is rotten in the state of Denmark”(I，iv，100)、“in my heart there was a kind of fighting/That would not let me sleep”(V，ii，5－6)、“thou wouldst not/think how ill all's here about my heart”(id，211－212)反复映照，并遥领“O that this too too solid flesh”(I，ii，135－165)与“To be，or not to be”(III，ii，64－96)等冥思死亡之著名独白。但丁尝与人论文，谓文章具涵多重意义(polysemous)，其极致者曰秘喻义(《致斯加拉大亲王书》[③])；“秘喻义”即现象学文论家所说之“形而上品性”[④]，“Tis bitter cold”与“sick at heart”参差是已。

不宁惟是，《哈》剧之开场于后文仿佛 anagoge，二者潜相呼应，适成就一“双重视域”(double vision)。北美宗教学者弗莱(Northrop Frye)谓基督教《圣经》之“真实本义”实为隐喻，即《新约》与《旧约》互文，其细节后前照应而不可一味托实，如《马可福音》一章六节云施洗者约翰衣驼毛、腰皮带而取食蝗虫野蜜(“Now John was clothed with camel's hair，with a leather belt around his waist”)，即对应《列王记·下》一章八节中以利亚(Elijah)之形容(“A hairy

---

① 朱自清:《诗言志辨》，古籍出版社，1956 年，第 83 页。

② 闻一多:《说鱼》，载《神话与诗》，古籍出版社，1956 年，第 117—119 页。

③ Michael Caesar (ed). *Dante: The Critical Heritage*. London: Routledge, 1995, pp. 93－94.

④ Roman Ingarden. *The Literary Work of Art: An Introduction on the Borderlines of Ontology, Logic, and Theory of Literature*. Evanston: Northwestern University Press, 1973, pp. 291－292.

man, with a leather belt around his waist")[①]。按此说前人多有道及,第所用术语不同耳(中世纪之神学家固无论矣,17 世纪哲人帕斯卡尔亦说约瑟乃耶稣基督之象征,二人事迹往往暗合云[②])。

请以此言《哈》剧开场与后文之互文关系。Horatio 羽林流亚而有学者之目(c. f. I, i, 51:"Thou art a scholar; speak to it, Horatio"),对观 Ophelia 称哈姆雷特兼美廷臣、战士、学者(III, i,161:"The courtier's, scholar's, soldier's, eye, tongue, sword"; c. f. V, ii, 427—428:"Let four captains/Bear Hamlet like a soldier to the stage")语,二者殆形之与影乎;Ophelia 赞其"邦国之华"(III, i, 161 — 164:"The expectancy and rose of the fair state, /The glass of fashion and the mould of form, /The observed of all observers")云云,其才艺风姿可想而知,唯命运"坎陷",竟无由从容展示耳(c. f. I, iii, 20 — 21:"his will is not his own, /For he himself is subject to his birth"; V, ii, 429—430:"he was likely, had he been put on, /To have proved most royally")。

其次,开场始自凌晨子时前,而终于拂晓鸡鸣。子夜者,往日将逝未逝,来日象而未形之浑沌瞬间也[③]。剧情始于老王逝世下葬、新主登基新婚(c. f. I,ii, 1—14 & 185—187),此时阴谋肆逞而真相隐沦,亦可谓文本时间(text-time)之子夜时分矣[④]。幽魂出没,或即剧中黑暗势力(V, ii, 68:"mighty opposites")之隐喻;而金鸡一唱,阴

---

① Northrop Frye. *The Double Vision*. University of Toronto Press, 1991, pp. 69 & 71.

② 参见帕斯卡尔:《思想录》第 768 节,何兆武译,商务印书馆,1985 年,第 383—384 页。

③ 方以智曰:"溯天地未分前,则位亥子之间;不得已而状之图之,实十二时皆子午、无子午也"(《东西均·三徵》),则混沌无时不然也(参见庞朴:《东西均注释》,中华书局,2001 年,第 48 页)。

④ 五幕五场中 Laertes 率兵为父复仇,信使来报,中有"天地若将新开,往旧废忘"(V, v, 107—108:"as the world were now but to begin, /Antiquity forgot")等语。斯言可与"To be, or not to be"及"we know what we are, but know not what we may be"(V, v, 45 — 46)相互发明,实为全剧文眼。另见 *Twelfth Night*, V, i, 225:"A natural perspective, that is and is not."按二剧皆作于 1600 年左右,时值世纪献替,莎氏之创作心境可以想见,故一年之中数致意焉。

氛为之廓清，剧中人物与台下观众咸得宽舒，岂非 Fortinbras 之化身欤？《哈》剧终场时，善恶、贤愚同归于尽，其不至“白茫茫大地真干净”者，盖有 Fortinbras 收拾残局故；其人血气方刚，好勇斗狠（c. f. IV，iv，50－55：“a delicate and tender prince，/Whose spirit，with divine ambition puff'd，/Makes mouths at the invisible event，/Exposing what is mortal and unsure/To all that fortune，death，and danger dare，/Even for an eggshel”），特因偶然际遇，无意间促成所谓“永恒正义”，直是变形之“机关神”（*deus ex machina*）矣。“雄鸡一唱天下白”（c. f. I，I，181－182：“But look，the morn，in russet mantle clad，/Walks o'er the dew of yon high eastward hil”），晓鸡体象阳明，此处铺陈其祛邪本领，并引耶稣诞生传说渲染祥和气氛（I，i，165－170 & 173－179）：

> The cock，that is the trumpet to the morn，
> Doth with his lofty and shrill-sounding throat
> Awake the god of day；and at his warning，
> Whether in sea or fire，in earth or air，
> The extravagant and erring spirit hies
> To his confine...
> ...
> Some say that ever，'gainst that season comes
> Wherein our Saviour's birth is celebrated，
> The bird of dawning singeth all night long；
> And then，they say，no spirit dare stir abroad，
> The nights are wholesome，then no planets strike，
> No fairy takes，nor witch hath power to charm，
> So hallowed and so gracious is the time. ①

---

① c. f. I，ii，229－234：“Yet once methought/ It lifted up its head and did address/Itself to motion，like as it would speak；/But even then the morning cock crew loud，/And at the sound it shrunk in haste away/And vanished from our sight.”按中西传说中鬼魅均畏鸡鸣，参见钱钟书：《管锥编》第 3 册第 57 则（中华书局，1979 年，第 1015 页）。

参考译文：

报晓的雄鸡
用它那高亢洪亮的啼声
唤醒了白昼之神，
一听到它的警告，
那些天上地下、水里火里
四处游荡、为非作歹的阴魂
都退回了自己的地盘……
……
人们说，每年庆祝耶稣诞辰前夕，
晓鸡都会彻夜长鸣；
据说，这时候没有哪个鬼魂敢在外游荡，
整个夜晚太平无事，没有哪颗星对人不利，
也没有哪个精灵用妖术迷人，
巫婆的符咒也失去了魔力，
一切都圣洁而美好。

虽不无蔓衍，良有以也。

# 第三章

# 天象示警：隐喻思维与人类中心主义

Bernardo 疑心鬼魂显现是战乱的朕兆(c. f. I,i, 122—124:“Well may it sort that this portentous figure/Comes armed through our watch, so like the King/That was and is the question of these wars.”),而先前不肯相信(c. f. I, i, 37)的 Horatio 在亲眼目睹幽灵现身后也不由地信了,并以凯撒大帝遇刺前出现凶兆来佐证他的观点(I, i, 126—138):

In the most high and palmy state of Rome,
A little ere the mightiest Julius fell,
The graves stood tenantless, and the sheeted dead
Did squeak and gibber in the Roman streets;
As stars with trains of fire, and dews of blood,
Disasters in the sun; and the moist star
Upon whose influence Neptune's empire stands
Was sick almost to doomsday with eclipse.

And even the like precurse of fierce events,
As harbingers preceding still the fates
And prologue to the omen coming on,
Have heaven and earth together demonstrated
Unto our climatures and countrymen.

参考译文：
罗马最繁荣鼎盛的时候，
就在最伟大的凯撒遇害前不久，
裹着尸布的死人都从坟墓中走出来，
在罗马的街市上嚎叫徜徉；
彗星拖着火尾扫过，露水滴血，太阳变色，
影响海洋潮汐的月亮被吞蚀得像垂死的病人。
这类事情总是预示着可怕的变故，
如今天上地下这些恶兆
一齐都向我们的人民显现了。

莎士比亚在 Julius Caesar 一剧中也有相同的描述，Calpurnia（凯撒夫人）在凯撒遇刺前讲守夜人看见许多异象，如坟墓喷吐死尸、血污神庙、鬼哭于道路等等（II，ii，14－24："There is one within，/ Besides the things that we have heard and seen，/Recounts most horrid sights seen by the watch. /A lioness hath whelped in the streets；/And graves have yawn'd，and yielded up their dead；/ Fierce fiery warriors fight upon the clouds，/In ranks and squadrons and right form of war，/Which drizzled blood upon the Capitol；/The noise of battle hurtled in the air，/Horses did neigh and dying men did groan，/And ghosts did shriek and squeal about the streets."）。古罗马学者苏维托尼乌斯（Gaius Suetonius Tranquillus，69－104）在《帝王传》（*De Vita Caesarum*）一书中有类似记载[①]，不知莎翁在写作《哈》剧时是否参考了这一材料。

---

① 参见苏维托尼乌斯：《罗马十二帝王传》第 1 卷，LXXXI，张竹明等译，商务印书馆，1995 年，第 41 页。

对于这类描写,想必中国读者不会感到陌生,说不定还会萌生“他乡遇故知”的惊喜。这就是我们所说的“天象示警”(commination)。《诗·小雅·十月之交》云:

> 十月之交,朔月辛卯。日有食之,亦孔之丑。彼月而微,此日而微;今此下民,亦孔之哀。
>
> 日月告凶,不用其行。四国无政,不用其良。彼月而食,则维其常;此日而食,于何不臧。
>
> 烨烨震电,不宁不令。百川沸腾,山冢崒崩。高岸为谷,深谷为陵。哀今之人,胡憯莫惩?

“日月告凶”就是“天象示警”的意思。中国传统典籍中此类记述不绝于书,几乎成了一种叙事传统,小说家言固无论矣,经传史乘中也每有道及。前者如《红楼梦》,祠堂里的阴风和鬼魂叹息预示了宁府的败落(第七十五回);后者如《春秋》,书中载录了日食三十六、地震五、山陵崩二、彗星见三、火灾十四。

不过,“天象示警”作为一种话语非为中国独有,亦流行于古代西方世界。古罗马历史学家塔西佗(Tacitus)宣称自己的作品记录了一段“充满了灾难的历史”,这时的人们“看到了出现在天空和地上的一些怪异事物,听到了雷声的示警,关于未来的欢乐和阴暗的预言”[①]。中世纪时的《查理大帝传》也郑重其事地说到查理王逝世前曾出现日月蚀、流星闪电等异象[②]。至于文学作品中的描写就更多了,如《伊利亚特》中用天空响起炸雷预示特洛伊的覆灭[③]。再如《奥德赛》中描写尤利西斯返乡后,求婚者末日将近,墙上淌出血珠,前厅和院落里鬼影憧憧,阴霾遮蔽了太阳[④]。具有末世论味道的《新约·启示录》中也不乏此类描写。

对于“天象示警”,可以说是“东海西海,心理攸同”了。那么,中西人心所同的这个“理”是什么呢?

---

① 塔西佗:《历史》,王以铸、崔妙因译,商务印书馆,1981年,第2—4页。

② 艾因哈德:《查理大帝传》,戚国淦译,商务印书馆,1979年,第33页。

③ 荷马:《伊利亚特》第8卷,陈中梅译,花城出版社,1994年,第172页。

④ 《奥德赛》第20卷,陈中梅译,花城出版社,1994年,第386页。

这就是天人感应的宇宙论和因果律。英国神话学者弗雷泽曾从原始民族的"交感法术"(sympathetic magic)中总结出两种工作原理:相似律(同类相生或果必同因)与接触律(物体中断先前接触后仍可相互作用[①])。前者之例,如《春秋繁露·求雨第七十四》云"凡求雨之大体,丈夫欲藏匿,女子欲和而乐"[②]。古人和原始人用某人的指甲、头发或衣物来诅咒厌胜,则属于后一种情况。

"交感思维"多见于原始民族,但也是人类所固有的思维方式,即列维-布留尔(Lucien Levy-Bruhl,1857—1939)所说的"原逻辑思维"("原始思维")。列维-布留尔认为这种思维方式以表象间的"互渗"为主要特征,即以前后时间顺序代替因果关系("在这个之后,所以因为这个"),并进一步切换为空间关系("接近这个,所以因为这个"[③])。例如,运动员在某次比赛中身穿红色球衣战胜对手,在此之后每逢重大比赛他都要穿红色球衣,这便属于"互渗"思维的例子。

"相似"、"接触"或"互渗"可以对观中国的"感"、"通"、"诚"。"感"、"通"这一对概念出自《易·系词上》:"《易》无思也,无为也,寂然不动,感而遂通天下之故。"[④]古人相信天地万物是浑然一气的整体,其中一部分的变化必然导致另一部分相应也发生变化。天(自然)人关系就是最突出的表现。西汉大儒董仲舒鼓吹"天人合一",所谓"天亦有喜怒之气、哀乐之心,与人相副;以类合之,天人一也"(《春秋繁露·阴阳义第四十九》[⑤])。自然的"天"一方面被"人"化,一方面则被赋予道德形而上学的涵义;"人"必须与"天"合一,天人合一的途径就是"诚"。"诚者天之道也,诚之者人之道也"(《中庸》

---

① Sir James Frazer. *The Golden Bough*. Wordsworth Editions Ltd., 1993, p. 12 & 37.

② 苏舆:《春秋繁露义证》,中华书局,1992 年,第 437 页。参观《史记·儒林列传第六十一》:"(董仲舒)以《春秋》灾异之变推阴阳所以错行,故求雨闭诸阳,纵诸阴,其止雨反是"(司马迁:《史记》,中华书局,1959 年,第 3128 页)。

③ 列维-布留尔:《原始思维》第 12 章 III,丁由译,商务印书馆,1981 年,第 66、276—277 页。

④ 《十三经注疏·周易正义》,北京大学出版社,1999 年,第 284 页。

⑤ 苏舆:《春秋繁露义证》,中华书局,1992 年,第 341 页。

第二十章[1]),通过本体之“诚”,天人之间便不再是截然两撅,而成为交感互渗的一体。这样看来,儒家其实是从伦理维度改造了原始的认知思维。

“天象示警”是以交感—互渗为基础的一种因果推理。如《中庸》云:“至诚之道,可以前知:国家将兴,必有祯祥;国家将亡,必有妖孽”[2]。再如《文子·精诚篇》云:

> 精诚内形,气动于天,景星见,黄龙下,凤凰至,醴泉出,嘉谷生,河不满溢,海不波涌。逆天暴物,即日月薄蚀,五星失行,四时相乖,昼冥宵光,山崩川涸,冬雷夏霜。天之与人,有以相通。故国之殂亡也,天文变,世俗乱,虹霓见,万物有以相连,精气有以相薄。[3]

《吕氏春秋》更是辟专章分类论述了云、日、月、星、气、妖孽各种异象(《季夏纪第六·明理》)。他们所说的“天”还是自然的“天”,天与人都是自然(“气”)的一部分,二者在同一平面上,天象更多的是人事的“果”而非“因”。但经过汉儒的加工转手,“天”人格化为人的上属,天象不再是单纯的“果”,而是通过示警、降灾成为另一因果序列中的“因”(antecedent),即如董仲舒所说:

> 天地之物有不常之变者谓之异,小者谓之灾。灾常先至而异乃随之。灾者天之谴也,异者天之威也。谴之而不知,乃畏之以威。《诗》云“畏天之威”,殆此谓也。凡灾异之本,尽生于国家之失。国家之失乃始萌芽,而天出灾害以谴告之;谴告之而不知变,乃见怪异以惊骇之;惊骇之尚不知畏恐,其殃咎乃至。(《春秋繁露·必仁且智第三十》[4])

汉儒之言灾异大抵如此。

显而易见,这是一种错误的推理。汉儒本来是要说明人是自然

---

① 朱熹:《四书章句集注》,中华书局,1983 年,第 30 页。
② 同上书,第 33 页。
③ 王利器:《文子疏义》,中华书局,2000 年,第 63 页。
④ 苏舆:《春秋繁露义证》,第 259 页。

的一部分，因此人事规律符合自然规律，但却得出相反的结论：自然属于人事，因此自然规律符合人事规律。事实上这也正是人类的一项通病，即过度投射个体经验来认识客观世界，其后果不免就是人道统摄天道、"无我之境"变成了"有我之境"。这种事情历史屡见不鲜（如"吾心即宇宙"、"人有多大胆、地有多大产"之类），今后也不见得会绝迹。

不过古人对天象的看法很是微妙，倒也不能一概而论[①]。其中一些先知先觉者——他们总是人群中的少数，但任何时代都会有这样一小部分人存在——并不怎么理会天道，遑论迷信天象灾异了。以《尚书》为证，其中四十余处"天"、"民"并举，如《皋陶谟》说"天聪明，自我民聪明；天明畏，自我民明威"[②]，《周书·泰誓中》说"天视自我民视，天听自我民听"[③]，它如《康诰》、《酒诰》、《多士》、《无逸》、《大诰》、《高宗肜曰》等篇均将"天"、"民"并举，"天"的权威其实已经转移下放到了人间。例如荀子认为：

> 夫星之坠、木之鸣，是天地之变，阴阳之化，物之罕至者也，怪之可也，而畏之非也。物之已至者，人祅则可畏也。（《荀子·天论第十七》[④]）

并提出"制天命而用之"的观点（《荀子·天论第十七》[⑤]）。至如《六韬·龙韬》中太公对武王用兵问，直言"顺天道不必有吉，违之不必有害"，说得就更明白了：

---

① 以天人"亲切"与否为度，大致可以划分出四个阶段，而汉儒的天人思想为其枢键所在。如赵翼在《廿二史劄记》卷二"汉儒言灾异"条中指出："上古之时，人之视天甚近。……战国纷争，诈力相尚，至于暴秦，天理几于灭绝。汉兴，董仲舒治《公羊春秋》，始推阴阳为儒者宗。宣、元之后，刘向治《谷梁》，数其祸福，傅以《洪范》，而后天之与人又渐觉亲切。……降及后世，机智竞兴，权术是尚，一若天下事皆可以人力致，而天无权。即有志图治者，亦徒详其法制禁令。为人事之防，而无复有求端于天之意。"（王树民：《廿二史劄记校正》，中华书局，1984 年，第 38—40 页）

② 《十三经注疏·尚书正义》，北京大学出版社，1999 年，第 109 页。

③ 同上书，第 277 页。

④ 王先谦：《荀子集解》，中华书局，1988 年，第 313—314 页。

⑤ 同上书，第 317 页。

武王曰："天道鬼神，顺之者存，逆之者亡，何以独不贵天道？"太公曰："此圣人之所生也，欲以止后世，故作为谲书。而寄胜于天道，无益于兵盛……"(《全上古三代文卷六·齐太公》[①])

如其所示，古代明哲对天象灾异的批判大抵出于现实需要，因此是一种实践智慧，鲜有像休谟、康德那样纯粹从认识论角度出发对因果律加以反思者。然而话又说回来，即便中国古人认识到了这一点，他们多半也会避弃唯恐不及，因为这将导致对本体与中心的颠覆。即如休谟所说，一切经验都是个别的，因果律不过是在"相似"(resemblance)与"时空接近"(contiguity in time or place)的基础上做出的惯性推测，其中并无必然性在[②]，这样人生便成为偶然的、一去不再的经验，"慎重追远"、复性成仁的伟大人生规划也就失去了目的和意义。因此，中国先哲的思考重心是如何"极高明而道中庸"，以"神道设教"的方法来维系中心与权威。汉儒之言灾异在很大程度上是一种话语策略或曰政治修辞，即通过天象来威慑人君、制衡君权，董仲舒所谓"爱人君，欲止其乱也"(赵翼：《廿二史劄记》卷二"汉儒言灾异"条[③])。他们一方面标榜人君为"天子"，一方面则大力鼓吹孝道，强调儿子对父亲的绝对服从；二者相结合，便产生了"天之与人犹父子；有父为之变，子安能忽？故天变，己亦宜变：顺天时，示己不违也"(《论衡·雷虚第二十三》[④])的思想。在专制社会中，除了最高统治者之外谁还敢是"天子"？这里所说的"人"事实上是作为"寡人"的那个"天子"，而天象示警的对象因此也就是君王本人了。对此汉儒再三示意，如董仲舒说："天下和平则灾害不生。今灾害生，见天下未和平也。天下所未和平者，天子之教化不行也"(《春秋繁露·郊语第六十五》[⑤])。《白虎通·灾变》亦云："天所以有灾变何？所以谴告人

---

① 严可均：《全上古三代文·全秦文》，商务印书馆，1999年，第81页。

② 休谟：《人性论》附录，第1卷第3章第4节，关文运译，商务印书馆，1980年，第107—110页。另参见《人类理智研究》第7章第2节，关文运译，商务印书馆，1957年，第69页。

③ 王树民：《廿二史劄记校正》，中华书局，1984年，第39页。

④ 黄晖：《论衡校释》，中华书局，1990年，第310页。

⑤ 苏舆：《春秋繁露义证》，中华书局，1992年，第401页。

君，觉悟其行，欲令悔过修德，深思虑也。”[①]据说“其时人君亦多遇灾而惧”(《廿二史劄记》卷二“汉儒言灾异”条[②])，可见这种约束机制在当时还是很起作用的[③]。因此，“天象示警”与其说是一种错误推理，不如说是一种“高贵的谎言”[④]。

但是错误推理也罢，“高贵的谎言”也罢，“天象示警”观念表现出强烈的人类中心主义思想，这是真正值得我们警醒的。《孔子家语·好生》篇中记载了这样一段轶闻[⑤]：

> 楚恭王出游，亡乌嗥之弓，左右请求之。王曰：“止。楚王失弓，楚人得之，又何求之？”孔子闻之：“惜乎其不大也，不曰‘人遗弓人得之’而已，何必楚也！”

孔子的视野胸怀固然更为恢弘博大，但是促狭者也可以用罗素对马克思的评价来批判他对楚王的批判：“他的眼界局限于我们的这个星球，在这个星球范围之内又局限于人类”[⑥]。儒家坚守“道不远人”的立场，其末流不免夜郎自大，以内合外，以人道统摄天道。“天象示警”就是如此：表面上很谦恭，说什么“灾异，皇天所以谴告人君过失，犹严父之明诫”(《汉书·谷永杜邺传第五十五》[⑦])，“天之与人犹父

---

① 陈立：《白虎通疏证》，中华书局，1994年，第267页。

② 王树民：《廿二史劄记校正》，中华书局，1984年，第39页。

③ 甚至汉代以后，大臣还有拿天象向皇帝“说事”的。如《三国志·魏书二十五·辛毗杨阜高堂隆传》中载魏文帝时有星孛于大辰，于是太史令高堂隆上疏曰：“此乃皇天子爱陛下，是以发教戒之象，始卒皆于尊位，殷勤郑重，欲必觉悟陛下”；“斯乃慈父恳切之训，宜崇孝子祗耸之理”(陈寿：《三国志》，上海古籍出版社，2002年，第654页)。

④ 早在董仲舒之前，汉文帝自己就说过“人主不德，布政不均，则天示之以灾，以戒不治”(《史记·孝文本纪第十》，中华书局，第422页)，可见这是时人普遍具有的一种想法，不全是汉儒鼓吹的结果，他们只是有效地利用了这一信仰，严格说来是一种“合谋”或“历史的合力”。

⑤ 此故事亦见于《公孙龙子·迹府》，文辞大同小异。

⑥ 罗素：《西方哲学史》卷3第27章，马元德译，商务印书馆，1976年，下卷第343页。《吕氏春秋·孟春纪第一·贵公》篇中同样记述了楚人遗弓的故事，不过最后戏剧性地出现了道家哲人老子：荆人有遗弓者，而不肯索，曰：“荆人遗之，荆人得之，又何索焉？”孔子闻之曰：“去其‘荆’而可矣。”老聃闻之曰：“去其‘人’而可矣”(张双棣等：《吕氏春秋译注》，北京大学出版社，2000年，第20页)。闻斯言，罗素可以无讥矣。

⑦ 班固：《汉书》，中华书局，1962年，第3450页。

子;有父为之变,子安能忽”,但骨子里却以天的老子自居,相信“己变,天亦宜变”,用叔本华的话讲就是“将天体的运动引入可悲的自我之中”[①]。须知宇宙浩瀚无边,银河系特其中渺之又渺者,太阳系之于银河系、地球之于太阳系亦复如是,而在我们这个小小的星球上,人类也仅占据有限之极的一个时空点,即如庄子所说:

> 计四海之在天地之间也,不似礨空之在大泽乎?计中国之在海内,不似稊米之在大仓乎?号物之数谓之万,人处一焉;人卒九州,谷食之所生,舟车之所通,人处一焉;此其比万物也,不似豪末之在于马体乎?(《庄子·秋水第十七》[②])

因此,人类有什么正当理由坚信上天必然会格外关注我们的一举一动呢?哈姆雷特说人蠢动于天地之间而无所能为(III, i, 137—138: “What should such fellows as I do, /crawling between earth and heaven?”),这话听来令人沮丧,但正可以对治人类唯我独尊的自大情结。即如罗素所说:“人类并没有从前人类自许的那种重要宇宙地位。凡是没有彻底领会这个事实的人,谁也没有资格把自己的哲学体系称作科学的哲学。”[③]诚哉斯言,快哉斯言!

---

① 叔本华:《劝诫与格言》第 26 节,载《叔本华论说文集》,范进等译,商务印书馆,1999 年,第 164 页。

② 郭庆藩:《庄子集释》,中华书局,1961 年,第 563—564 页。

③ 罗素:《西方哲学史》,马元德泽,商务印书馆,1976 年,下卷第 343 页。

第四章

# 自杀:人的内在超越

有生之属,莫不趋生避死;独人类不然,而有自杀之举。禽兽亦有自杀者,如丧偶之天鹅、获捕之山魈、搁浅之海鲸,所在多有;然观其所为,皆似出于本能,而人之自杀不无理智考虑,其动机、方式与后果亦洋洋不一。谓自杀为人类特有之行为,不亦宜乎?

虽然,人之向生本能(biophilia)异常顽强,适足抗衡人类之"死亡本能"[①],于是生种种禁忌战敪。如哈姆雷特既痛父王之遽然去世,复慊母后之率尔再嫁,心碎气结(I, ii, 165:"But break my heart, for I must hold my tongue!"),因萌轻生之念(id, 135—136:"O that this too too solid flesh would melt, /Thaw, and resolve itself into a dew!")。其所以踌躇者,基督教有禁杀之令[②](id,137—138:

① 弗洛伊德认为生物均有渴望恢复初始状态之"惰性"倾向,此即所谓"死亡本能"。参见 Sigmund Freud. *Beyond the Pleasure Principle*, trans. by C. J. M. Hubback. The International Psycho-Analytical Press, 1922, pp. 29—48;弗洛伊德:《超越唯乐原则》,载《弗洛伊德后期著作选》,林尘等译,上海译文出版社,1986 年,第 41—42 页。

② 基督教"十诫"第六:"不可杀生"(《旧约·出埃及记》20:13)。

"that the Everlasting had not fixed/His canon' gainst self-slaughter!"),且不知死后毕竟何如也(III, i, 74 & 86—90:"in that sleep of death what dreams may come","that the dread of something after death—/The undiscovered country, from whose bourn/No traveller returns—puzzles the will, /And makes us rather bear those ills we have/Than fly to others that we know not of")。噫,从容赴死亦难矣哉!

初,个人乃宗族或宗教共同体之一员,以共同体立场观之,即公共之资产,故"此身非我有",本人无权处置,自杀者不得辞其咎焉。亚里士多德曾于《伦理学》十章末申说此意,以为自杀违背"正理"(Right Reason),在城邦为"不义",故足耻而当惩云云[①]。再如基督教以为上帝造人,故生命属于上帝,而自杀悖逆神意,死后将堕地狱[②],其说变本加厉矣。中国之例,如《论语·泰伯第八》载:

> 曾子有疾,召门弟子曰:"启予足!启予手!《诗》云:战战兢兢,如临深渊,如履薄冰。而今而后,吾知免夫!小子!"[③]

所谓"身体发肤,受之父母,不敢毁伤,孝之始也"(《孝经·开宗明义章第一》[④]),个人当为家族全生保命,"慎终追远"、死而后免,故自杀为极端不孝之罪行也明矣[⑤]。中西合璧,乃有所谓"自绝于人民"之妙论。"人民"云尔,教主而兼家长之谓也,"其义则丘窃取之矣"。

欧洲中世纪之后,权威崩落解散,而个体意识贲张奋扬。我身既属我有,则其取舍在我;于是自杀之禁稍去,而"吾丧我"之风渐渐播

① Aristotle. *Ethics*, Book V. New York: Dover Publications, 1998, p. 96.

② 如"中世纪最后一位诗人"但丁将自杀者置于地狱第七层第二环,并借彼埃尔·德拉·维涅鬼魂之口谴责自杀为"不正义之事",颇能代表当时西方社会对自杀之看法(参见《神曲·地狱篇》第13章,田德望译,人民文学出版社,1990年,第92页)。

③ 杨伯峻:《论语译注》,中华书局,1980年,第79页。

④ 《十三经注疏·孝经注疏》,北京大学出版社,1999年,第3页。

⑤ 如《史记·吕太后本纪第九》载:"赵王恢之徙王赵,心怀不乐。太后以吕产女为赵王后,王后从官皆诸吕,擅权,微伺赵王,赵王不得自恣。王有所爱姬,王后使人酖杀之。……王悲,六月即自杀。太后闻之,以为王用妇人弃宗庙礼,废其嗣。"(中华书局,1959年,第404页)"弃宗庙礼"者,宗族罪人也。

长矣。其典型者莫如英国,16世纪时厌世者逐年增长[①],文学作品中涉及自杀者蔚成风习。1580—1620年40年间,英伦演剧百余部,其中可见两百余自杀事件;以莎剧而论,涉及自杀者即达五十二种之多[②]。如《哈姆雷特》一剧,王子恋人 Ophelia 与王后 Gertrude 即分以投水饮鸩而亡[③]。按《哈》剧作于1600年前后,时值文艺复兴末期,"巨人"(men of aggrandizement)式豪情黯然摧剥,而悲凉之雾渐布人心。如哈姆雷特既以半神(Hercules)自况(V, I, 294－295:"Let Hercules himself do what he may, /The cat will mew, and dog will have his day."),复以此自嘲(I, ii, 156－159:"... my uncle; / My father's brother, but no more like my father/Than I to Hercules."),且以有身为苦,不乐在世(II, ii, 232－234:"You cannot, sir, take from me anything that I will more/willingly part withal—except my life, except my life, except my/life."),进而憎恶人类全体(i. d., 323－324:"... yet to me what is this quintessence of dust? /Man delights not me.");凡此种种,皆其征也。

如斯厌世情结,或可以"出位之思"形容之。昔者钱钟书先生拈

---

① 1500—1509年61例,1510—1519年108例,1520—1529年216例,1530—1539年343例,1540—1549年499例,1550—1559年714例,1560—1569年798例,1570—1579年940例,1580—1589年923例,1590—1599年801例。参见乔治·米诺瓦:《自杀的历史》,李信等译,经济日报出版社,第66—67、124页。

② 乔治·米诺瓦:《自杀的历史》,李信等译,经济日报出版社,第96、117、119页。

③ Ophelia之死因,可由掘墓者对话中见出端倪(V, i, 1－2 & 220－223:"Is she to be buried in Christian burial when she willfully/seeks her own salvation?","Her death was doubtful; /And, but that great command o'ersways the order, /She should in ground unsanctified have lodged/Till the last trumpet."基督教仪规定自杀者不得礼葬,故云)。Gertrude因疑酒中下毒,故为爱子揩汗(V, ii, 301－302:"Here, Hamlet, take my napkin, rub thy brows. /The Queen carouses to thy fortune, Hamlet."),复向Claudius从容致歉(i. d., 305:"I will, my lord; I pray you pardon me."),诀别之后,毅然饮下;由是观之,其必死之心可知矣。——剧中自杀者皆为女性,其或"Frailty, thy name is woman!"(I, ii, 152)一语之注脚乎?

出此语[①],表彰超越之神思(transcendent imagination);究其源,则根诸《周易》,非仅思维方式之谓也。《坤》卦《文言》曰:“君子黄中通理,正位居体”[②],《鼎》卦《象》曰:“君子以正位凝命”[③],它如“当位”、“得位”之例,不一而足。对观《中庸》“致中和,天地位焉,万物育焉”[④]语,可知“位”者,各得性命之正之谓也;否则为“失位”、“不当位”,庄生所谓“使人喜怒失位,居处无常,思虑不自得,中道不成章,于是乎天下始乔诘卓鸷,而后有盗跖曾史之行”(《庄子·在宥第十一》[⑤])是也。性命不得其正,故怀出位之思焉,如“辟世辟地”、“乘桴浮海”(《论语·宪问》、《公冶长》)之类;诉诸歌咏,则有云游羁旅飘零之主题意象。“逝将去女,适彼乐土”(《诗·魏风·硕鼠》)之歌已肇其端;屈子忠信被谗,亦有“怀信侘傺,忽乎吾将行兮”(《涉江》)、“悲时俗之迫阨兮,愿轻举而远游”(《远游》[⑥])之叹。至于《古诗十九首》,更发“人生天地间,忽如远行客”、“人生寄一世,奄忽若飙尘”、“人生忽如寄”[⑦]之哀音,俨然以在世为出位矣。

老氏洞明此意,等观生死,而云“出生入死”(《老子》五十章[⑧]);漆园深达斯旨,以死为反真[⑨],乃曰“劳我以生,息我以死”(《庄子·大

---

① 钱氏早年记游雪窦,即有“乃知水与山,思各出其位”之句。《管锥编》中曾多处提点,如第二册论“法自然”云:“格物则知物理之宜,素位本分也。若夫因水而悟人之宜弱其志,因谷而悟人之宜虚其心,因物态而悟人事,此出位之异想、旁通之岐径,于词章为‘寓言’,于名学为‘比论’,可以晓喻,不能证实,勿足供思辨之依据也。”(中华书局,1979 年,第 434—435 页)

② 唐明邦:《周易评注》,中华书局,1995 年,第 178 页。

③ 同上书,第 186 页。

④ 朱熹:《四书章句集注》,中华书局,1983 年,第 18 页。

⑤ 郭庆藩:《庄子集释》,中华书局,1961 年,第 365 页。

⑥ 董楚平:《楚辞译注》,上海古籍出版社,1998 年,第 139、194 页。

⑦ 沈德潜:《古诗源》,中华书局,1963 年,第 88、89、91 页。

⑧ 陈鼓应:《老子今注今译》,商务印书馆,2003 年,第 256 页。

⑨ 顾炎武《日知录》卷第十八“破题用庄子”条引《说文》徐氏系传曰:“真”从“匕”,“匕即化也”,“反人为亡,从目从匕”;“以生为寄,以死为归,于是有真人、真君、真宰之名”(《日知录集释》,岳麓书社,1994 年,第 659 页)。西人以“死”为“生”之铁槛,人于临死之刹那方克体会生命之真,故“生”为“死”变现之隐喻,斯亦“反真”之意也(Richard Shiff. *Art and Life*, in Sheldon Sacks (ed.): *On Metaphor*. London: The University of Chicago Press, 1980, pp. 106—107)。

宗师》[①])。是故生也者,死之出位也;死也者,生之归止也[②]。人生离乱颠荡,则不免望死如归,而以有生为憾。《诗·小雅·苕之华》:"知我如此,不如无生",《大雅·桑柔》:"我生不辰,逢天僤怒",即其先声[③];哈姆雷特曰:"The time is out of joint. O cursed spite/That ever I was born to set it right!"(I, v, 215—216),又云:"it were better my mother had not borne me"(III, i, 133—134),亦"不辰"、"无生"之叹也。

生命有肉体生命与精神生命之别,而古人尤重后者。孔子不云乎:"志士仁人,无求生以害仁,有杀身以成仁"(《论语·卫灵公》[④])。孟子由是倡言"舍生取义",曰:

> 生亦我所欲也,义亦我所欲也;二者不可得兼,舍生而取义者也。生亦我所欲,所欲有甚于生者,故不为苟得也;死亦我所恶,所恶有甚于死者,故患有所不辟也。如使人之所欲莫甚于生,则凡可以得生者,何不用也?使人之所恶莫甚于死者,则凡可以辟患者,何不为也?由是则生而有不用也,由是则可以辟患而有不为也,是故所欲有甚于生者,所恶有甚于死者。非独贤者有是心也,人皆有之,贤者能勿丧耳。(《孟子·告子上》[⑤])

吕氏亦踵子华子之说,谓"辱莫大于不义,故不义,迫生也。而迫生非独不义也,故曰迫生不若死"(《吕氏春秋·仲春纪第二·贵生》[⑥])。汉儒韩婴则云"为夫义之不立,名之不显,则士耻之,故杀身以遂其行"(《韩诗外传》卷一第八章[⑦])。至于董仲舒,乃有"《春秋》贤死义"

---

① 郭庆藩:《庄子集释》,中华书局,1961年,第242页。

② 如《世说》载"白首同归"之谶(《仇隙第三十六》),《红楼》有"虎兕相逢大梦归"(第五回元春判词)之悬记,京剧《洪羊洞》(前身为杂剧《昊天塔》)又名"三星归位"(其中杨六郎及部将焦赞、孟良均毕命乎此,故名),皆资取证焉。

③ 《管锥编》卷一"毛诗正义·正月"(中华书局,1979年,第146—147页)及卷五(第143—144、274页)列举甚详,可参看。

④ 杨伯峻:《论语译注》,中华书局,1980年,第163页。

⑤ 杨伯峻:《孟子译注》,中华书局,1960年,第265—266页。

⑥ 张双棣等:《吕氏春秋译注》,北京大学出版社,2000年,第37页。

⑦ 许维遹:《韩诗外传集释》,中华书局,1980年,第9页。

(《春秋繁露·玉英第四》[①])之论。由是观之,自杀或即"成仁"之一途,未可厚非也矣。宋儒究极性命之学,视"尽性"重于"全归",如"志士仁人,无求生以害仁,有杀身以成仁"一句,程子以为"有杀人成仁者,只是成就一个是而已",朱子注曰:

> 志士,有志之士。仁人,则成德之人也。理当死而求生,则于其心有不安矣,是害其心之德也。当死而死,则心安而德全矣。(《论语集注卷八·卫灵公第十五》[②])

"是"也者,"德"也,"理"也;"成是"义同"全德",乃理之当然;既当理,则大患有所不辞。

设若中西哲人晤言一室,交相辩驳,必有可观者焉。西土哲人必云:惟理性有权自由立法,而得理之大全者,其惟神乎?凡人生皆不得全,故吾等无权自裁也明矣!康德因"责任"之"普遍命令"与"自在目的"立论,力陈自杀之非[③];黑格尔以死或由乎"自然原因",或出诸"伦理理念",故个人无权弃让生命[④]云云。中土哲人则曰:不然。大论近是,惜有一间未达。西方伦理之学,蔽于人而昧于天:康德之"理性"介乎本体、现象之间[⑤],然偏重现象("命")一边,以本体为不得已之假设,于是天人毕竟睽隔,人而不得其仁矣;黑格尔之"伦理理念",

---

① 苏舆:《春秋繁露义证》,中华书局,1992年,第84页。

② 朱熹:《四书章句集注》,中华书局,1983年,第163页。

③ 康德断言:"以通过情感促使生命的提高为职责的自然竟然把毁灭生命作为自己的规律,这是自相矛盾的,从而也就不能作为自然而存在";"有理性的本性作为自在目的而实存着",因此人不是工具,"在任何时候都必须在他的一切行动中,把他当作自在目的看待,从而他无权处之代表他人身的人,摧残他、毁灭他、戕害他。"参见《道德形而上学原理》第2章,苗力田译,上海人民出版社,2002年,第39、47—48页。

④ 黑格尔《法哲学原理》第70节(商务印书馆,第157页):"外界活动的包罗万象的总和,即生命,不是同人格相对的外在东西,因为人格就是这一人格自身,它是直接的。放弃或牺牲生命不是这个人格的定在,而是正相反。所以一般说来,我没有任何权利放弃生命,享有这种权利的只有伦理理念,因为这种理念自在地吞没这个直接的单一人格,而且是对人格的现实权利";"因此,说人具有支配其生命的权利,那是矛盾的,因为这等于说人有凌驾于其自身之上的权利了。所以……他不能对自己做出判断。"

⑤ 参见康德:《未来形而上学导论》第57—60节,庞景仁译,商务印书馆,1978年,第147页前后。

殆同亚里士多德之“正理”，亦外乎人（“命”）而与人对，既断“性”、“命”为两撅，而“仁”不得其全也无论矣。然“仁”有二格，一曰“小体”，一曰“大体”；“从其大体为大人，从其小体为小人”（《孟子·告子上》[①]）。“从其大体为大人”即是“明明德”（《大学》[②]），“明明德”即是“尽性”，“尽性”即是“践形”（《孟子·尽心上》[③]），“践形”即是“成仁”。成仁之人，恒以“大体”（“伦理理念”）裁制“小体”（发布“普遍命令”），“从心所欲不逾矩”（《论语·为政》[④]）、“无可无不可”（《论语·微子》[⑤]），而况自杀乎！

于是佛陀合十赞叹：“是则善终，后世亦善！”[⑥]论辩至此，论题已非“人可否自杀”，而一变为**内在而超越之我是否可能**。如其然，则吾人有自决之权，否则“代大匠斫者，希有不伤其手矣”（《老子》七十四章[⑦]），终不免康德“僭越”之讥也。或问：“人皆可以为尧舜”，其然？岂其然乎？答曰：“可以为，未必能也；虽不能，无害可以为”（《荀子·性恶》[⑧]）；“仁远乎哉？我欲仁，斯仁至矣”（《论语·述而》[⑨]），“积善成德，而神明自得，圣心备焉”（《荀子·劝学》[⑩]）；本体即工夫，工夫即本体，真积力久，则道德本体朗然呈现，迥非惚恍窈冥之虚设也。第“仁之难成久矣”（《礼记·表记》[⑪]），贤如颜回者，“其心三月不违仁，其余

---

① 杨伯峻：《孟子译注》，中华书局，1960年，第270页。

② 朱熹：《四书章句集注》，中华书局，1983年，第3页。

③ 杨伯峻：《孟子译注》，中华书局，1960年，第319页。

④ 杨伯峻：《论语译注》，中华书局，1980年，第12页。

⑤ 同上书，第197页。

⑥ 参见《杂阿含经》卷四十七·一二六五：“跋迦梨白佛：……世尊！我身苦痛，极难堪忍，欲求刀自杀，不乐苦生。佛告跋迦梨：我今问汝，随意答我，云何，跋迦梨？色是常耶？为非常耶？跋迦梨答言：无常，世尊。复问：若无常，是苦耶？答言：是苦，世尊。复问：跋迦梨，若无常、苦者，是变易法，于中宁有可贪、可欲不？跋迦梨白佛：不也，世尊，受、想、行、识亦如是说。佛告跋迦梨：若于彼身无可贪、可欲者，是则善终，后世亦善。”（《大正新修大藏经》第二卷，东京：大正一切经刊行会，昭和三年，第347页）标点为笔者试加。

⑦ 陈鼓应：《老子今注今译》，商务印书馆，2003年，第328页。

⑧ 王先谦：《荀子集解》，中华书局，1988年，第443—444页。

⑨ 杨伯峻：《论语译注》，中华书局，1980年，第74页。

⑩ 王先谦：《荀子集解》，中华书局，1988年，第7页。

⑪ 《新刊四书五经·礼记集说》，中国书店，1994年，第451页。

则日月至焉而已"(《论语·雍也》[①]),况中人及以下之人哉!文中子曰:"杀身而成仁者,其中人之行欤"(《中说·事君第三》[②]),非人情也。故曰"慷慨杀身者易,从容就义者为难"(《二程遗书·明道先生语一》[③])云云。

然"义"义难知,自杀一念发动,或者理消欲长,则求仁而失仁矣。哈姆雷特所以踌躇沉吟者,无乃在诸?彼尝赞叹 Horatio 之为人,曰(III, ii, 53—72):

Horatio, thou art e'en as just a man
As e'er my conversation coped withal
...
For thou hast been
As one, in suff'ring all, that suffers nothing;
A man that Fortune's buffets and rewards
Hast ta'en with equal thanks; and blest are those
Whose blood and judgment are so well commingled
That they are not a pipe for Fortune's finger
To sound what stop she please.

参考译文:
在我结交的人当中,
霍拉旭,你是最中正通达的,
……
你浑若无事地忍受一切苦楚,
对命运的苛待和优遇都一视同仁;
这样的人是有福的,
他的情感和理智调理得十分停当,
命运无法随意排遣他。

① 杨伯峻:《论语译注》,中华书局,1980 年,第 57 页。
② 王通:《文中子中说》,四部丛刊子部第四十四函。
③ 《二程遗书》,上海古籍出版社,2000 年,第 178 页。

聆斯言，其志意昭然可知矣。所谓“仁者不忧”（《论语·子罕》[①]），Horatio 自性贞定，故能八风不动，居易顺化如此。哈姆雷特则不然，既视六合为图圄（II，ii，260—263：“Ham. Denmark's a prison. Ros. Then is the world one. /Ham. A goodly one; in which there are many confines，/wards，and dungeons，Denmark being one o'the worst.”），形无所遁（i. d.，270—272：“O God，I could be bounded in a nutshell and/count myself a king of infinite space，were it not that I/have bad dreams.”），复以方寸作战场，忧心难寐（V，ii，5—6：“in my heart there was a kind of fighting/That would not let me sleep”），愤世嫉俗并自伤自怜（III，i，137—138：“What should such fellows as I do/，crawling between earth and heaven?”；V，i，195：“To what base uses we may return”；c. f. IV，v，45—46：“we know what we are，but know/not what we may be.”）。真实心不可得（III，ii，73—75：“Give me that man/That is not passion's slave，and I will wear him/In my heart's core，ay，in my heart of heart，/As I do thee.”），彷徨无所归着（III，i，64：“To be，or not to be-that is the question”），欲一死解脱而不能不生（II，ii，232—234：“You cannot，sir，take from me anything that I will more/willingly part withal-except my life，except my life，except my/life.”），忍死待命而已（V，ii，219—221：“If it be now，'tis not to come'，if it be/not to come，it will be now；if it be not now，yet it will come：/the readiness is all”）；弥留之际，欲有说而终于无言（V，ii，355—359：“Had I but time... O，I could tell you—/But let it be.” i. d.，384：“the rest is silence”）。悲哉！

---

① 杨伯峻：《论语译注》，中华书局，1980 年，第 95 页。

第五章

# 恋父情结与死者神化

说来奇怪，在男女趋于平等的今天，各行业中的翘楚人物仍以男性居多。力量型和竞技型的行当不用说了，甚至在服装、烹饪、歌舞、文学这些相对阴性化的领域中也是如此。为什么会这样呢？也许不完全是性别歧视的原因。一个可能的解释是：男子更有事业心。确实，女性做事情比较细心，但男性却更加认真：一旦找到称手的、中意的工作，他是多么的兴奋和投入呵！这时，无论多么成熟的男性都会暴露出他隐忍已久的男孩天性，小心翼翼而又兴致勃勃地游戏玩耍——不论是篆刻一枚印章还是观测亿万光年之外的星系，不论是钻研最新股票行情还是沉思世界的本质。

这种认真不是一般意义上的认真，而是一种深刻的"在世的深情"。《世说新语·任诞第二十三》载：

> 恒子野每闻清歌，辄唤"奈何！"谢公闻之，曰："子野可谓一往有深情。"[①]

此种深情约略近之。这种在世的深情是男性不朽意识或永恒情结的一种表现。女性可以通过生育经验，在子女——这是她"肉中的肉"，也是她最自豪的

① 徐震堮：《世说新语校笺》，中华书局，1984年，第406页。

创造物——身上直观自身的存在并亲证生命的永恒。男性则不然,他和自己的后代缺乏真切的血肉联系[①],因此对自身生命的延续与不朽怀有焦虑和恐惧;作为补偿与替代,他渴望能够通过自身并在自身中把握不断流逝的当下,以便在永恒中留下自己曾经存在的印记。

这种不朽意识既可指向未来,也可以指向过去。春秋时鲁国大夫穆叔(叔孙豹)谓:“大上有立德,其次有立功,其次有立言,虽久不废,此之谓不朽。”(《左传·襄公二十四年》[②]),东晋时桓温说:“既不能流芳后世,亦不足复遗臭万载邪?”(《世说新语·尤悔第三十三》[③])二语正反殊趣,但都表达了一种指向未来的不朽意识。另一方面,当不朽意识指向过去时,人们把遥远的过去视为曾经的乐园和黄金时代,或是生命的真实状态和永恒形式,并把这种虚拟的完美存在进一步人格化为至高无上的父亲形象,而自己就是这个理想人格的苗裔或传人,从而获得坚实的存在理由(raison d'être)。这不妨说是一种兼有自恋意识的“恋父情结”。例如某个年龄阶段的孩子(特别是男孩)相信自己的父亲是世界上最伟大的人,小伙伴们争强赌胜时也会把“我的爸爸”抬出来吹嘘、比较一番;父亲的优秀即等于我的优秀,反之亦然。这可以说是一种原始的因果推理。犹太教《圣经》长篇累牍地赞美耶和华,儒家盛称尧舜文武,大约也是出于这种微妙的心理。

我们哈姆雷特身上也发现了这种恋父情结。他曾向朋友这样谈起自己的父亲:“He was a man, take him for all in all/ I shall not look upon his like again”(I, ii, 197—198)。他怀念去世不久的父亲,认为他是“杰出的君王”,和现任国王 Claudius 比起来,一个是天神,一个是妖魔(I, ii, 145—146:“So excellent a king, that was to this/Hyperion to a satyr”; III, iv, 117:“A king of shreds and patches!”),二者完全不可同日而语(III, iv, 111—112:“A slave

① 叔本华说“父爱从其根源上说是超验的”(叔本华:《论女人》,《叔本华论说文集》第5卷,范进等译,商务印书馆,1999年,第489页),所谓“超验”即指超出了生育或者说血肉相连的生命经验。

② 《十三经注疏·春秋左传正义》,北京大学出版社,1999年,第1003—1004页。

③ 徐震堮:《世说新语校笺》,中华书局,1984年,第483页。

that is not twentieth part the tithe/Of your precedent lord")。后来他在训斥母后(c. f. III, ii, 403:"I will speak daggers to her")时更是强调了这一反差(III, iv, 63—75):

> Look here upon this picture, and on this,
> The counterfeit presentment of two brothers.
> See what a grace was seated on this brow;
> Hyperion's curls; the front of Jove himself;
> An eye like Mars, to threaten and command;
> A station like the herald Mercury
> New lighted on a heaven-kissing hill:
> A combination and a form indeed
> Where every god did seem to set his seal
> To give the world assurance of a man.
> 参考译文:
> 你看这幅画像,还有这幅,
> 这两兄弟的画像。
> 你看这一个眉宇间是何等高贵;
> 太阳神的鬈发,天帝的额头,
> 眼睛如同战神那样威慑人心、君临一切,
> 仪态好似刚刚降临在高山之巅的神使。
> 这真是一个完美的形象,
> 每一个神灵仿佛都在此留下了他的标记。

日神的鬈发,战神的眼睛,天帝的额头,天使的仪态……在哈姆雷特看来,自己的父亲简直就是神的化身。

父亲的形象在死后被神化了。如果说开场时王宫卫兵的口令"Long live the King!"(I, i, 3)反讽了"The King is dead"这一事实,那么反过来讲,恰恰是"死亡"这一事实使"不朽"成为可能;换句话说,正是生者的缺席,导致了死者的神化。

死后被神化,这是一种由来已久、屡见不鲜的人类文化现象,在神话和宗教中表现得尤其明显。基督教《新约》中记述耶稣死后第七

日的复活、显现和升天(Luke, 24: 36—51)就是一个典型的例子。中国历史上孔子的“变形”也是如此。据《论语·子张》记载,孔子死后被人毁谤,子贡对此进行了反驳:

叔孙武叔语大夫于朝,曰:“子贡贤于仲尼。”子服景伯以告子贡。子贡曰:“譬之宫墙,赐之墙也及肩,窥见室家之好。夫子之墙数仞,不得其门而入,不见宗庙之美,百官之富。得其门者或寡矣。夫子之云,不亦宜乎!”

叔孙武叔毁仲尼。子贡曰:“无以为也!仲尼不可毁也。他人之贤者,丘陵也,犹可逾也;仲尼,日月也,无得而逾焉。人虽欲自绝,其何伤于日月乎?多见其不知量也。”

陈子禽谓子贡曰:“子为恭也,仲尼岂贤于子乎?”子贡曰:“君子一言以为知,一言以为不知,言不可不慎也!夫子之不可及也,犹天之不可阶而升也。夫子之得邦家者,所谓立之斯立,道之斯行,绥之斯来,动之斯和。其生也荣,其死也哀,如之何其可及也?”[①]

子贡认为孔子非凡人所能窥测,而是像“日月”、“天”一样高不可攀[②],这直接启动了孔子身后(比如在两汉谶纬之学那里)的神化工程。《孟子·公孙丑上》中也记述了宰我、子贡、有若的类似赞词:

宰我、子贡、有若,智足以知圣人,汙不至阿其所好。宰我

---

① 杨伯峻:《论语译注》,中华书局,1980年,第204—205页。

② 如果对上述记载加以推敲,我们会发现其中蕴含有多重反讽意味。首先,叔孙、武叔、陈子禽认为子贡贤于孔子,而子贡现身说法,反证其“不知量”、“不知”,这对他的赞美者来说不啻是一种反讽。其次,孔子生前对子贡的评价并不是最高的,但以“言语”许之(《论语·先进》),《孔子家语·六本第十六》中甚至记载孔子预言“吾死之后,则商(子夏)也日进,赐(子贡)也日退”,理由是“商也好与贤己者处,赐也好说不若己者”。但宋儒谢良佐(显道)曰:“观子贡称圣人语,乃知晚年进德,盖极于高远也。”这样便产生了一个很有趣的悖论:或者孔子错了,子贡在他死后不但没有退步,反而精进了,因此他并非子贡所谓“不可毁”的圣人;或者说孔子永远正确,那么不仅谢良佐错了,子贡的辩护也有可能错了,因为子贡的辩护或许正是他为学“日退”的一种表现。这样,无论在哪一种意义上讲,——除非《家语》中的这段话是伪造的——“仲尼不可毁也”这个论断都会变得可疑而不无反讽意味。

曰:“以予观于夫子,贤于尧、舜远矣。”子贡曰:“见其礼而知其政,闻其乐而知其德,由百世之后,等百世之王,莫之能违也。自生民以来,未有夫子也。”有若曰:“岂惟民哉?麒麟之于走兽,凤凰之于飞鸟,泰山之于丘垤,河海之于行潦,类也。圣人之于民,亦类也。出于其类,拔乎其萃,自生民以来,未有盛于孔子也。”①

宰我认为孔子超过了尧、舜这些孔子本人所仰慕的圣人,子贡进一步指出孔子是空前伟大的人物,而有若更是断言孔子是超越时空的人类最高楷模。弟子们的称颂层层加码、越拔越高,甚至神化到了可笑的地步(例如后世谶纬称孔子具有“海口、牛唇、虎掌、龟脊”的异相)。

唐代史学家刘知几在批判儒家经典《春秋》时指出:“儒教传授,既欲神其事,故谈过其实。”(《史通卷十三·惑经第四》)其实何独《春秋》、儒门为然,一切宗教莫不热衷于制造神话。教主本人的言行也许尽人情而合物理,但身后往往遭到弟子不近情理的圣化,如佛经中五体放光、基督教福音书中“五块饼、两条鱼让五千人吃饱”、“海面上行走”一类的神话,均可作如是观。

真实、本来的缺失往往带来“完型”冲动,即发扬想象来“光荣化”虚拟的对象。王充曾经喟叹“述事者好高古而下今,贵所闻而贱所见”(《论衡·齐世篇》②),北齐学者刘昼也感慨说:

昔鲁哀公遥慕稷契之贤,而不觉孔子之圣;齐景公高仰管仲之谋,而不知晏婴之智;张伯松远羡仲舒之博,近遗子云之美。以夫子之圣,非不光于稷契;晏婴之贤,非有减于管仲;阳(按:原文如此)子云之才,非为劣于董仲舒。然而弗贵者,岂非重古而轻今、珍远而鄙近、贵耳而贱目、崇名而毁实邪?(《刘子·正赏章五十一》③)

这与耶稣说“先知在他乡受到敬仰”(Matthew, 13: 57: “Prophets

① 杨伯峻:《孟子译注》,中华书局,1960年,第63—64页。
② 黄晖:《论衡校释》,中华书局,1990年,第809页。
③ 傅亚庶:《刘子校释》,中华书局,1998年,第485页。

are not without honor except in their own country and in their own house")是同一个意思。"他乡"可以这样来理解:人类以在世为本乡,死是生的缺失与超绝,故身后为绝对的他乡,这样死者对于生者来说就是幽远他乡的先知了。

这是一种典型的乌托邦想象。德国社会学家卡尔·曼海姆在《意识形态与乌托邦》一书中指出:如果一种思想状况与它所处的现实状况不相一致,那么这种"超越思想环境的思想"就是乌托邦;同时乌托邦与人类的欲望有关,"当想象力不能在现实中取得满足时,它便寻求躲避于用愿望建成的象牙塔"[①]。而这种欲望归根结底是一种本能的、内在的"生"(to be)的冲动:我在(That I be)! 为此,我必须肯定自我,证明我之所"是",即自身合目的、自在自为的"善"。恋父与神化死者无疑来自这种冲动,只是它投射到了不在场的、外在于我的客体,并且通过这个客体折射、释放了主体的这种冲动。

在特殊情况下,这种冲动亦可能投向主体自身:一方面,主体继续保持为"我",另一方面则异化出一个"他我",作为投射对象的"我",也就是客体化了的、处于某个不同时空的主体。这两种主体之间的时空距离可以很短,也可以很长。例如,小说《围城》中讲到李梅亭、方鸿渐与赵辛楣赴三闾大学任教,中途困在某县城,李梅亭和旅社附近的风尘女子搭讪,后者许诺通过关系让他们搭上军车,李梅亭自鸣得意,他——

> 回身向赵方二人得意地把头转个圈儿,一言不发,望着他们。二人钦佩他异想天开,真有本领。李先生恨不能身外化身,拍着自己肩膀,说:"老李,真有你!"

这里的"身外化身"即属于前一种情形。至于后一种情形,则往往表现为摆老资格、吹嘘"当年勇"等等。荷马史诗《伊利亚特》中的老将奈斯托耳(Nestor)就是一个典型例子。为了鼓励大家迎战赫克托耳(Hector),他回忆起少年时会战猛将厄柔萨利昂(Ereuthalion)的情

① 卡尔·曼海姆:《意识形态与乌托邦》,第4章第1—2节,黎鸣、李书崇译,商务印书馆,2000年,第196、209—210页。

形：

厄柔萨利昂叫嚷着要和我们中最勇敢的人拼斗，但他们全都吓得战战兢兢，不敢和他交手。只有我，磨练出来的勇气其时催促我和他拼斗，以大无畏的气概，虽说论年龄，我是最年轻的一个。我和他绞杀扑打，帕拉丝·雅典娜把荣誉送入我的手中。在被我杀死的人中，他是最高大、最强健的一个，……但愿我现在年轻力壮，和当年一样，浑身有使不完的力气！这样，顷刻之间，头盔闪亮的赫克托耳即会找到匹敌的对手！[①]

这种场景出现过不止一次。回忆起当年，他真是“浑身有使不完的力气”了。奈斯托耳的口头禅是“听从我的劝导吧，我曾同比你们更好的人交往过”，“其后我再也没有、将来也不会再见到那样的人杰”，“生活在今天的凡人全都不是他们的对手”[②]。这可以说是一种社会退化论的观点，用鲁迅笔下人物“九斤老太”的话讲就是：“一代不如一代！”

在人类历史上，这种“九斤老太情结”曾以各种面目出现过。如古希腊神话认为人类世界先后产生过每况愈下的五个种族：黄金种族、白银种族、黄铜种族、英雄种族与黑铁种族[③]；与之相似，古罗马诗人认为人类社会先后经历了黄金时代、白银时代、黄铜时代与黑铁时代，其中每一代都比上一代更加堕落[④]。中国古人也有类似的想法，像先秦道家的观点就很有代表性：

古之人，在混芒之中，与一世而得澹漠焉。……逮德下衰，及燧人、伏羲始为天下，是故顺而不一。德又下衰，及神农、黄帝始为天下，是故安而不顺。德又下衰，及唐、虞始为天下，兴治化之流，澆淳散朴，离道以善，险德以行，然后去性而从于心。心与心识知而不足以定天下，然后附之以文，益之以博。文灭质，博

① 荷马：《伊利亚特》第7卷，陈中梅译，花城出版社，1994年，第157页。

② 同上书，第1卷，第11页。

③ 赫西俄德：《工作与时日 神谱》，张竹明、蒋平译，商务印书馆，1991年，第4—7页。

④ 奥维德：《变形记》第1章，杨周翰译，人民文学出版社，1984年，第3—5页。

溺心,然后民始惑乱,无以反其性情而复其初。(《庄子·缮性第十六》[①])

在庄子看来,人类社会就是道德不断“下衰”的过程。和道家一样,儒家也常常感叹世风日下、人心不古而称美三代之治。无论是儒家还是道家,他们的共同之处在于用时间上的居前关系隐喻了逻辑上的优先关系,即以虚拟历史作为经验事实来论证道德本体的存在(例如以黄帝或尧舜禹等上古圣王肯定人性本善、可善与应善),并且通过认同这一道德本体而使自身精神生命得到了安顿。

因此,这种怀旧情绪说到底是自我的张扬,或者说源于自恋的本能冲动。当哈姆雷特讲“这三年来时代变得真是精致,村夫的脚丫子紧跟着朝廷贵人的足踝,连脚上的冻疮都擦破了”(V, i, 134—136:“this three years I have taken note of it, the age/is grown so picked that the toe of the peasant comes so/near the heel of the courtier he galls his kibe.”)这句话时,其中就流露出一丝微妙的自恋情绪。哈姆雷特也说人是“造化的玩物”(V, iv, 58:“we fools of nature”),悲叹自己蠢伏在天地之间无所作为(III, i, 137—138),但在内心深处却未尝不以 Hercules 那样的神武英雄自期(c. f. V, i, 294:“Let Hercules himself do what he may”)。事实上,如果不是出于牢不可拔的自恋或者说“我执”,他又何必如此感到失落和沉痛呢?

不过,和他周围的人比起来,哈姆雷特终究是一个清醒的自觉者。在自我认识的冷静鉴照之下,顽强的自恋本能不得不采取一种隐晦的表现方式,转向与“我”最为相似的客体——父亲,把父亲的记忆作为“我”的替身而留连礼赞。对父亲的虚幻记忆满足了自我的生存冲动(will to be)。老王的鬼魂诉说了被害真相后,与儿子依依诀别:“Adieu, adieu, adieu! Remember me”(I, v. 98);听到此言,哈姆雷特不禁热血沸腾(I, v. 104—111):

> Remember thee?
> Yea, from the table of my memory

---

① 郭庆藩:《庄子集释》,中华书局,1961 年,第 550—552 页。

I'll wipe away all trivial fond records,
All saws of books, all forms, all pressures past
That youth and observation copied there,
And thy commandment all alone shall live
Within the book and volume of my brain,
Unmix'd with baser matter.

参考译文：

记住你！是的，我要从我的记忆的书版上
拭去一切琐碎愚蠢的记录、
一切书本上的格言、
一切陈言套语、
一切过去的印象，
凡是少年时代的阅历都统统删除，
在我的脑海中只有你的指示，
不留下任何次等材料。

在这个时刻，"我"与"父亲"的认同上升到顶峰而完全合一；在"我"的灵魂中，除了对父亲的记忆之外，一切都黯然消失了。"记着我呵"，这个焦虑的呼喊与其说是来自死去的"父亲"，不如说它发自"我"的内心："That I be!"的自恋冲动在现实王国中幻化出一个记忆的乌托邦，渴望不朽的"记忆"取代了经验和反思，以"操心"的面目出现而居有了"此在"的王座，直至生命的最后一刻(V, ii, 357—358 & 369—372)：

Had I but time (as this fell sergeant, Death,
Is strict in his arrest) O, I could tell you...
...
If thou[①] didst ever hold me in thy heart,
Absent thee from felicity awhile,
And in this harsh world draw thy breath in pain,

---

① 指意欲自杀相殉的挚友 Horatio。

To tell my story."

参考译文：

我没有时间了(死神是无情的)

否则可以告诉你们……

……

如果你真心爱我，

先不要到天国享受喜乐，

且在这个严酷的世界上艰难地活下去，

把我的故事讲给人听。

第六章

# 庭训,由此论话语/权力

新王加冕典礼既成,Laertes 准备返回法国(c. f. I, ii, 52—58)。临行前,他的父亲 Polonius 长篇大论地教导了儿子一番,告诫他不要轻易表露自己的想法,凡事三思而行(I, iii, 63—64:"Give thy thoughts no tongue, /Nor any unproportioned thought his act."),交友要慎重(65—69:"Be thou familiar, but by no means vulgar: /Those friends thou hast, and their adoption tried, /Grapple them unto thy soul with hoops of steel; /But do not dull thy palm with entertainment/Of each new-hatched, unfledged comrade."),避免和人冲突,但一旦发生争执就不能让人小觑(69—71:"Beware/Of entrance to a quarrel; but being in, /Bear't that the opposed may beware of thee."),多听别人讲,自己少表态(72—73:"Give every man thine ear, but few thy voice; /Take each man's censure, but reserve thy judgment."),甚至说到穿戴要大方得体(74—78:"Costly thy habit as thy purse can buy, /But not expressed in fancy; rich, not gaudy; /For the apparel oft proclaims the man, /And they in France of the best rank and station/Are most select and generous, chief in that."),不要向人借钱,更不要借钱给别人(79—81:"Neither a borrower nor a lender be; /For loan oft loses both itself and friend, /And borrowing dulls the edge of husbandry."),最后强调对自己和他人都须忠实,不要自欺欺人(82—84:"This above all-to thine own self be true, /And it must follow, as the night the day, /Thou canst not then be false to any man."),这才收住话头。

这老儿好不啰嗦!性急的读者也许干脆跳过直接去看下一场了——我们和哈姆雷特还等着从老王鬼魂的口中了解事情的真相呢。然而且慢,这可是西方文学中少见的一篇"庭训"妙文,它为我们了解当时欧洲家庭的权力结构提供了生动的例证。

也许是农耕文明重视经验传承的缘故罢,中国古人似乎格外喜欢训诫子孙。早在《逸周书》中就记载了周文王对太子发的教导,如《文儆解第二十四》:

> 庚辰诏太子发曰:"汝敬之哉!民物多变,民何向非利?利维生痛,痛维生乐,乐维生礼,礼维生义,义维生仁。"①

再如《文传解第二十五》:

> 文王受命之九年,时维暮春,在鄗。诏太子发曰:"呜呼!我身老矣!吾语汝我所保与我所守,传之子孙。厚德广惠,忠信志爱,人君之行。不为骄侈,不为泰靡,不淫于美,括柱茅茨,为民爱费。"②

这大约是现存文献中中国最古老的家训和教子书了。更经典的例子是孔子对儿子孔鲤的"庭训":

> 陈亢问于伯鱼曰:"子亦有异闻乎?"对曰:"未也。尝独立,鲤趋而过庭,曰:'学《诗》乎?'对曰:'未也。''不学《诗》,无以言。'鲤退而学《诗》。他日又独立,鲤趋而过庭,曰:'学《礼》乎?'对曰:'未也。''不学《礼》,无以立。'鲤退而学《礼》。闻斯二者。"

---

① 黄怀信:《逸周书校注补释》,西北大学出版社,1996年,第117页。

② 同上书,第120—121页。

陈亢退而喜曰:"问一得三,闻《诗》,闻《礼》,又闻君子之远其子也。"(《论语·季氏第十六》[①])

孔子建议儿子学习《诗》[②]、《礼》,但只是泛泛指点,并没有什么私房传授,因此受到时人的赞赏("问一得三,闻《诗》,闻《礼》,又闻君子之远其子也")。在这个意义上讲,"立言"也就是"立德";后者体现了前者的言后功能(perlocutionary function)。

口头的"庭训"写成文字,就是家训、家书或诫子书一类的作品。在中国,这类作品自汉末以来盛行于世,几乎构成了某种"亚文类"。南宋学者王应麟在《困学纪闻卷十七·评文》中曾列举了最著名的几种:

《艺文类聚》鉴诫类,多格言法语。……姚信《诫子》曰:"古人行善者,非名之务,非人之为,险易不亏,始终如一。"诸葛武侯《诫子》曰:"非学无以广才,非志无以成学。"颜延之《庭诰》曰:"性明者欲简,嗜繁者气昏。"……司马德操《诫子》曰:"论德则吾薄,说居则吾贫。勿以薄而志不仕,贫而行不高。"王修《诫子》曰:"时过不可还,若年大不可少也。言思乃出,行详乃动。"羊祜《诫子》曰:"恭为德首,谨为行基。无传不经之谈,无听毁誉之语。"徐勉《与子书》曰:"见贤思齐,不宜忽略以弃日。非徒弃日,乃是弃身。"[③]

此外如刘备的《敕后主诏》、嵇康的《家诫》、陶渊明的《与子俨等疏》等等,也都是著名的篇什。号称笼罩群言、体大虑周的《文心雕龙》仅在《诏策》一篇论"戒"中提到"汉高祖之敕太子,东方朔之戒子,亦顾命之作也。及马援以下,各贻家戒"[④]云云,不免有些令人遗憾。

---

① 杨伯峻:《论语译注》,中华书局,1980年,第178页。

② 另见《论语·阳货第十七》:"小子何莫学夫诗?诗,可以兴,可以观,可以群,可以怨。迩之事父,远之事君。多识于鸟兽草木之名。"(《论语译注》,第185页)

③ 《困学纪闻》,孙海通校点,辽宁教育出版社,1998年,第322页。

④ 周振甫:《文心雕龙注释》,人民文学出版社,1981年,第216页。

在中国，家书、家训这类作品不但数量众多，而且至亲骨肉之间私相授受，绝少虚言浮辞而多见真情实感。古人云“修辞立其诚”（《易·文言传》[①]），不诚不真固不足为家书矣。也正因如此，家书不好写，写好更不容易。例如三国时就流传“汝无自誉，观汝作家书”[②]的谚语，一千四百多年之后黄宗羲犹然感叹“至文不过家书写”（《南雷诗历卷三·与唐翼修广文论文》[③]），即是明证。原因何在呢？《孟子·离娄上》中曾就这个问题专门进行了探讨：

> 公孙丑曰：“君子之不教子，何也？”孟子曰：“势不行也。教者必以正。以正不行，继之以怒。继之以怒，则反夷矣。夫子教我以正，夫子未出于正也，则是父子相夷也。父子相夷，则恶矣。古者易子而教之。父子之间不责善，责善则离，离则不祥莫大焉。”（《离娄上》[④]）

孟子的担忧不是没有道理的。《大学》论“齐家”曰：“君子有诸己而后求诸人，无诸己而后非诸人；所藏乎身不恕，而能喻诸人者，未之有也。”所谓言传身教，身不教则言不传，而父子之间身教更胜于言传。《世说新语》中记载：

> 谢公夫人教儿，问太傅：“那得初不见君教儿？”答曰：“我常自教儿。”（《德行第一》[⑤]）

谢安教子深得古人之意矣。相反，如果父亲本人不能实践他所鼓吹的信条，甚至言行相悖，如宋人吕成公所讽：

> 马援还书，王昶戒子，其心固善。不知所教者，本不欲其言人之过，言未脱口而己自言人之过，何其反也？（《困学纪闻卷十

---

① 唐明邦：《周易评注》，中华书局，1995 年，第 173 页。

② 语见《典论·太子篇序》：“里语曰：‘汝无自誉，观汝作家书！’言其难也。”引自《丛书集成新编》第 80 卷，台湾：新文丰出版公司，1985 年，第 55 页。

③ 《黄宗羲全集》第 11 卷，浙江古籍出版社，2005 年，第 299 页。

④ 焦循：《孟子正义》，中华书局，1987 年，第 522—524 页。

⑤ 张万起、刘尚慈：《世说新语译注》，中华书局，1998 年，第 31 页。

三·考史》[①])

那么再堂皇正大的说教也难以让人信服,甚至适得其反,致使父子“责善”、“相夷”而“贼恩”[②]。在这个意义上讲,“立德”(诚有是德)是“立言”的前提与目的,否则“美言不信”,难免有“巧言乱德”之虞了。

我们再来看 Polonius 的“庭训”。他老人家教训儿子多听少说,自己却聒噪不休(c. f. III, iv, 238:“a foolish peating knave”),甚至在君王面前也是“知无不言,言无不尽”,如他向国王汇报哈姆雷特发疯的隐情时就卖弄了一番辞令(II, ii, 91—101):

> My liege, and madam, to expostulate
> What majesty should be, what duty is,
> Why day is day, night is night, and time is time.
> Were nothing but to waste night, day, and time.
> Therefore, since brevity is the soul of wit,
> And tediousness the limbs and outward flourishes,
> I will be brief. Your noble son is mad.
> Mad call I it; for, to define true madness,
> What is't but to be nothing else but mad?
> But let that go.
>
> 参考译文:
>
> 王上,王后,详细解说什么是王者的尊严、
> 什么是臣子的职分,
> 白昼何以为白昼,黑夜何以为黑夜,时间何以为时间,
> 这只会浪费日夜和时间;
> 因此,既然简洁是智慧的灵魂,

---

① 《困学纪闻》,辽宁教育出版社,第 263 页。按裴松之注《三国志·魏书二十七·王昶传》曰:“(马)援诫称龙伯高之美,言杜季良之恶,致使事彻时主,季良以败。言之伤人,孰大于此? 与其所诫,自相违伐。”“(王昶)既友之于昔,不宜复毁之于今,而乃形于翰墨,永传后叶,于旧交则违久要之义,于子孙则扬人前世之恶。”(陈寿:《三国志》,上海古籍出版社,2002 年,第 688 页)吕氏盖本诸此。

② 语见《孟子·离娄下》:“父子责善,贼恩之大者。”

冗长是肤浅的藻饰，
我还是长话短说吧。
你们的儿子疯了；
我说他疯了；要是定义何谓真疯，
这本身不是发疯又是什么呢？
不过这就不用多说了。

他既知“简洁是智慧的灵魂”，却又咬文嚼字、不知所云，结果王后听得实在不耐烦，请他有话直说，少卖弄玄虚（i. d. 102：“More matter, with less art.”）。再如他正言厉色地告诫儿子对人对己都要忠诚、慎勿自欺欺人云云，但他本人却对亲生儿子都信不过，背地里派仆人跟踪到巴黎刺探、汇报他的行踪（II, i, 1－82），还忙不迭地把哈姆雷特写给女儿的情书拿来向国王邀功献媚，又自作聪明地设计让王后找哈姆雷特谈话，自己躲在幕后偷听，结果被哈姆雷特误当成国王一剑刺死。这正应了一句老话：“凡人有术不能行者有矣”（《列子·说符篇》[①]）；可惜了他字字珠玑、头头是道的至理名言了！

莎士比亚写戏喜欢采用“情节束”，即在主线之外安排一条甚至多条副线，主线、副线彼此交错、相互映衬，从而起到深化主题的作用。例如《哈》剧中同时安排了 Hamlet、Laertes 与挪威王子 Fortinbras 为父报仇的情节，三条线索一起拧成对复仇行为的伦理思考。以“训诫”为例，在一幕三场中不仅有父亲对儿子（Polonius-Laertes）的训诫，同时还有兄长对妹妹（Laertes-Ophelia）、父亲对女儿（Polonius-Ophelia）的训诫。父子、兄妹、父女这三种天伦关系共同构成一种级差性的家庭权力结构。法国学者福柯（Michel Foucault）认为“权力”产生于“话语”（discourse）机制，反过来我们也可以说“话语”投射并隐喻了“权力”。《哈》剧一幕三场中父训子、兄训妹的场面正凸现了男性/父兄的威权——强势话语地位与女性/子女的服从——弱势话语地位。

我们先来看 Laertes 对 Ophelia 的训话。尽管作者没有明说，但

① 杨伯峻：《列子集释》，中华书局，1979 年，第 268 页。

我们可以从文中判断 Ophelia 事先向哥哥吐露了她和哈姆雷特的感情进展,并为此征求过他的意见。Laertes 对此坚决表示反对。他奉劝妹妹对王子的爱情表白不要当真,认为这不过是年轻人的一时冲动,就好像早熟的紫罗兰,鲜艳芬芳但不能持久(I, iii, 7—11):

Hold it a fashion, and a toy in blood;
A violet in the youth of primy nature,
Forward, not permanent—sweet, not lasting;
The perfume and suppliance of a minute;
No more.

他提醒妹妹说,即便哈姆雷特的感情是真诚的,但他作为一国储君,在婚姻问题上没有自主权,也就是说他必须服从国家利益的需要,与门当户对的邻国王室联姻(id, 20—31[①])。他还特别叮咛 Ophelia 不要相信王子的甜言蜜语,轻易委身于人而给自己带来羞辱(id, 32—35)。最后他郑重地告诫妹妹:不要放纵感情而被欲望所俘虏,“畏惧是最好的防护”,“贞洁的姑娘让月亮窥到自己的容颜也就够放荡了”(id, 37—40 & 46)。

Laertes 反对女子抛头露面,这和中国古人“妇人不会,会非正也”(《春秋谷梁传·庄公七年》[②])的说法如出一辙。这是一种再典型不过的男权话语。人类中心主义的突出表现之一就是男性中心主义:出于动物本能,男性渴求拥有对女性的绝对支配权,于是编造出一套男尊女卑的神话;为了捍卫这套秩序的合法性,“他”——包括“立人极”或“为世作则”圣哲和诗人,所谓“the legislator of mankind”或“unacknowledged legislators of the world”——把“她”

① C. f. II, ii, 151, Polonius: “Lord Hamlet is a prince, out of thy star.”按婚姻讲求门当户对,中外皆然。如《左传·桓公六年》载:“北戎伐齐,齐侯使乞师于郑。郑大子忽帅师救齐。……公之未昏于齐也,齐侯欲以文姜妻郑大子忽。大子忽辞,人问其故,大子曰:“人各有耦,齐大,非吾耦也。”(《十三经注疏·春秋左传正义》,北京大学出版社,1999年,第179页)再如唐时大姓(所谓李、王、郑、卢、崔“七姓十一家”)之间“自为婚姻”,太宗下诏禁止,结果无济于事:“然族望为时所尚,终不能禁,或载女窃送夫家,或女老不嫁,终不与异姓为婚。”(《资治通鉴·唐纪十六·高宗显庆四年》,中华书局,1956年,第6318页。)

② 《十三经注疏·春秋谷梁传注疏》,北京大学出版社,1999年,第70页。

描述成了低劣(如中国古人所谓“难养”、“五体不全”、“贱人”)、幼弱、缺乏理性的“他者”。在西方,“厌女”传统也不绝如缕:古希腊人算是非常尊重女性的了,但是像赫希俄德、苏格拉底、亚里士多德这些第一流人物都认为女性比男性低劣[①];文艺复兴时期的荷兰人文主义者伊拉斯谟(Erasmus)断言女人就是愚人[②];时至19世纪,叔本华坚持认为女性“构成次等性别——在任何方面都逊于第一性的第二性”[③],而尼采更是公然宣称女性“存在着生理上的弊端”[④],“是那么迂阔、浅薄、俗气、琐屑骄矜、放肆不逊、隐蔽着轻浮”[⑤]……哈姆雷特也感慨说“软弱,你的名字是女人”(I, ii, 152:“Frailty, thy name is woman!”),甚至当着恋人的面指斥女人水性杨花、矫揉造作(III, i, 152—159 etc)。其实,“低下”、“软弱”这些女性特质(womanliness)在很大程度上——这里不排除某种两厢情愿的“合谋”可能——不过是男性中心意识形态—话语建构的必然结果罢了。

这一点在Polonius对女儿的训话中表现得尤其突出。在父亲的追问下,Ophelia坦白说王子近来多次向她表达“爱慕”。听到这儿,老头子一声断喝(id, 107—108):

> Affection? Pooh! You speak like a green girl,
> Unsifted in such perilous circumstance.

---

① 例如赫希俄德在《神谱》中说到天神宙斯“把女人变成凡人的祸害,成为性本恶者”(《工作与时日 神谱》,张竹明、蒋平译,商务印书馆,1991年,第44页)。柏拉图认为神创造了三种生物:男人,女人,禽兽,如果男人未能控制欲望感情,则将二次投生为妇人,如果仍然不能改正,则投生为禽兽(《蒂迈欧篇》42A-C,谢文郁译注,上海人民出版社,2003年,第38—39页),在《法篇》中也说“女性的天赋禀性比男性低劣”(《柏拉图全集》,王晓朝译,人民出版社,2003年,第3卷第537页)。亚里士多德也宣称男人本性相对优越而治人,女子本性相对低劣而治于人(Aristotle. *Politics*, I. 5. 1254b. New York: Dover Publications, Inc., 2000, p. 34.)。

② 伊拉斯谟:《愚人颂》第17节,许崇信译,辽宁教育出版社,2001年,第18—19页。

③ 叔本华:《论女人》,《叔本华论说文集》第5卷,范进等译,商务印书馆,1999年,第485页。

④ 尼采:《看哪这人!》,载《权力意志》,张念东、凌素心译,商务印书馆,1991年,第48页。

⑤ 尼采:《超善恶》第232节,张念东、凌素心译,中央编译出版社,2005年,第147页。

参考译文:
爱慕?算了吧,你说话就像是一个
不知深浅的黄毛丫头。

和儿子一样,Polonius也断定哈姆雷特是在别有用心地玩弄感情(id, 122—127 & 134—138)。不同的是,父亲比兄长拥有更大的权威,因此训话的语气也就更加粗暴而不容置否。例如他盛气凌人地教训女儿说(id, 111):

Marry, I will teach you! Think yourself a baby
That you have ta'en these tenders for true pay,
Which are not sterling.

参考译文:
咄,我来教导你!就当自己是小孩子罢,
你把这些虚情假意都信以为真了。

"就当自己是小孩子罢",这不禁让我们想起汉儒对君夫人自称"小童"的解释:"自称小童者,谦也。言己智能寡少,如童蒙也"(《白虎通·嫁娶·论王后夫人》[①])。又是孺子,又是女性,女儿在父亲面前可以说是双重的、双倍的弱势存在;除了俯首听命,她还能做什么呢?

不用说,这是一场单向度的、因此是不平等的"对话"。在这种不对等的对话关系中,"话语"本身蕴涵着某种权力结构,其中男性"说"而女性"听"。事实上"说"和"听"、"话说者"和"听话者"分别是"统治"和"服从"、"强势方"和"弱势方"的隐喻。法国语言学家海然热(Claude Hagège)指出:"语言的实践反映一种并未公开宣布的霸权",例如墨西哥阿兹台克人称皇帝为"tlatoani",意为"发话的人",这个词来自动词"tlatoa",意为"说话",它的同源词还有"tlatolli"(语言)和"tlatocayotl"("政权"),这两个词的联合形式"tlatoacan"意为"最高国务会议",也就是"说话的地方"[②]。汉语中也有很多这样的例子,如"不听话/听话"、"言听计从"、"听差"、"听任"(=无力管束或

① 陈立:《白虎通疏证》,中华书局,1994年,第490页。
② 海然热:《语言人》,张祖建译,三联书店,1999年,第266、267页。

放弃控制)。现实生活中,领导讲话是“说”的人格化体现(他们发言的次序、长短与他们拥有的权力大小精确对应),而麦克风、高音喇叭之类则是“说”的工具化形式。

在上面的训话中,我们看到 Laertes 规劝妹妹“克己复礼”,Ophelia 虽然不无意见,甚至忍不住反过来提醒哥哥不要像假道学那样,给别人指点上天堂的荆棘险路,自己却在花街柳巷留连徜徉(I, iii, 49—54:“But, good my brother, /Do not as some ungracious pastors do, /Show me the steep and thorny way to heaven, / Whiles, like a puffed and reckless libertine, / Himself the primrose path of dalliance treads/And recks not his own rede.”),但她最终还是表示会把兄长的教导牢记心间(id, 90—91:“’Tis in my memory locked, /And you yourself shall keep the key of it.”)。紧接着我们看到 Polonius 对儿子训话,这时 Laertes 就只能闷头聆听父亲的长篇大论,没有置喙的余地了(id, 86)。最后是父女间的对话:女儿怯怯地陈述自己的想法,但老头子根本不听,悉数加以指责、否定,直到 Ophelia 表示一定会听话(id, 143:“I shall obey, my lord.”),这才止住话头。

可怜的 Ophelia 呵!她在生活中始终得是一个“听话的人”:父兄发话,她只有听从的份儿;就连哈姆雷特思想苦闷了,也要冲她——而且首先是冲她——指桑骂槐地发泄一通(III, i, 150—159)。仅仅在一人独处的时候,也就是说没有男性在场的情况下,她才偷偷地难过了一番(id, 160—171)。事实上,直到芳心破碎、神志失常后她才获得在公众场合(也就是男性空间)言说的权力(IV, v, 45—46:“we know what we are, but know/not what we may be.” etc.)。福柯告诉我们,“疯人”在西方社会一向被视为“不正常的人”[①],也就是“非人”;可以说,直到成为“非人”这一刻,Ophelia 才摆脱了“女人—弱者—听话的人”的身份,有了“说话”的权利——然而她紧接着就死了,或者说永远沉默了!

---

① 福柯:《不正常的人》,“1975 年 1 月 15 日法兰西学院演讲”,钱翰译,上海人民出版社,2003 年。

《哈》剧中的另外几场对话也蕴含着类似的话语—权力结构。一幕二场老王的鬼魂开始向哈姆雷特发话时，他要求儿子谛听自己将要说的话(I, v, 9－10: "Pity me not, but lend thy serious hearing/To what I shall unfold.")，而哈姆雷特的回答是："说吧，我自当聆听"(id, 11: "Speak. I am bound to hear.")。在亚里士多德所谓"相认"(recognition/anagnōrisis)[①]的这个场面中，对话一开始就从"追问—回答"模式转换成了"讲述—聆听"模式。"追问"体现了人对鬼(人的他者)的控制，而"聆听"则体现了儿子对父亲权威的认同。可以说，正是后一种话语关系为父子"相认"提供了适当的契机。三幕四场王后Gertrude和哈姆雷特的对话也是一个很好的例子。母亲本来想训诫儿子一顿，不料儿子反唇相讥、咄咄逼人(c. f. III, ii, 403, Hamlet: "I will speak daggers to her"; III, iv, 46－48, Gertrude: "What have I done that thou dar'st wag thy tongue/In noise so rude against me?")，自己反遭训斥；做母亲的又是羞愧又是惊恐，但是无力反抗，只得哀求儿子不要再说了(id, 99: "O Hamlet, speak no more! "& 107－109: "O, speak to me no more! /These words like daggers enter in mine ears. /No more, sweet Hamlet!")。这是一场男女/长幼两套话语权力之间的对抗；结果是尊长话语—权力不敌，男性话语—权力胜出，母亲的尊严在儿子的男性意志——或者说是儿子所代表的夫权——面前彻底崩溃[②]。

---

① 参见亚里士多德：《诗学》第11章，陈中梅译，商务印书馆，1996年，第89—90页。"相认"也译为"发现"，指悲剧主人公发现了改变自身命运的隐匿事实(往往是血缘关系、自己的真实身份，如Oedipus得知自己的王后Jocasta居然是自己的亲生母亲)；在这个意义上讲，"相认"等于情节的"突变"(*peripeteia*)。参见亚里士多德：《诗学》第11章，陈中梅译，商务印书馆，1996年，第89—90页。

② 在中国传统社会中，却是长幼秩序——确切说是子女对父母的服从(孝道)——战胜了女性"夫死从子"的律令(妇道)。例如《红楼梦》第三十三回，贾母因贾政责打宝玉而呵斥贾政，面对母亲的斥责，贾政只有"躬身陪笑"、"跪下含泪说道"、"叩头哭道"、"苦苦叩求认罪"的份儿，并不敢还口(《红楼梦》，人民文学出版社，1982年，第458页)。当然，贾母是在丈夫去世而缺席的情况下成了夫权的代表，Gertrude则背叛了丈夫及其所代表的权力结构；现在哈姆雷特是代表父亲来谴责母亲，因此归根结底还是男权(确切说是夫权)在操纵着话语—权力游戏。

海德格尔说过:语言是存在之家[①],很多人都喜欢引用这句名言。家,甜蜜的家,温馨的家,舒适安逸的家……多么迷人的意象!但是不要忘了,只要有语言,就会有“说话的人”和“听话的人”,而这两者必然会构成某种权力结构。换句话说,只要话语存在,就有权力(广义的权力)的介入和孳生。从这个角度来看,语言恰恰也正是存在的牢笼。这个时候,我们对海德格尔的另一句名言,人类始终“嵌”在语言的本质之中[②],也许会别有一番理解吧。

① 参见海德格尔:《语言的本质》,载《在通向语言的途中》,孙周兴译,商务印书馆,1997年,第134页。

② 海德格尔:《走向语言之途》,载《在通向语言的途中》,第228页。

# 第七章

# 一时人鬼两茫茫

Horatio目睹老王鬼魂显灵之后，迅即报告了哈姆雷特(I, ii, 199—266)。哈姆雷特深感震惊，决定眼见为实(id, 267—276)，当晚就和Horatio、Marcellus来到了哨楼，在瑟瑟寒风中(c. f. I, iv, 1—2：“Ham. The air bites shrewdly; it is very cold. /Hor. It is a nipping and an eager air.”)忐忑不安地等候幽灵出现。

子夜的钟声已经敲响，鬼魂马上就会出现——这时从远处传来吹奏喇叭和鸣炮的声音。原来新登基的国王正在大宴群臣，做长夜之饮(id, 10—14)。丹麦举国上下纵酒成风，哈姆雷特对此深不以为然，直言与其遵行这一陋俗，不如破除它更为可敬(id, 18—19：“it is a custom/More honour'd in the breach than the observance”)，并由此感慨小过足以辱没大德(id, 26—41：“The dram of e'il/Doth all the noble substance often dout/To his own scanda" etc. )[①]。就在这时,幽灵悄然现身了。

以上看似一个不甚重要的过场,但它所展现的场面细细想来却堪称惊心动魄:一边是生人的灯红酒绿、欢歌笑语,一边是亡灵的茕然无告、饮恨吞声;阳间与阴界、生与死、成与败、动与静、繁华与冷寂、真相与阴谋……所有这一切,都在鸿蒙混沌的子夜时分相交对峙。

这一充满戏剧张力的情景不禁令人想起《红楼梦》中黛玉病逝一节的描写:

> 当时黛玉气绝,正是宝玉娶宝钗的这个时辰。紫鹃等都大哭起来。李纨探春想他素日的可疼,今日更加可怜,也便伤心痛哭。因潇湘馆离新房子甚远,所以那边并没听见。一时大家痛哭了一阵,只听得远远一阵音乐之声,侧耳一听,却又没有了。探春李纨走出院外再听时,惟有竹梢风动,月影移墙,好不凄凉冷淡![②]

老哈姆雷特的鬼魂在喧闹的喇叭礼炮声中凄惶登场,而黛玉则在喜气洋洋的婚庆鼓乐声中溘然长逝:以乐写哀,则哀更哀矣。这种手

---

① 关于这个问题,中国古人历来有两种看法。儒家往往持"慎微"、"责备贤者"的道德严格主义立场;而《吕氏春秋·离俗览第七·举难》则认为"物不可全也,故择物而贵取一",反对"以人之小恶,亡人之大 美"(张双棣等:《吕氏春秋译注》,北京大学出版社,2000年,第679—680页)。《淮南子·氾论训》进一步发挥了这个观点,指出:"夫人之情,莫不有所短","自古及今,五帝三王,未有能全其行者也","是故君子不责备于一人"(这就是说,人无完人,论人不应求全责备);其次,"小谨者无成功,訾行者不容于众,体大者节疏,蹠距者举远","诚其大略是也,虽有小过,不足以为累;若其大略非也,虽有闾里之行,未足大举"(这就是说,大人不拘小节,小节不掩大略);所以"人有厚德,无问其小节;而有大誉,无疵其小故","小形不足以包大体也","小恶不足妨大美也"(何宁:《淮南子集释》,中华书局,1998年,第962—967页)。可以想见,必是时人(例如清教徒这样的道德严格主义者)多以小节细行评判人物,作者才这样郑重申说,其实很有些愤世嫉俗的意思。哈姆雷特所谓"So oft it chances in particular men/That, for some vicious mole of nature in them, /.../Their virtues else—be they as pure as grace, /As infinite as man may undergo—/Shall in the general censure take corruption/From that particular fault. The dram of e'il/Doth all the noble substance often dout/To his own scandal."(I, iv, 26—41),其实正是不平的牢骚,但以反语表出,并隐然流露出对大众舆论("the general censure")的轻蔑。

② 曹雪芹:《红楼梦》第九十八回,人民文学出版社,1982年,第1384页。

法，在中国古典诗学为“反衬”，用西方文论术语讲就是“张力”(tension)或“反讽”(irony)[①]。

生与死构成人生或人性的两极。死是对生的反讽，同时也是生的“铁门槛”(海德格尔所谓“此在在死亡中达到整全同时就是丧失了此之在”[②])。人死后到底会怎样，我们不得而知；但是正因为如此，生人对死往往怀有一种本能的“操心”。在中国古代哲人那里，这种“操心”采取了一种存而不论的实用主义立场。《论语·先进第十一》载季路问死，孔子的回答是：“未知生，焉知死?”[③]再如子贡问孔子死者是否有知，孔子回答他说：

> 吾欲言死之有知，将恐孝子顺孙妨生以送死；吾欲言死之无知，将恐不孝之子弃其亲而不葬。赐欲知死者有知与无知，非今之急，后自知之。(《孔子家语·观思第八》[④])

孔子的回答老实之极，也巧妙之极：“不知生，焉知死”，知生即是知死；对于生人来说，“知死非今之急”，因此“慎重追远”就足够了。

这是圣人的见解，然而常人看待死亡往往像捂着耳朵小心翼翼燃放爆竹的顽童，对于“悬临”[⑤]的那个必然结果，既感到莫名的惊悚和震怖，也怀有莫名的兴奋与好奇。各个民族在各个时代流传、创作

---

① 在中国古典诗词中，这样的例子比比皆是：新旧、悲欢对比者如“故人疏而日忘兮，新人近而俞好”(《楚辞·七谏·自悲》)、“新人从门入，旧人从阁去”(《上山采蘼芜》)、“但见新人笑，那闻旧人哭”(杜甫：《佳人》)；生死对比者如“昨暮同为人，今但在鬼簿”(陶渊明：《拟挽歌辞·其一》)、“明眸皓齿今何在？血污游魂归不得”(杜甫：《哀江头》)；动静对比者如“我静如镜，民动如烟”(陆机：《陇西行》)、“众里寻他千百度，蓦然回首，那人却在，灯火阑珊处”(辛弃疾：《青玉案》)。这些诗句都是运用强烈的对比、反差而产生了戏剧性的效果。

② 海德格尔：《存在与时间》第1部第2篇第1章，陈嘉映等译，三联书店，1987年，第272—273、279、287—288页。

③ 杨伯峻：《论语译注》，中华书局，1980年，第113页。

④ 《说苑·辨物》亦有类似记载，文辞大同小异，末句是“死徐自知之，犹未晚也”，语气尤妙。

⑤ 海德格尔：《存在与时间》，陈嘉映等译，三联书店，1987年，第287页。

的无数灵异传说和鬼戏都再好没有地体现了这种微妙的心态[1]。即以《哈姆雷特》为例，这部戏取材于12世纪初丹麦史学家"博学者萨克叟"(Saxo Grammaticus)所著《丹麦史》中的一段传说，同时深受古罗马塞内加悲剧的影响(在伊丽莎白一世时期，它具体表现为复仇、鬼魂显灵、发疯或装疯、残害屠杀等情节以及独白、五幕剧等形式)，与1594年伦敦上演的一部鬼戏(已失传)也不无渊源，可以说是一部经典鬼戏；其中鬼魂显灵的情节即在很大程度上迎合、满足了当时英国观众的"死亡关怀"。

在情节安排上，《哈》剧一幕二场和关汉卿的杂剧《关张双赴西蜀梦》第四折颇有异曲同工之妙。《西蜀梦》这部杂剧讲述了关羽和张飞遇害后向刘备托梦请兄长为自己报仇的故事；第四折中，张飞的鬼魂重返故都向刘备托梦，他看到熟悉的宫室，猛醒阴阳殊途的无情事实而悲恸失声：

> 【端正好】任劬劳，空生受，死魂儿有国难投！横亡在三个贼臣手，无一个亲人救。
>
> 【滚绣球】俺哥哥丹凤之目，兄弟虎豹头，中他人机彀，死的来不如个虾蟹泥鳅！我也曾鞭督邮，俺哥哥诛文丑，暗灭了车胄，虎牢关酣战温侯。咱人"三寸气在千般用，一日无常万事休"，壮志难酬！
>
> 【倘秀才】往常真户尉见咱当胸叉手，今日见纸判官趋前退后，元来这做鬼的比阳人不自由！立在丹墀内，不由我泪交流，不见一班儿故友。
>
> 【滚绣球】那其间正暮秋，九月九，正是帝王的天寿。列丹墀宰相王侯，攘的我奉玉瓯进御酒，一齐山寿，官里回言道臣宰千秋。往常摆满宫彩女在阶基下，今日驾一片愁云在殿角头，痛泪交流。
>
> 【叨叨令】碧粼粼绿水波纹皱，疏剌剌玉殿香风透。皂朝靴跐不响玻璃甃，白象笏打不响黄金兽。元来咱死了也么哥，咱死

---

① 20世纪五六十年代，中国大陆一度禁演鬼戏，这恰恰从反面证明了上述"操心"的存在。

了也么哥！耳听银箭和更漏。[1]

这番话恰也说出了老哈姆雷特的处境和心情：他命丧亲兄弟之手，王位被篡夺，但妻子、臣民浑然不知（I, v, 30："foul and most unnatural murder"；40—44；81—82："Thus was I, sleeping, by a brother's hand/Of life, of crown, of queen, at once dispatched"），真个是"横亡在贼臣手，无一个亲人救"，"中他人机彀，死的来不如个虾蟹泥鳅"！他死前未及忏悔，因此亡魂罪孽深重，每日须遭受炼狱之苦（c. f. id, 83—86："Cut off even in the blossoms of my sin, /Unhous'led, disappointed, unaneled, /No reckoning made, but sent to my account/With all my imperfections on my head"；15—18："Doomed for a certain term to walk the night, /And for the day confined to fast in fires, /Till the foul crimes done in my days of nature/Are burnt and purged away"），这岂不是"死魂儿有国难投"？他生前开疆拓土、武功显赫（c. f. I, i, 93—102），死后成为鬼物，欲向亲人诉说冤情，却趑趄不前、有口难言（c. f. I, i, 162—164："Ber. It was about to speak, when the cock crew. /Hor. And then it started, like a guilty thing/Upon a fearful summons."），果然是"这做鬼的比阳人不自由"！

荷马史诗《奥德赛》中俄底修斯（Odysseus）祭奠地府鬼魂，大英雄阿基琉斯来飨，他见到俄底修斯后放声大哭，说自己宁在阳间为奴也不愿在阴间称雄[2]。生（to be）是生人的根本执著，死后无知，固无论矣，死而有知，痛何如哉！

① 王学奇等：《关汉卿全集校注》，河北教育出版社，1988年，第64—65页。

② 荷马：《奥德赛》第11卷，陈中梅译，花城出版社，1994年，第211页。

第八章

# 笑:同情与残忍

惊悉父亲被害的真相,哈姆雷特心神激荡,咬牙切齿地喊道:"恶棍,笑眯眯的、该死的恶棍!"(I,v,113:"O villain, villain, smiling, damned villain!")这个"笑眯眯的恶棍"不是别人,正是他的叔叔 Claudius。在野心欲望的驱使下,Claudius 毒死了兄长、骗娶了寡嫂、僭夺了侄儿的王位;但在阴谋得逞后,他却伪善地暗示迎娶寡嫂是出于安定团结考虑的不得已之举(I, ii, 8—16:"our sometime sister, now our queen, /The imperial jointress to this warlike state" etc.),是受到臣民自发拥戴的(id, 14—16:"nor have we herein barred/Your better wisdoms, which have freely gone/With this affair along.")。他心怀鬼胎地称哈姆雷特为"王儿"(id, 67:"Our chiefest courtier, cousin, and our son"),虚情假意地许下父子名分(id, 112—114:"We pray you... think of us/As of a father"; 116—118:"with no less nobility of love/Than that which dearest father bears his son/Do I impart toward you")[①],宣布哈姆雷特是他的第一继承人(id, 115: "You are the most immediate to our throne")。百般造作无不透着仁义亲善,而其真实用心也就愈发显得阴险狡诈。

《水浒传》中有好汉"地藏星笑面虎朱富","笑面虎"可以对译"smiling villain",但程度较轻。"笑里藏刀"、"口蜜腹剑"最能形容这种表面友善而用心险恶的小人。如《新唐书·列传第一百四十八上·奸臣上》载:"义府貌柔恭,与人言,嬉怡微笑,而阴贼褊忌著于心,凡忤意者,皆中伤之,时号义府'笑中刀'"[②]。《资治通鉴·唐纪三十一·玄宗天宝元年》亦载:"李林甫为相,凡才望功业出己右及为上所厚、势位将逼己者,必百计去之;尤忌文学之士,或阳与之善,啗以甘言而阴陷之。世谓李林甫'口有蜜,腹有剑'"[③]。再如《红楼梦》第六十五回中兴儿说王熙凤:"嘴甜心苦,两面三刀,上头一脸笑,脚下使绊子,明是一盆火,暗是一把刀:都占全了。"[④]西方也有类似的说法,诸如"The smiler with the knife under his cloak"[⑤],"There's daggers in men's smiles"(*Macbeth*, II, iv, 133)等等即是。照此,笑竟是危险的符号了[⑥]。

"笑眯眯的恶棍"之所以显得分外可憎和可怕,倒不仅仅是因为他们的邪恶——据说魔鬼比上帝还要老呢[⑦],现实中的坏人更是多如恒河沙数——而是因为挂在他们脸上的那副残忍的微笑。虽说笑

---

① 《颜氏家训·后娶篇第四》称:"后夫多宠前夫之孤,……前夫之孤,不敢与我子争家,提携鞠养,积习生爱,故宠之。"从剧中情节看,Claudius 先前似乎没有结过婚,亦无子嗣,故不在此例。

② 《新唐书》,中华书局,1975 年,第 6340 页。

③ 司马光等:《资治通鉴》,中华书局,1956 年,第 6853 页。

④ 曹雪芹:《红楼梦》,人民文学出版社,1982 年,第 934—935 页。

⑤ Geoffrey Chaucer. *The Canterbury Tales*, *The Knight's Tale*, Part 3. Oxford: Oxford University Press, 1985, p. 51.

⑥ 参见钱钟书:《管锥编》第 2 册"太平广记·陆象先语——笑中刀",中华书局,1979 年,第 700 页。

⑦ 请看《浮士德》中靡非斯特的魔鬼版"创世纪":"我是一体之一体,这一体当初原是一切,后来由黑暗的一体生出光明,骄傲的光明要压倒黑暗母亲……"(Goethe. *Faust*, "Studierzimmer", 1350—1351, Frankfurt am Main, Deutscher Klassiker Verlag, 1999, p. 65. 译文根据董问樵译本,复旦大学出版社,1983 年,第 70 页)。

并不总是残忍的，可它为什么会显得残忍呢？在试图解答这个问题之前，似乎应当首先了解笑本身，比方说笑的“本质属性”——如果笑也有本质属性的话。

德国哲学家叔本华曾经发出过这样的感叹：“以为最经常的、最普遍的和最简单的那些现象就是我们最理解的，这种说法是一个既巨大而又流行的错误；因为这些现象不过是我们最常见的，我们对于这些现象虽然无知，但已经习以为常了。”[①]的确，越是司空见惯、习焉不察的现象，越是有可能隐含了、同时也是遮蔽了深刻的原因。人类为什么会笑？笑意味着什么？这正是一个需要思考、但一直被遗忘的神秘问题。

佛说笑有种种因缘[②]，由种种因缘生种种笑：例如喜笑、欢笑、苦笑、惨笑、愧笑、傻笑、疯笑、骄笑、气极而笑、不怒反笑，抑或是窃笑、讥笑、嗤笑、冷笑、耻笑、诡笑、奸笑、狞笑，以及干笑、赔笑、讪笑、强笑、谄笑、媚笑、一脸坏笑、似笑非笑、皮笑肉不笑……但不论是何种笑，抛开生理方面的原因不谈——其实，肌肉骨骼的构造机制只能解释人类如何笑而不是因何笑——它们都是“同情”这种人性的表征。

帕斯卡尔曾经发现：“两副相像的面孔，其中单独的每一副都不会使人发笑，但摆在一起却由于它们的相像而使人发笑”[③]。他在此其实向我们提出了一个问题：人类为何会笑？亚里士多德的摹仿论——摹仿是人类的本能，从摹仿中我们获得知识和快感（《诗学》第4章）——间接提供了一个思路：我们由于发现相似性或一致性而笑。摹仿寻求主体（摹仿者）和客体（摹仿对象）之间的相似性或一致性，因此严格地讲，“摹仿是人类的本能”仍是未究竟的说法。事实

---

① 叔本华：《作为意志和表象的世界》第24节，石冲白译，商务印书馆，1982年，第184页。

② 参见《大智度论卷第七·初品中放光论第十四》：“笑有种种因缘：有人欢喜而笑；有人嗔恚而笑；有轻人而笑；有见异事而笑；有见可羞耻事而笑；有见殊方异俗而笑；有见希有难事而笑”；另见《大智度论卷第四十往生品第四之下》：“笑有种种：有人见妓乐事而笑；有人内怀嗔恚而笑；有人憍慢故笑；有人轻物故笑；有人事办欢喜故笑；有人见不应作而作故笑；有人怀诈扬善故笑；有人见希有事故笑。”（《中华大藏经》第25册，中华书局，1987年，第231—232、757页）标点为笔者试加。

③ 帕斯卡尔：《思想录》第133节，何兆武译，商务印书馆，1985年，第64页。

上,在摹仿本能之下或之后还有一种更原始、更深邃的本能,这就是求同的本能、同情的本能。

对于这一点,中西哲人都有深刻的观察。庄子说:“世俗之人,皆喜人之同乎己,而恶人之异于己也。”(《庄子·在宥第十一》[①])韩非子也说:“凡人之大体,取舍异者则相非也。”(《韩非子·奸劫弑臣第十四》[②])西方哲人如意大利哲学家维柯(Vico)认为人的心灵天性上喜爱一致[③],再如英国哲学家休谟(David Hume)指出:“人类是宇宙间具有最热烈的社会结合欲望的动物,并且有最多的有利条件适合于社会的结合”,因为“自然在一切人之间保持了一种很大的类似关系,人们相互之间可以发现平行的情感或原则”。休谟将这种现象称之为“同情”,认为美之使人快乐正是出于同情的作用,因为心灵在观察熟识的对象时往往因为省力而感到轻松愉快[④]。休谟所谓“同情”,叔本华又称之为“亲缘关系”,他认为“亲缘关系所具有的情感是一切快乐和愉悦的源泉”,因此“每个人都表现了对与他相像的人的一种明显的偏爱”。

艺术(审美的摹仿)就是这样一种唤起“同情”的手段。它可以在时空两个向度唤起同情,即如德国学者格罗塞(Ernst Grosse)在谈论诗的社会生活影响力时所说:诗不仅能同时“唤起人类一切同一的感情”,从而将诗人与听众——读者“融合为一体”,并最终形成一种“持续的心情”,而且可以跨越时间保存、传递作者的思想感情来“联结后代的人”[⑤]。

当然,摹仿或艺术并不是引发同情的唯一可能途径。同胞(“亲如手足”、“历尽劫波兄弟在,相逢一笑泯恩仇”)、同乡(“亲不亲,故乡

---

① 郭庆藩:《庄子集释》,中华书局,1961年,第392页。
② 王先慎:《韩非子集解》,中华书局,1998年,第98页。
③ 维柯:《新科学》XLVII,朱光潜译,商务印书馆,1989年,第119页。
④ 休谟:《人性论》,关文运译,商务印书馆,1980年,第354、392、400—401页。
⑤ 格罗塞:《艺术的起源》,蔡慕晖译,商务印书馆,1984年,第206、210页。

人”、“老乡见老乡，两眼泪汪汪”）、同学、同年[①]、同姓（“五百年前是一家”）乃至性情容貌的相似（“两副相像的面孔”、“肖子”）都有可能引发同情的微笑。也许，从卵子和精子结合的那一瞬间开始，人生就落入了偶然性，每个人都注定将是特别的、从而也是孤独的存在[②]，因此在伶俜寂寞的生命之旅中，任何一点生命信息与轨迹的遇合都会给我们带来“空谷足音”的喜悦？可想而知，发现他人与我相似等于发现不同级差的“另一自我”（alter ego）的存在，从而间接肯定了我的存在，也就是加强了对自身的认同。

笑就是这种认同心理的最初体现。德国学者戈尔德施泰因（K. Goldstein）在研究婴儿的笑时发现：“婴儿的第一次微笑是婴儿与世界的客观的、正确的联系”，这时婴儿感到“我”和“他”（首先就是婴儿的母亲）相遇；这种相遇的感受乃是“人的本质的典型特征”、“人类存在的特殊感受”，因为人类只有确证了“他人”的存在，才能认识自己；这种认识以快乐的神情也就是笑而表现出来[③]。如果这个说法成立，那么笑就意味着主体（自我）对客体（他者）的认同：我笑，因为我认识你！你和我一样，我们在一起！

通过笑，我们对自身或他人表示了认同；在这个意义上讲，笑就是认同的隐喻。当代隐喻研究者泰德·柯亨（Ted Cohen）认为隐喻可以造成亲密效应（intimacy），其具体途径为：1. 隐喻的作者通过隐喻向读者发出隐含的邀请；2. 隐喻读者付出额外的努力来接受这一邀请；3. 这一发送—接受过程最终形成对特定集团（community）的认可[④]。这一过程很像问答测试，隐喻发送者通过隐

---

① 顾炎武曰：“今人以同举为同年。唐宪宗问李贤曰：‘人与同年固有情乎？’对曰：‘同年乃九州四海之人，偶同科第，或登科然后相识，情于何有然？’穆宗欲诛皇甫镈，而宰相令狐楚、萧俛以同年进士保护之矣。按汉人已有之。”详见《日知录集释》卷十七“同年”条，岳麓书社，1994年，第623页。

② 帕斯卡尔说每个人都会孤独地死去（“On murra seul”，见《思想录》第211节，商务印书馆，第102页）；其实每个人也都是在孤独地活着。

③ 戈尔德施泰因：《婴儿的微笑与理解他人的问题》，刘冬梅译，载刘小枫主编：《人类困境中的审美精神》，东方出版中心，1994年，第386、397—398页。

④ Ted Cohen. *Metaphor and the Cultivation of Intimacy*, in Sheldon Sacks (ed.): *On Metaphor*. London: The University of Chicago Press, 1980, pp. 6 & 8.

喻向预期的读者提出一些暗号或谜题,考察后者是否能做出同情的回应;而接收者一方说出正确的密码或联络暗号后,即可"加盟"、"入伙",与前者形成某种同一关系。例如《庄子》中有这样两个寓言故事:

> 子祀子舆子犁子来四人相与语曰:"孰能以无为首,以生为脊,以死为尻?孰知死生存亡之一体者,吾与之友矣。"四人相视而笑,莫逆于心,遂相与为友。(《庄子·大宗师第六》[①])
>
> 子桑户孟子反子琴张三人相与友,曰:"孰能相与于无相与,相为于无相为?孰能登天游雾,挠挑无极;相忘以生,无所终穷?"三人相视而笑,莫逆于心,遂相与为友。(《庄子·大宗师第六》[②])

子祀、子舆、子犁、子来和子桑户、孟子反、子琴张的问题隐喻了自身对于生命的洞见,"相视而笑"则表明他们的看法一致("莫逆于心"),大家在笑声中彼此认同而形成了亲密的关系("相与为友")。

与之相反,不怀好意的隐喻(如指桑骂槐的嘲讽、含沙射影的威胁等等)反而令人更加敏锐、也更加强烈地认出其中隐含的敌意,用泰德·柯亨的话说就是"听者本人成为自己的杀手"[③];准此,笑就是杀手的从犯帮凶。例如《红楼梦》第三十回中有这样一个微妙而紧张的场面:

> (林黛玉问宝钗听了什么戏,宝钗)便笑道:"我看的是李逵骂了宋江,后来又赔不是。"宝玉便笑道:"姐姐通今博古,色色都知道,怎么连这一出的名字也不知道。这叫《负荆请罪》。"宝钗笑道:"原来这叫作《负荆请罪》!你们通今博古,才知道《负荆请罪》,我不知道什么是《负荆请罪》!"一句话还未说完,宝玉林黛玉二人心里有病,听了这话早把脸羞红了。(凤姐有所觉察)便

---

① 郭庆藩:《庄子集释》,中华书局,1961年,第258页。

② 同上书,第264页。

③ Ted Cohen. *Metaphor and the Cultivation of intimacy* in *On Metaphor*, London: The University of Chicago Press, 1980, p. 10.

> 也笑着问人道："你们大暑天，谁还吃生姜呢？"众人不解其意，便说道："没有吃生姜。"凤姐故意用手摸着腮，诧异道："既没人吃生姜，怎么这么辣辣的？"宝玉黛玉二人听见这话，越发不好过了。①

三人的对话与笑都相当耐人寻味：宝钗以"负荆请罪"的典故来隐喻宝玉同黛玉不久前的感情风波，她的笑是冷笑；凤姐则以"生姜"这个隐喻来打趣这三人，她的笑是嘲笑；其他人不知就里，但宝玉和黛玉却因"心里有病"，对其中的意味"心里有数"而格外"不好过"。这就是隐喻"亲密效应"造成负向认同或反同情的结果。

如果说喜笑、欢笑是同情的笑，那么讪笑、谄笑就是伪同情的笑，而讥笑、嗤笑、冷笑、奸笑、狞笑则是反同情的笑。笑令人放松警惕，以为对方是自己人，结果对方反戈一击，"自己人"变成了内奸，自我的堡垒在内部被攻破；此时笑（认同）不但证明是虚假的，而且成为无情的标识。不言而喻，这里所说的"无情"并非真的无情，而是反同情、拒绝认同或曰对同情的反讽，如《诗经·邶风·终风》中所说的"终风且暴，顾我则笑，谑浪笑敖，中心是悼"即是。哈姆雷特所谓"人会笑着作恶"（I, v, 115 "one may smile, and smile, and be a villain."）亦可以作如是观。

另一方面，反同情的笑还可以产生类似于报复或惩戒的力量。仍以《红楼梦》为例，书中第七十七回说到王夫人将晴雯逐出怡红院，宝玉回来后失声痛哭，袭人劝他不必伤心，于是二人有以下一段对话：

> 宝玉道："怎么人人的不是太太都知道，单不挑出你和麝月秋纹来？"袭人听了这话，心内一动，低头半日，无可回答，因便笑道："正是呢。若论我们也有顽笑不留心的孟浪去处，怎么太太竟忘了？想是还有别的事，等完了再发放我们，也未可知。"宝玉笑道："你是头一个出了名的至善至贤之人，他两个又是你陶冶教育的，焉得还有孟浪该罚之处！只是芳官尚小，过于伶俐些，

① 曹雪芹：《红楼梦》，人民文学出版社，1982年，第422—423页。

未免倚强压倒了人,惹人厌。四儿是我误了他,还是那年我和你拌嘴的那日起,叫上来作些细活,未免夺占了地位,故有今日。只是晴雯也是和你一样,从小儿在老太太屋里过来的,虽然他生得比人强,也没甚妨碍去处。就是他的性情爽利,口角锋芒些,究竟也不曾得罪你们。想是他过于生得好了,反被这好所误。"说毕,复又哭起来。[①]

宝玉疑心袭人为巩固自己的地位而向王夫人告密来翦除可能的竞争对手,故有此说。读者不难想象宝玉笑着对袭人说出上面这番话时的复杂心情:袭人用赔笑、讪笑来示好取和,而宝玉则故意用笑来谴责、惩罚这个"出了名的至善至贤之人"、自己一向最为信任的(借用第四十五回中王熙凤的话)"大观园的反叛"。

总之,无论是同情的笑、伪同情的笑还是反同情的笑都源于自我对他者的认识。培根有句名言:"认识本身就是力"(Knowledge itself is power)。他强调的认识对象是物,因此"认识本身就是力"含有"认识世界本身就是征服世界、改造世界"的意思;但是这句话同样适用于人际认知。知情即意味着具有影响、控制他人的权力或力量,而笑就是这种"知—力"的原始形式和直接表征。在这个意义上讲,笑无疑是丰裕、优越、强大、自信的象征(例如幽默,特别是自嘲的幽默);同情的心灵在笑声中搏动、贲张而将自身与无限的世界认同、合一。古人说"万物皆备于我"、"反身而诚乐莫大焉"(《孟子·尽心上》[②])云云,即表述了这种心理体验。事实上,这也正是一切伟大思想家、天才作家的共同特征。苏格兰文豪卡莱尔(Thomas Carlyle,1795—1881)曾这样赞美莎士比亚:

他的笑奔涌而出;他把种种可笑的绰号堆在他所取笑者的头上,用各式玩笑来撩逗戏弄他;你会说他就是一门心思地笑。虽说他的笑不总是最精致的,但始终是亲切的。……笑意味着

---

① 曹雪芹:《红楼梦》,人民文学出版社,1982年,第1104页。
② 焦循:《孟子正义》,中华书局,1987年,第882页。

同情;……甚至对愚蠢和虚夸,莎士比亚也发出亲切的笑声。[①]

这应该也是一种“万物皆备于我”的快乐了吧。——但这和“笑着作恶”(I,v,115:“one may smile, and smile, and be a villain”)的分判,不过是一转念间罢了!

① Thomas Carlyle. *On Hero, Hero-worship and the Heroic in History*, Lecture 3. London: Macmillan & Co. Ltd., pp. 145—146.

第九章

# 知/无知:认识的可能和限度

说出自己被害的真相后,老哈姆雷特的鬼魂像雾气一样消失了。这时 Horatio 等人追上来(他们的动作似乎也太慢了些)急切地询问刚才发生的情况。哈姆雷特欲言又止,含糊其词,最后意味深长地说了这样一句话:“天地间你不知道的事情多着呢”(I, v, 191—192: “There are more things in heaven and earth, Horatio, /Than are dreamt of in your philosophy.”)。

大约二百三十年前,意大利人文主义者彼特拉克曾在《论他自己的无知》(1370)一文中说:“一个人(不论他是谁)所知道的,和他自己的无知——神的知识就不用说了——比起来根本不算什么。”[1]现在哈姆雷特的感叹仿佛是这句话在历史长廊另一端的悠悠回响。不过彼特拉克旨在强调“真正的、最高的哲学是认识神”[2],即神是人的最高知识对象,而哈姆雷特则暗示了人对命运的无知。在某种意义上讲,

---

① Petrarca. *On His Own Ignorance*, in Ernst Cassirer, Paul Oskar Kristeller & John Herman Randall, Jr. (ed.): *The Renaissance Philosophy of Man*. Chicago: The University of Chicago Press, 1948, p. 67.

② Ibid., pp. 145—146.

无知正是一切悲剧的主题。人对自己的命运是无知的，这一点被神志失常后的 Ophelia 一语道破："我们知道自己现在是怎样，但却不知道自己将来会如何"（IV, v, 45—46: "we know what we are, but know/not what we may be."）。

如果单独抽出来看，哈姆雷特的这句话就更耐人寻味了。它无意间拨动了中西哲学中不断再现的一个主题音符，这就是知与无知的关系、认识（知）的可能与限度的问题。对于这个几乎和哲学一样古老的问题，中西哲人的看法不尽相同而各尽其妙。这首先体现在他们对"知"（认识）的不同理解上。大体说来，中国哲学比较关注自我认识、道德认识（*phronesis*），而西欧哲人相对重视外物认识、科学认识（*episteme*）。无论是中国人还是西方人都注意到了认识的可能和限度的问题，但是他们的话语、思路和结论却有很大的不同。《易传·系辞下》中说"天下同归而殊途，一致而百虑"[①]，正是这些"殊途"、"百虑"吹拂皴染出微妙的文化差异；而在文化比较中，令人感兴趣的也恰恰在这些地方。

## 一

在中国，最早反思"知"的可能与限度问题的，是老子与孔子。

老子曰："知不知，尚矣；不知知，病也。"（《老子》七十一章[②]）这句话的意思是说人要知道自己无知才好，不知却自以为有知，这就有问题了。我们知道，老子将"道"设为宇宙的本体，认为它超乎认识之上，但却是真实的存在：

> 视之不见，名曰夷；听之不闻，名曰希；博之不得，名曰微。此三者不可致诘，故混而为一。（《老子》第十四章[③]）

> 道之为物，唯恍唯忽。忽兮恍兮，其中有象；恍兮忽兮，其中有物。窈兮冥兮，其中有精；其精甚真，其中有信。（《老子》第二

① 《十三经注疏·周易正义》，北京大学出版社，1999 年，第 304 页。

② 陈鼓应：《老子今注今译》，商务印书馆，2003 年，第 320 页。

③ 同上书，第 126 页。

十一章[①])

老子所说的道不是静止的存在,而是辩证发展的自身运动,所谓“反者道之动”(《老子》四十章);与之相应,事物也都包含正反两面,如“天下皆知美之为美,斯恶已;皆知善之为善,斯不善已”(《老子》二章[②]),并且相互转化,所谓“物或损之而益,或益之而损”(《老子》四十二章[③]);因此我们应当“知其雄,守其雌”、“知其白,守其辱”(《老子》二十八章[④]),以求长治久安。如此看来,“知不知”、“不知知”的背后其实隐藏着一个伦理学的命题,确切说是一个伦理认识论命题,其结论就是:“知足不辱,知止不殆,可以长久。”(《老子》四十四章[⑤])

中国哲学的认识论研究往往具有强烈的伦理关怀,有时候认识论就是伦理认识论。这一点在儒家学说中体现得尤为明显。孔子曰:“知之为知之,不知为不知,是知也。”(《论语·为政第二》[⑥])由于具体语境已经脱落,孔子的本意已不可考,但根据《论语》全书语境,这句话至少可以有两种解释:首先,它可以是一个伦理学命题,其中隐含了“未知生,焉知死”(《论语·先进第十一》[⑦]),“敬鬼神而远之,可谓知矣”(《论语·雍也第六》[⑧])等观点;其次,它可能是一个认识论命题,如《论语·八佾第三》记孔子言曰:“夏礼吾能言之,杞不足征也;殷礼吾能言之,宋不足征也。文献不足故也,足则吾能征之矣。”[⑨]又说“多闻阙疑,慎言其余”(《论语·为政第二》[⑩])、“君子于其所不知,盖阙如也”(《论语·子路第十三》[⑪])。从这些话中,我们不难窥见孔

---

① 《老子今注今译》,第156页。

② 同上书,第80页。

③ 同上书,第233页。

④ 同上书,第183页。

⑤ 同上书,第241页。参见《吕氏春秋·有始览第一·谨听》:“太上知之,其次知其不知。……不知而自以为知,百祸之宗也”(张双棣等:《吕氏春秋译注》,北京大学出版社,2000年,第357—358页)。

⑥⑩ 杨伯峻:《论语译注》,中华书局,1980年,第19页。

⑦ 同上书,第113页。

⑧ 同上书,第61页。

⑨ 同上书,第26页。

⑪ 同上书,第133页。

子的“小心求证”的心态与方法。但孔子并不是一个刻板的经验论者，当他自信地宣称“殷因于夏礼，所损益可知也；周因于殷礼，所损益可知也；其或继周者，虽百世可知也”(《论语·为政第二》[①])时，就强调了认识的主动性。他本人对“一贯之道”的强调也说明了这一点。[②]

后世儒家分别从上述两个方面阐发了孔子的这一思想。如《中庸》的作者指出“君子之道费而隐。夫妇之愚，可以与知焉，及其至也，虽圣人亦有所不知焉”[③]，即认为“知”和“道”之间存在着某种紧张关系；而《易传·系辞上》的作者则明确宣称“《易》与天地准，故能弥纶天地之道”[④]，“引而伸之，触类而长之，天下之能事毕矣”[⑤]，几乎无限肯定了人类理性(主要是类推)的认识能力。从历史上看，后世儒家主要秉承了第二种观点。

在孔子“仁”学的基础上，孟子深入探讨了道德认识的根源，认为“人之所不学而能者，其良能也；所不虑而知者，其良知也”(《孟子·尽心上》[⑥])，所谓“良”是指道德“非由外铄我也，我固有之也”(《孟子·告子上》[⑦])；这种“知”或“能”具体表现为“恻隐之心”(仁之端)、“羞恶之心”(义之端)、“辞让之心”(礼之端)和“是非之心”(智之端)，存养、充扩这四端即可实现道德也就是真实的生命(《孟子·公孙丑上》[⑧])。在孟子看来，“知”根本是、也只能是道德认知；因此认识是内在的、内向的，用他本人的话说就是“万物皆备于我矣，反身而诚，乐莫大焉。

---

① 杨伯峻：《论语译注》，中华书局，1980 年，第 21—22 页。

② 《论语·卫灵公第十五》载孔子语子贡：“子曰：‘赐也，女以予为多学而识之者与？’对曰：‘然，非与？’曰：‘非也，予一以贯之。’”(杨伯峻：《论语译注》，第 161 页)另一位孔门高足曾子将“一贯”理解为道德(实践理性)意义上的“忠恕”(《论语·里仁第四》)，但其中未始没有强调综合理性的意味。

③ 朱熹：《四书章句集注》，中华书局，1983 年，第 22 页。

④ 《十三经注疏·周易正义》，北京大学出版社，1999 年，第 266 页。

⑤ 同上书，第 282 页。

⑥ 焦循：《孟子正义》，中华书局，1987 年，第 897 页。

⑦ 同上书，第 757 页。

⑧ 同上书，第 234—235 页。

强恕而行,求仁莫近焉"(《孟子·尽心上》[①])。

与孟子相比,荀子较为重视对外物的认识,但他同样强调道德认识的优先性,认为凡事"无益于理者","不知无害为君子,知之无损为小人"《荀子·儒效第八》[②]),并且区分出四层认识境界,其中"雅儒"拘泥于经验知识,"知不能类也,知之曰知之,不知曰不知",而"大儒"则"以浅持博,以古持今,以一持万","所未尝闻也,所未尝见也,卒然起一方,则举统类而应之,无所儗怍,张法而度之,则晻然若合符节"《荀子·儒效第八》[③])。照此,孔子推许的"知之曰知之,不知曰不知"只不过是一种较为低级的认识("知不能类"),真正的认识不但不受外在经验的限制、约束,反而规整、裁治着经验世界[④]。如果说孟子采取的是一条内向的认识路线,那么荀子则选择了一条"以内主外"的进路;但他所标举的"知"也是内在的,甚至是必然的;在这个意义上讲,荀子的观点甚至更凸显了认识的内在性与主动性。后世宋儒"道问学"与"尊德性"两派的争执,在很大程度上即源自对荀子知识论的不同理解。

与儒家积极认可"知"的态度相反,庄子对认识的可能与限度问题进行了否定的反思(如果以老子的观点为第一次否定,那么庄子的观点就是第二次否定)。庄子用寓言的形式描述了人类知识的发生

---

① 焦循:《孟子正义》,中华书局,第882—883页。

② 王先谦:《荀子集解》,中华书局,1988年,第124页。

③ 同上书,第140页。

④ 荀子的观点和亚里士多德有些相似。亚里士多德肯定了人类的求知本能,并从假定"哲人知道一切可知的事物"开始了自己的研究。从表面上看,"哲人知道一切可知的事物"这个说法隐含了对于"存在着不可知事物"的承认;而在西方哲学语境中,这个不可知的事物其实就是"万物本原"、"终极原因"的同义词;但亚里士多德接着又说"原理与原因是最可知的;明白了原理与原因,其他一切由此可得明白"(亚里士多德:《形而上学》第1卷第1—2章,吴寿鹏译,商务印书馆,1959年,第1、4页),这似乎暗示说"一切都是可知的",即他把"可知事物"的范围扩大到了无限。那么人类认识是如何成为可能的呢?对此亚里士多德中正反两面进行了论述:一方面,如果个体之外没有抽象事物存在,那么所有事物就只是感觉对象(同时世上就不会有理知对象),所谓知识就只是感觉,感觉之外无知识可言;另一方面,"实际上总是因为事物有某些相同而普遍的性质,我们才得认识一切事物"(《形而上学》第3卷第4章,第46—47页)。于是人类的认识获得了坚实的保证——普遍者的存在,用荀子的话讲就是"以一持万"、"举统类而应之,张法而度之"。

谱系：

南伯子葵曰："子独恶乎闻之？"（女偊）曰："闻诸副墨之子，副墨之子闻诸洛诵之孙，洛诵之孙闻之瞻明，瞻明闻之聂许，聂许闻之需役，需役闻之于讴，于讴闻之玄冥，玄冥闻之参寥，参寥闻之疑始。"（《庄子·大宗师第六》①）

其中"副墨之子"指载于书册的知识，"洛诵之孙"指记诵的知识，"瞻明"指所见的知识，"聂许"指所闻的知识，"需役"是源于实践的知识，"于讴"是来自诗歌吟咏（如解释万物起源的史诗神话）的知识，"玄冥"的意思是渺茫，"参寥"的意思是介入虚无（这意味着认识最初以主体的形式出现，并为自己设立了客体——尚无任何规定性的洪荒世界），最后是"疑始"，它可以理解为"怀疑原始"、"可疑的起始"、"由存疑开始"等等。庄子的思路大致是这样的："道"纯全而"知"支离（规定即否定）；"道"是世界万物、因此也是"知"的本源，这个本源为"知"所不知，也就是说"知"因其所不知者而成为可能；对于自己所不知的"道"，"知"只能存疑而无法否认，因为正是"道"保证了"知"，否认"道"也就否认了自身当下这一否认行为的合法性；所以"知"只能止步于"道"，这不仅是"知"的极致（最高可能）与完成，也是"知"的休止完结，所谓：

知止其所不知，至矣。（《庄子·齐物论第二》②）

知止乎其所不能知，至矣；若有不即是者，天钧败之。（《庄子·康桑楚第二十三》③）

言休乎知之所不知，至矣。（《庄子·徐无鬼第二十四》④）

人皆尊其知之所知而莫知恃其知之所不知而后知，可不谓大疑乎！（《庄子·则阳第二十五》⑤）

---

① 郭庆藩：《庄子集释》，中华书局，1961年，第256页。
② 同上书，第83页。
③ 同上书，第792页。
④ 同上书，第852页。
⑤ 同上书，第905页。

因此,庄子认为认识有而且应当有限制,所谓“六合之外,圣人存而不论;六合之内,圣人论而不议”(《庄子·齐物论第二》[①]),否则就会因僭越而产生谬误,又会因谬误而产生烦恼与动乱:

> 计人之所知,不若其所不知;其生之时,不若未生之时;以其至小求穷其至大之域,是故迷乱而不能自得也。由此观之,又何以知豪末之足以定至细之倪,又何以知天地之足以穷至大之域!(《庄子·秋水第十七》[②])
>
> 故天下每每大乱,罪在于好知。故天下皆知求其所不知而莫知求其所已知者,皆知非其所不善而莫知非其所已善者,是以大乱。(《庄子·外篇胠箧第十》[③])

按照这个逻辑继续推论,要想拯救存在就只有消灭知识——“绝圣弃知”(让“知”消灭于“道”中)一途了。用拟人的说法,“知”就像是希腊悲剧中的英雄,自身的超越品性即注定了毁灭的命运。但人们也许会问:“绝圣弃知”这个主张真的是超越“知”的“道”吗?它本身是否也是一种应当弃绝的“知”或“洞穴偶像”呢?对独断论的反对是否会成为一种新的独断论呢?

老子说“不出户,知天下;不窥牖,见天道”(《老子》四十七章[④])、“为学日益,为道日损”(《老子》四十八章[⑤])、“知者不博,博者不知”(《老子》八十一章[⑥]),其中已经透露出轻视经验知识的消息。庄子说“(人)恃其知之所不知而后知”,则进一步将超验的知识置于经验知识之上。公元前二世纪成书的《淮南子》综合吸收了上述思想(也许还有儒家的影响,例如《礼记·乐记》中“知诱于外,不能反躬,天理

---

① 郭庆藩:《庄子集释》,中华书局,1961 年,第 83 页。

② 同上书,第 568—569 页。

③ 同上书,第 359 页。

④ 陈鼓应:《老子今注今译》,商务印书馆,2003 年,第 248 页。

⑤ “为学日益,为道日损”这个命题也可以有一种积极的解释,即“为学”和“为道”并非截然对立,而是表现为动态的转换生成关系:从知识的起点来看,认识在时间的、现象的序列中不断向前发展;但从终点来看,认识在逻辑的、本体的序列中不断后退或者说回归。

⑥ 陈鼓应:《老子今注今译》,商务印书馆,2003 年,第 349 页。

灭矣"的观点[①])，进一步提出经验知识本身是不可靠的，所谓"耳目之察，不足以分物理；心意之论，不足以定是非"(《淮南子·览冥》[②])，甚至认为"博学多闻而不免于惑"(《淮南子·本经》[③])，同时强调真知非特不待闻见，而且是后者成为可能的条件，即"智所知者褊矣，然待所不知而后明"(《淮南子·说林》[④])。这些说法本身并不是很新鲜，但它们加强了后来相关讨论的理论惯性，和老庄哲学一道成为了宋明儒学的助推器。

在宋代儒学"复兴"之前，重译而来的佛教思想发挥了重大的影响。佛学在认识论问题上做了精微彻底的探讨，其中不乏与中土原有观念暗合、会通之处。即以唐初译入中国的《楞严经》为例[⑤]，本经卷六文殊说偈云：

众生迷本闻，循声故流转；
阿难纵强记，不免落邪思。
……
欲漏不先除，蓄闻成过误。
……
旋汝倒闻机，反闻闻自性，
性成无上道，圆通实如是。[⑥]

佛教把本体知识(例如阿赖耶识)视为第一义，通常所说的知识即由此变现(成为可能)；但真如本体是不可思议的，向外攀援不已的知识(佛经惯用术语是"意马心猿")必须经过一番内转工夫(转识成智)才能参证真理(明心见性)。换言之，真知不但提领、担保着常识，并且

---

① 《新刊四书五经·礼记集说》，中国书店，1994 年，第 320 页。

② 何宁：《淮南子集释》，中华书局，1998 年，第 461 页。

③ 同上书，第 581 页。

④ 同上书，第 1170 页。

⑤ 近代以来，这部佛经被怀疑为伪经(房融所改造)或者属于外道(真常唯心论)。真相如何，想来日后会有公论；而我们对之感兴趣，是因为它的"效果历史"与梵(印度佛学)汉(中国儒学)互动一合流倾向。

⑥ 《大佛顶如来密因修证了义诸普萨万行首楞严经》，《大正新修大藏经》第十九卷，东京：大正一切经刊行会，昭和三年，第 131 页。标点为笔者试加。

反转、消解着常识,换言之,现象“识”同时“出生入死”于本体“智”之中。这样,佛教认识论就与重视道德认识的中国本土哲学接上了榫。

宋儒正是抓住了这一微妙契机,对儒学传统进行了加工改造,是之谓道学,其代表人物有张载、程氏兄弟、朱熹、陆九渊等。北宋五子中,张载首先提出“有不知则有知,无不知则无知”(《正蒙·中正篇》[①])的命题。单从字面上看,这句话简直是孔子“知之为知之,不知为不知,是知也”的反命题[②],等于说“知之为不知,不知为知之”。王夫之注云:“有知者,挟所见以为是,而不知有其不知者在也。圣人无不知,故因时、因位、因物,无先立之成见,而动静、刚柔皆统乎中道”(《正蒙·中正篇》[③]),则释“知”为“成见”、佛教所说的“执”或荀子所说的“蔽”,义近乎“毋意,毋必,毋固,毋我”(《论语·子罕第九》[④])。但这似乎并不尽符张载的本意,因为他曾明确提出:

> 世人之心,止于闻见之狭;圣人尽性,不以见闻梏其心,其视天下,无一物非我,孟子谓尽心则知性知天,以此。……见闻之知,乃物交而成,非德性所知;德性所知,不萌于见闻。人病其以耳目见闻累其心,而不务尽其心,故思尽其心者,必知心所从来而后能。(《正蒙·大心篇》[⑤])
>
> 有无一,内外合,此人心之所自来也。若圣人则不专以闻见为心,故能不专以闻见为用。(《正蒙·乾称篇下》[⑥])

显然,这里所说的“知”有着特殊的涵义。根据上下文意来看,在“有不知则有知,无不知则无知”这句话中,几个“知”的含义是不一样的,具体说来,各分句中前一“知”均指见闻之知(经验的物理知识),后一“知”均指德性之知(先验的道德知识)。合起来理解这句话的意思就

---

① 张载:《张子正蒙》,第161页。

② 又,僧肇(384—414)曾在《般若无知论》中提出:“夫有所知,则有所不知;以圣心无知,故无所不知;不知之知,乃曰一切知。”张载的命题(“有不知则有知,无不知则无知”)或有资于此(但反其道而行)。聊备一说,以俟方家指证。

③ 张载:《张子正蒙》,上海古籍出版社,2000年,第161页。

④ 杨伯峻:《论语译注》,中华书局,1980年,第87页。

⑤ 同上书,第144、145页。

⑥ 同上书,第235—236页。

是:知道闻见不足以知性、知天,这样就有了德性之知;以为一切知识都源于闻见,这样就没有可能产生德性之知了。

或以为横渠之学驳杂不纯[①],但是被奉为理学正宗的二程也曾受其影响。如张载强调“闻见之知”和“德性之知”各有畛域、互不交涉,程颐也采用了这些术语,并提出“德性之知不假闻见”(《二程遗书卷第二十五·伊川先生语十一》[②])。但是二程更多将“我”视为一“物”,同时以“物”为“我”之所有,因此知只是一个。所谓“物理最好玩”(《二程遗书卷第二·二先生语二上》[③]),这个“物理”即统摄了一切知识。不过在明道,这个“理”主要是指道德意义上的“天理”,因此有“学者不必远求,近取诸身,只明人理,敬而已矣,便是约处”(《二程遗书卷第二·二先生语二上》[④])的说法;在伊川,这个“理”则兼指天理、人理与事理、物理而偏重于后者。虽然伊川也说过“近取诸身,百理皆具”(《二程遗书卷第十五·伊川先生语一》[⑤]),“格物之理,不若察之于身,尤得其切”(《二程遗书卷第十七·伊川先生语三》[⑥])之类的话,但他采取了由外而内的认识路线(在这一点上,我们可以说大程近于孟子,而小程近于荀子),相信“理”必可以“穷”:

> 格物穷理,非是要穷尽天下之物,但与一事上穷尽,其他可以类推。……如一事上穷不得,且别穷一事,或先其易者,或先其难者,各随人深浅;如千蹊万径,皆可适国,但得一道入得便可。所以能穷者,只为万物皆是一理;至如一物一事,虽小,皆有是理。(《二程遗书卷第十五·伊川先生语一》[⑦])

---

① 如章太炎以为“张横渠(载)《正蒙》之意,近于回教。横渠陕西人,唐诗景教已入中土,陕西有大秦寺,唐时立,至宋嘉佑时尚在,故横渠之言,或有取于彼。其云‘清虚一大之谓天’,似回教语;其云‘民吾同胞,物吾与也’,则似景教”云云(章太炎:《国学讲演录》,华东师范大学出版社,1995 年,第 181 页)。斯论甚奇,然不为无因,可备一说。

② 《二程遗书》,上海古籍出版社,2000 年,第 374—375 页。

③ 同上书,第 90 页。

④ 同上书,第 70 页。

⑤ 同上书,第 213 页。

⑥ 同上书,第 223 页。

⑦ 同上书,第 203 页。

而且“既能烛理,则无往而不识”(《二程遗书卷第十八·伊川先生语四》[①])。

朱熹承继了荀子、伊川的观点,强调“人最以知见为急”(《朱子语类》卷第一百三十九[②]),因而格外重视《大学》一书,认为“玩味此书,知得古人为学所向,读《语》、《孟》便易入;后面工夫虽多,而大体已立矣”[③]。朱子认为“此一书之间,要紧只在‘格物’两字”[④]:“格,尽也,须是穷尽事物之理”[⑤],“一一须要穷过,自然浃洽贯通”[⑥]。他为《大学》精心补写了“格物”一章,集中阐发了自己的认识论思想:

> 所谓致知在格物者,言欲致吾之知,在即物而穷其理也。盖人心之灵,莫不有知;而天下之物,莫不有理;惟于理有未穷,故其知有不尽也。是以《大学》始教,必使学者即凡天下之物,莫不因其已知之理而益穷之,以求至乎其极;至于用力之久,而一旦豁然贯通焉,则众物之表里精粗无不到,而吾心之全体大用无不明矣。此谓物格,此谓知之至也。(《四书集注·大学章句》[⑦])

类似的看法他曾多次向学生宣讲[⑧],由此可见认识论在朱子哲学中的重要地位。然而人们也许会问:既然理在物而知在我(心),那么“用力之久,而一旦豁然贯通”的根据是什么?如果说物我不二,因此知可及物,那么物我何以具有同一性?朱子对此的解释是“心包万理,万理具于一心”[⑨],同时“理之体在物,而其用在心也”[⑩],因此“心熟后,自然有见理处”[⑪]。这可以说是一种中国式的“前定和谐”信仰

① 《二程遗书》,上海古籍出版社,2000年,第241页。
② 黎靖德编:《朱子语类》,中华书局,1994年,第3318页。
③ 同上书,第十三卷,第244页。
④ 同上书,第十四卷,第254页。
⑤ 同上书,第十五卷,第283页。
⑥ 同上书,第287页。
⑦ 朱熹:《四书章句集注》,第6—7页。
⑧ 参见《朱子语类》,第十八卷,中华书局,1994年,第392—394、412—415页等处。
⑨ 同上书,第九卷,第155页。
⑩ 同上书,第十八卷,第416页。
⑪ 同上书,第九卷,第157页。

(不过在这里,前定者不是上帝,而是"理");知的合法性由于这一理论预设而得到了确立。

不同于一般理学家,朱子对自然现象(例如化石、地壳运动、极夜极昼)也表现出相当浓厚的兴趣;虽然他的观察和结论未必准确,但其精神不能不说是开领了科学研究的风气①。也许是这个原因罢,朱子比较清醒地看到了知识的界限。例如他认为:"鬼神死生之理,定不如释家所云,世俗所见。然又有其事昭昭,不可以理推者。此等处切莫要理会"②,又说到某些神秘或反常现象,认为"此亦造化之迹,但不是正理,故为怪异","皆是气之杂揉乖戾所生,亦非理之所无,专以为无则不可","孔子所以不语,学者亦未须理会也"③。

天地间之事多有不可思议者,朱子对此采取的态度是"此等处切莫要理会"、"学者亦未须理会也"——这和孔子"知之为知之,不知为不知"、庄子"六合之外,圣人存而不论"的说法并无二致,甚至与康德、维特根斯坦的立场也不无契似。在某种程度上说,儒学在朱子那里出现了向认识论偏转的苗头;由朱子一转,也许就是康德。但这需要更加深刻的怀疑主义(如休谟哲学)的砥砺、催化。事实上宋学大潮迤逦至此,恰恰开始分出了另一支流,这就是陆王一脉的心学传统④。

---

① 参见钱穆:《朱子学提纲》"朱子之杂学",三联书店,2002 年,第 206 页及以下部分。

② 黎靖德编:《朱子语类》,第三卷,中华书局,1994 年,第 35 页。

③ 同上书,第 37 页。

④ 在西方思想史上,我们经常看到同代人之间相互论战、后人批判扬弃前人的景象。中国也不例外,朱陆之争即属于前者。《朱子语类》卷第一百二十四"陆氏"条载:"象山死,先生(按:即朱子)率门人往寺中哭之。既罢,良久曰:'可惜死了告子!'"我们也可以说休谟是培根-洛克一系经验主义者的"告子",而康德则充当了休谟的"象山"。但是我们在做这样的比附时心中要明白:经过康德的"革命",西方哲学的研究重心由本体论移向了认识论;陆王心学却消解了朱子哲学中的"认识论转向"的苗头而重申、回归了本体论。现代新儒家也往往由"本体论"来观量、评判西方哲学,如熊十力指出"西学蔽于用而不见体","西哲谈本体者,向外推求第一因,皆陷于倒妄而不自知也"(《原儒·下卷原内圣第四》,《中国现代学术经典·熊十力卷》,河北教育出版社,1996 年,第 336、386 页),"西洋谈本体者,大抵本其向外求理之习心,直以本体为客观独存的事物而推求之"(《十力语要》卷三,辽宁教育出版社,1997 年,第 300 页),"哲学家谈本体者,大抵把本体当作是 (转下页)

和朱子相比,陆象山更为注重道德本体的自觉,因此义无反顾地选择了由内而外的认识路线。陆氏认为"心即理"(或者说"吾心便是宇宙,宇宙即是吾心"),而这个"心一理"乃是超越时空、恒常不变的道德理性,因此"尊德性"是本、"道问学"为末,"学苟知本,六经皆我注脚"①。按照这个思路,知识的根本是"尊德性",而我们是如何知道应该"尊德性"的呢?象山自云十余岁时顿悟人心宇宙同体不二,"吾心"既是知的原因又是知的目的,因此是无限的、绝对的;但问题是:"心即理"这一绝对知识又是如何得到保证的呢?象山用个人的顿悟经验来作证,这有些像宗教中的天启经验(epiphany),而这样一来"心即理"便成了唯我论的、独断论的教条。

王阳明用"致良知"代替了"尊德性",从而弥补了陆氏心学的理论欠缺,并以此对朱子的格物论进行了批判。在阳明看来,"天下之物本无可格者;其格物之功,只在身心上做"(《传习录下》②);换言之,"格物"所格的"物"不是别的,就是我们的本心,"格"训"正",因此"格物"就是"正心"。阳明曾在回答友人来信疑问时指出:

(接上页)离我的心而外在的物事,因凭理智作用,向外界去寻求","不论是唯心唯物、非心非物,种种之论要皆以向外找东西的态度来猜度,各自虚妄安立一种本体。这个固然是错误,更有否认本体,而专讲知识论者。这种主张,可谓脱离了哲学的立场。因为哲学所以站脚得住者,只以本体论是科学所夺不去的。我们正以未得证体,才研究知识论。今乃立意不承有本体,而只在知识论上钻来钻去,终无结果,如何不是脱离哲学的立场?……此其谬误,实由不务反识本心。"(《新唯实论》第一章"明宗",中华书局,1985年,第250—251页)关于认识论,他的看法是:"知识论所由兴,本以不获见体,而始讨论及此。但东方贤者则因知识不可以证体,乃有超知而趣归证会之方法。西人则始终盘旋知识窠臼,遂乃否认本体"(《新唯实论》"初印上中章序言附答黄艮庸札",第243页),"治哲学不能不深究万物之原,西洋哲人谈本体者陷于错误,此是别一问题,然不能因昔人错误,遂厌弃本体论而不复参究。谈知识论,与本体论不相关涉,流于琐碎,习于浅薄,此是哲学衰落现象,可戒也。"(《原儒·下卷原内圣第四》,《中国现代学术经典·熊十力卷》,第478页)他的结论是:"中国他无见长,唯有哲学,比于西人独为知本。"(《十力语要》卷四,第358页)熊氏高弟牟宗三后来援康德学入陆王学而建立"道德的形上学",也表现出了同样的关怀和立场。

① 《陆九渊集》,中华书局,1980年,第388、395页。

② 《象山语录·阳明传习录》,上海古籍出版社,2000年,第293页。

> 朱子所谓“格物”云者，在即物而穷其理也。即物穷理，是就事事物物上求其所谓定理者也。是以吾心而求理于事事物物之中，析心与理而为二矣……若鄙人所谓致知格物者，致吾心之良知于事事物物也。吾心之良知，即所谓天理也。致吾心良知之天理于事事物物，则事事物物皆得其理矣。致吾心之良知者，致知也；事事物物皆得其理者，格物也。是合心与理而为一者也。（《传习录中·答顾东桥书》[①]）

通过赋予良知“当下具足”（《传习录中·答聂文蔚》[②]）、“无有不自知者”（《传习录中·答欧阳崇一》[③]）等本质属性，王阳明把本体与工夫、“诚意正心”与“格物致知”、认识与道德由内而外地打成了一片。但问题是，即便按照他“良知不由见闻而有，而见闻莫非良知之用，故良知不滞于见闻，而亦不离于见闻”（《传习录中·答欧阳崇一》[④]）的逻辑，道德知识仍然开不出物理知识；“见闻莫非良知之用”只是一个逻辑自洽的预设罢了。即以他本人格竹七日至于委顿的经验为例，阳明以为这证明了朱子格物之说之不行；但姑且不论他对朱子格物之说的隔阂与误解，这个例子并不能反过来说明格物只能是“致良知”，更无法证明“致良知”就是格物所以可能的根据（体会竹子的高风亮节，乃至浩然之气充塞胸臆，但这并不能导致对竹子毛细组织、光合作用等等的认识）。

在肯定“格物”只能是“致良知”，即认识只能是自我认识的前提下否定非自我认识，这显然是逻辑的同义反复。但问题在于：认识是否只能是道德认识或自我认识呢？如果我们承认认识不仅仅是道德认识，那么“天下无物可格”、“致良知则得物理”一类的说法显然就站不住脚了。

“反者道之动”。自明入清，宋学（特别是心学）疲弊，因种种机缘一变而为朴学，认识的重心也从“心”转向了“物”。王夫之的知识论

---

① 《象山语录·阳明传习录》，上海古籍出版社，2000 年，第 213 页。

② 同上书，第 255 页。

③ 同上书，第 241 页。

④ 同上书，第 240 页。

即表露了这一转型的消息。他回归了“合外内”的道路,重新阐释了“知之为知之,不知为不知,是知也”这一命题:

> 目所不见,非无色也;耳所不闻,非无声也;言所不通,非无义也。故曰“知之为知之,不知为不知”。知有其不知者存,则既知有之矣,是知也。因此而求之者,尽其所见,则不见之色章;尽其所闻,则不闻之声着;尽其所言,则不言之义立。虽知有其不知,而必因此以致之,不迫于其所不知而索之。此圣学异端之大辨。(《思问录·内篇》[①])

宋学家鼓吹道德非见闻所知,但超越见闻的知识未必都是道德知识。在王夫之看来,见闻知识本身也蕴含着未知环节,但可以经过努力而变成已知;在获得新知之前,我们必须承认有未知者在,这样认识才能够不断超越自身而向前发展。这就是说,认识必须设定“有某物在既定认识之外”,而所谓认识就是不断克服这个“某物”(外在对象)的推扩进程。

不难发现,“虽知有其不知,而必因此以致之”这个说法等于承认“引而伸之,触类而长之,天下之能事毕矣”,“但与一事上穷尽,其他可以类推”。这一论断成立的前提归根结底乃是“心”与“物”的同一性,用船山本人的话说就是:

> 目所不见之有色,耳所不见之有声,言所不及之有义,小体之小也。至于心而无不得矣。思之所不至而有理,未思焉耳。故曰尽其心者知其性;心者,天之具体也。(《思问录·内篇》[②])

心为天之具体,故而涵有万物,这样由“心”推“物”便具有了先天的合法性。这个思路并没有摆脱程朱心物一元的认识论窠臼。从怀疑论的角度看,心(思维)—物(存在)的同一性不过是发自本能的信仰罢了。如果我们否认这一预设,恐怕船山(以及他所代表的儒家知识论传统)就难以应对了。

由此可知,这里设定的“某物”绝不是康德哲学中的“物自体”,同

---

① 《船山思问录》,上海古籍出版社,2000年,第31页。

② 同上书,第31—32页。

时“知有其不知，而必因此以致之”的认识过程也不是黑格尔所说的精神实体的自我扬弃。西方认识论哲学背后往往具有强大的自然科学（例如天文学、物理学）作为理论支撑，中国古典认识论哲学则相对忽视“外铄”的重要性而游弋于朴素的经验主义和先验的道德形而上学之间。当然，这并不是说认识只能是西方式的科学认识，或认识必须以自然科学为基础（自我认识或道德认识自有其独立的畛域），而是说认识论作为哲学应当具有普适性、能够涵括不同类型的认识。在这一点上，分内外而合外内的西方哲学无疑是可以切磋成己的它山之玉。

## 二

西方哲学几乎从一开始就关注到了知识的可能与限度问题。古希腊哲人德谟克利特说过：我们其实一无所知，因为真理隐藏在深渊之中[①]。智者派哲人高尔吉亚也在《论非存在或非自然》一书中确立了三个命题：（一）无物存在；（二）即使某物存在，也不能被认识；（三）即使可以认识它，也无法传达给别人[②]。用老庄的话来讲，这就是“道隐无名”（《老子》第四十一章[③]），“渊乎其不可测也”（《庄子·天道第十三》[④]）。上述观点因客体立论，直接开启了西方的怀疑主义哲学传统。

在柏拉图的《申辩篇》中，苏格拉底说自己之所以被阿波罗神庙的女祭司称为最有智能的人，是因为他意识到了本人的无知，而其他人都没有意识到自己的无知；经过多年寻访求证之后，他发现先知其实是用“苏格拉底”这个名字来告诉世人：有知的人是认识到自己无

① 北京大学哲学系编：《古希腊罗马哲学》，商务印书馆，1961 年，第 106 页。

② 同上书，第 138 页。另参见策勒尔：《古希腊哲学史纲》，翁绍军译，山东人民出版社，1992 年，第 93 页。

③ 陈鼓应：《老子今注今译》，商务印书馆，2003 年，第 229 页。

④ 郭庆藩：《庄子集释》，中华书局，1961 年，第 486 页。

知的人[①]。孔子也说过:“吾有知乎哉?无知也。有鄙夫问于我,空空如也。”(《论语·子罕第九》[②])苏格拉底宣称自己无知这一点很像孔子,但他的根本目的在于否定人类的自以为是——用《泰阿泰德篇》中的话讲是“自己不知道的时候不要想象自己,知道”[③],用《智者篇》中“爱利亚哲人”的话讲是“以为自己知道,而实际上并不知道,这是理智所犯全部错误的最大根源”[④]——从而在主观方面发展了古希腊的怀疑主义思想。

亚里士多德对苏格拉底的伦理化倾向进行了反拨(这与思孟学派对孔子学说的主体转向恰好相映成趣)。他肯定了人类的求知本能,并从假定“哲人知道一切可知的事物”开始了自己的研究。从表面上看,“哲人知道一切可知的事物”这个说法隐含了对于“存在着不可知事物”的承认;在西方哲学语境下,这个不可知的事物其实就是“万物本原”、“终极原因”的同义词。但是亚里士多德接着又说“原理与原因是最可知的;明白了原理与原因,其他一切由此可得明白”[⑤],这等于说“一切都是可知的”,而“可知事物”的范围也就扩大到了无限。

那么人类认识是如何成为可能的呢?亚里士多德从正反两方面进行了论述:一方面,如果个体之外没有抽象事物存在,那么所有事物就只是感觉对象(同时世上就不会有理知对象),所谓知识就只是感觉,感觉之外无知识可言;另一方面,“实际上总是因为事物有某些相同而普遍的性质,我们才得认识一切事物”[⑥]。于是人类的认识获得了坚实的保证——普遍者的存在;借用中国理学术语来讲,就是“分殊”由于“理一”而成为可能。

---

① 柏拉图:《申辩篇》21A-23B,《柏拉图对话集》,王太庆译,商务印书馆,2004年,第30—32页。

② 杨伯峻:《论语译注》,中华书局,1980年,第89页。

③ 《柏拉图全集》第2卷,王晓朝译,人民出版社,2003年,第752页。

④ 同上书,第3卷,第21页。

⑤ 亚里士多德:《形而上学》第1卷第1—2章,吴寿鹏译,商务印书馆,1959年,第1、4页。

⑥ 同上书,第46—47页。

由“理一”或普遍者至于“分殊”或特殊者，这属于典型的演绎推论。亚里士多德的演绎法（特别是三段论）对后世影响极大，中世纪的经院哲学即建基于此（例如对上帝存在的本体论证明）。但随着时代的发展，概念日益僵化而无力统摄新的经验事实，于是经验主义应运而生。其代表人物培根对经院哲学的演绎方法进行了批判，认为“形式”出于“人心的虚构”（这具体表现为四种心灵假象），从普遍原则出发证明中间原理是“一切错误之母”[①]，只有采用归纳法才能逐步获得上升到最高的、最普遍的原理[②]。用中国哲学的术语来讲，这就是一条下学上达、由博返约的认识道路。显然，培根无意否认认识可以达到最高原理（相反他还要维护这一信念），他所反对的只是这种认识所以可能的方法。

演绎法的根本预设是：普遍者是因，特殊者是果，由普遍者必然能够推到特殊者；归纳法的根本预设是：特殊者是因，普遍者是果，由特殊者必然能够推到普遍者。但是从因到果的必然性根据是什么呢？除了完全归纳（这其实是演绎）之外，归纳法其实缺乏必然性联系，它生效的关键在于超越经验，而肯定超验也就肯定了先验知识的有效性。

强调先验知识正是17世纪唯理主义的一个根本特征。例如法国自然科学家、思想家笛卡尔的观点就很有代表性。他认为有必要探寻知识的限度：“最有用的莫过于探求人类认识是什么，它的最大范围如何”，因此“我们一生中必须总有那么一次细心探讨人类理性能够达到怎样的认识”[③]。在他看来，人是有限的存在，因此人的认识是有限度的；对于超出人类心灵的事物，“无论多么奋勉努力也不能达到自己要求获得的认识，这倒不是说它缺乏才智，这里遇到的障碍全在于困难的性质本身，或者说人的条件的限制”[④]。不过，“认识

---

① 培根：《新工具》第1卷第39—44、51、69节，徐宝骙译，商务印书馆，1984年，第18—21、27、45页。

② 同上书，第19、104—105节，第12、81—82页。

③ 笛卡尔：《探求真理的指导原则》原则8，管震湖译，商务印书馆，1991年，第43、44页。

④ 同上书，第41页。

到这一点,也是一种真知,并不次于那种使我们了解事物本身性质的认识"[①]。那么,这种真知(也包括其他认识)是如何可能的呢?笛卡尔的答案是:"一切知识的可靠性和真实性都取决于对真实的上帝这个唯一的认识,因而在我认识上帝之前,我是不能完满知道其他任何事物的。"[②]这就是说,上帝的存在和观念保证了认识的有效性。这种认识是他所说的天赋观念,使人类认识成为可能的不是感官经验,正是这些天赋的"第一观念"(在这个意义上讲,认识就是一种"回忆",即"发现早已在我心里的东西")[③]。

斯宾诺莎从无神论和客观唯心论的立场出发,对笛卡尔的认识论进行了批判。首先,他区分了四种知识:(1)直接的感官经验,(2)符号知识(间接的感性认识),(3)推论得来的知识(间接的理性认识)以及(4)理性直观到的本质知识;其中前两种知识是错误的原因,后两种知识"必然是真知识"[④]。所谓"真知识",就是"人的心灵与整个自然相一致的知识"[⑤]。在斯宾诺莎看来,"观念之客观地在思想世界与它的对象之在实在世界的关系是一样的",即"心灵可以尽量完全地反映自然",因此"凡是与他物有关系的事物"即自然万物"都是可以认识的"[⑥];换言之,"真知识"是完全可能的。

斯宾诺莎论述了认识的可能性,但是没有为认识设一限度。从中国哲学立场看,他在道德认知领域之外开辟了"合外内之道"、"心即理"的另一种可能,但是忽略了"不知之知"的问题。从西方哲学立场看,他的观点是亚里士多德和中世纪神学的对冲(其结果是上帝的自然化、理性化),也可以说是去掉"物自体"和"超验"这一认识安全阀的康德理论原型,或黑格尔的认识圆圈演化图式的直线模板。

与此同时,理性主义阵营内部出现了不可知论的声音。"人在自

① 笛卡尔:《探求真理的指导原则》原则8,管震湖译,商务印书馆,1991年,第41页。

② 笛卡尔:《第一哲学沉思集》,庞景仁译,商务印书馆,1986年,第74—75页。

③ 同上书,第33、39、42、68页。

④ 斯宾诺莎:《伦理学》命题40—41,贺麟译,商务印书馆,1983年,第77—81页。另参见斯宾诺莎:《知性改进论》第19—22节,贺麟译,商务印书馆,1960年,第24—27页。

⑤ 斯宾诺莎:《知性改进论》第13节,贺麟译,商务印书馆,1960年,第21页。

⑥ 同上书,第41、99节,同上书,第31—32、54页。

然界中到底是什么呢?"帕斯卡尔如是发问。他的回答是:人是"无和全之间的一个中项","我们既不可能确切有知,也不可能绝对无知"[①]。帕斯卡尔认为认识有两个极端:一端是"天然的无知",另一端是"有知的无知";人类只能在这两端之间逡巡活动[②]。这是因为人的理智是有限的,而且最终都可以归结为"向感情让步";换句话说"我们认识真理,不仅仅是由于理智,而且还是由于内心;正是由于这后一种方式我们才认识到最初的原理"。在帕斯卡尔看来,笛卡尔的"天赋观念"或斯宾诺莎的"第一把工具"不是别的,正是根据"内心与本能的知识",全部理性论证即以此为基础[③],因此"承认有无限的事物是在理智之外的"才是最符合理智的做法[④]。

不难发现,所谓"根据内心与本能的知识"其实就是本能、直觉或信仰。帕斯卡尔强调说:"信仰确乎说出了感官所没有说出的东西,但绝不是和它们所见到的相反","它是超乎其上,而不是与之相反"[⑤]。信仰的对象就是神;如果说理性主义者将神请出了哲学和科学的殿堂,那么帕斯卡尔又从后门把神迎了回来[⑥]。不过,这个"神"现在似乎更像是老庄所说的"道",它既是知识所以可能的根据,又是知识绝无可能到达的禁地,也就是知识止步之处。但不同于老庄,他预设超越者的存在不是为了否定认识,而是要保障认识;也不同于后来的康德,"超越者"不是为认识设限,而是为了说明认识(理性)之所以可能。帕斯卡尔坦言人的理性能力有限,充其量也只能发现真理的"一些原子"[⑦],但他强调人的全部尊严也正在于他能够进行理性思考[⑧]。他可能没有意识到自己其实论述了两种无限:用来赞叹的无限上帝(因为他无法为理性所认识)和用来认识的无限世界。认识

---

① 帕斯卡尔:《思想录》第72节,何兆武译,商务印书馆,1985年,第30、33页。

②④ 同上书,第327节,第151页。

③ 同上书,第267、272、274、282节,第127—131页。

⑤ 同上书,第265节,第126页。

⑥ 帕斯卡尔说过:"我不能原谅笛卡尔;他在其全部的哲学之中都想撇开上帝"(参见《思想录》第77节,同上书,第39页)。

⑦ 同上书,第72节,28、32页。

⑧ 同上书,第146、339、346—348、365节,第74、156—158、164页。

对象的无限性恰正蕴含着认识的无限性,从而开出了认识主体的无限性。在这个意义上讲,帕斯卡尔可以说是"浮士德"的一个前驱和原型了。

接着,英国经验主义又对大陆唯理主义进行了反击。首先,洛克针锋相对地提出:人心如同白板(这个隐喻似乎脱胎于亚里士多德的"蜡块",即采纳感觉形式的灵魂),其中不存在什么"天赋观念";一切观念都来自感觉或反思,感觉和反思构成了经验,而一切知识都建立在经验之上①。接着,贝克莱从唯心主义立场出发,进一步指出观念是不可能的。他认为事物之所以是,在于其被感觉如此(例如花之所以是香的,是因为它闻起来香的缘故),因此事物就是种种感觉的复合体,而非抽象的观念(比方说有一个瓷瓶,观之为白色,扪之则坚硬光滑,叩之则清脆有声……种种特殊感觉构成该瓶,"瓶"并非从这些感觉中抽象出来的"一合相");实际上心灵不可能抽象出"一般观念",这就是说"普遍者"(如亚里士多德所说的"范畴",也包括洛克所说的"第一级性质")是不可能的②。然则世间万物何以存在?贝克莱认为这是"精神"(spirit)的作用,"精神"如此感知而变现了如此的世界万物;最高的精神就是神(Almighty Spirit)③,换句话说神保证了一切存在和认识(按:此说可以对观瑜伽系佛学中的"阿赖耶识"和"万法唯识"论)。

洛克与贝克莱的理论都预设了"心灵"(思维)和"事物"(存在)的一致性与同步性。但是到了休谟,则倾向于断"心"、"物"为两截,于是把经验主义引向了特殊主义和不可知论的极境。首先,休谟顺着洛克、贝克莱的话头指出:"除了心灵的知觉或印象和观念以外,没有任何东西实际上存在于心中,外界对象只是借它们所引起的那些知觉才被我们认识"④;其次,他强调了经验的殊特性甚至唯一性,并由

① 洛克:《人类理解论》第2卷第1章第2节,关文运译,商务印书馆,1959年,第68页。

② George Berkeley. *A Treatise Concerning the Principles of Human Knowledge*. The Liberal Arts Press, Inc., 1957, pp. 24—25, 10, & 22.

③ Ibid, pp. 66—67 & 92—93.

④ 休谟:《人性论》第1卷第2章第6节,关文运译,商务印书馆,1980年,第83页。

此建立起两条经验哲学原则:其一,“任何对象就其自身而论,都不含有任何东西能够给予我们一个理由,去推得一个超出它本身以外的结论”;其二,“即使我们在观察到一些对象的常见或恒常结合以后,我们也没有任何理由得出超过我们所经验到的那些对象以外的有关任何对象的任何推论”[①],因为“我们只能假设,却永不能证明,我们所经验过的那些对象必然类似于我们所未曾发现的那些对象”[②]。最后他得出来的结论是:

> 人心中从来没有别的东西,只有知觉,而且人心中也从不能经验到这些知觉和物象的联系。因此,我们只能妄自假设这种联系,实则这种假设在推论中并没有任何基础。[③]

这就是说事物的“秘密本性”是不可知的,由心及物的因果推论没有必然性可言,认识无非来自理性的惯性作用(即相信“将来和过去必然相似”,如多次看到日出后断言明天还会有日出),因此人的认识说穿了只是一种信仰而已[④]。

古典怀疑主义只是怀疑人无法正确认识事物,并未疑及事物本质的存在(例如庄子否认“知”可以知“道”,但绝未怀疑“道”的存在),休谟则更进一步怀疑认识本身是否有意义。在他看来,认识只能发现“人类的盲目与弱点”:

> 最完美的自然哲学只是把我们的愚昧暂为拦阻一时;在另一方面,最完全得到的哲学或形上哲学或许只足以把更大的愚昧部分发现出来。[⑤]

这种更加深刻的怀疑主义对整个认识论构成了巨大的挑战。现在理性既不足恃,要想弥补心——物之间的断堑,就只能回过头来证明感觉的天然有效性了。18 世纪法国哲学家孔狄亚克提出“天赋感觉”

---

① 休谟:《人性论》第 1 卷第 3 章第 12 节,关文运译,商务印书馆,1980 年,第 161 页。

② 同上书,第 6 节,第 109 页。

③ 洛克:《人类理解研究》,关文运译,商务印书馆,1957 年,第 135—136 页。

④ 参见休谟:《人类理解研究》,第 30—31、35—37、51、58—59、98—99 页等处。

⑤ 同上书,第 31 页。

的主张,认为感觉是最初的思想,也是原始的观念;感觉是不会出错的,错误仅仅来自混乱的观念[①]。"感觉永远正确,错误来自观念"这个说法固然可以绕开休谟对观念的批判,但这并未解答他对心—物同一性的质疑:说感觉认识是真实的(换言之,我们所感觉的就是事物的本质),这本身就是休谟所说的"假设"。

但是休谟也有一个致命的理论漏洞,这就是对于"经验"的界定。康德正是抓住这个要害,对传统认识论发起了一场"哥白尼革命"。原来,休谟所说的"经验"并不是纯粹"经验的"(empirical),而是经过知性(判断)加工的直观(知觉);这就是说经验中含有先验的成分,在知觉变成经验之前,直观"必须被包摄在一个概念之下,这个概念规定有关直观的一般判断的形式,将直观的经验的意识连接在一个一般意识里,从而使经验的判断得到普遍有效性";因此和休谟的说法正好相反,不是知性概念来自经验,而是经验来自知性概念(范畴)[②]。于是康德指出休谟所说的"经验"只是现象而非事物自身:

> 作为我们的感官对象而存在于我们之外的物是已有的,只是这些物本身是什么样子,我们一点也不知道,我们只知道它们的现象,也就是当它们作用于我们的感官时在我们之内所产生的表象。[③]

物自身是不可知的,我们只知道它的现象("为我"的样子),而后者乃是经验的产物,因此经验的原则必然是自然的法则,换言之"自然界的最高立法必须是在我们心中"。[④]

另一方面,康德又告诫说认识不得僭越理性的限度。他划分出

---

① 孔狄亚克:《人类知识起源论》第1卷第1篇第1—2章、第2卷第2篇第3章,洪洁求译,商务印书馆,1989年,第11、15—17、254页。

② 康德:《未来形而上学导论》第20节、第26节、第30节,庞景仁译,商务印书馆,1978年,第66—67、79、84页。参见康德:《纯粹理性批判》,蓝公武译,商务印书馆,1960年,第101、119—120页;《实践理性批判》第1部第1卷第1章,韩水法译,商务印书馆,1999年,第57页。

③ 康德:《未来形而上学导论》第13节附释2,庞景仁译,商务印书馆,1978年,第50页。另见《纯粹理性批判》,商务印书馆,第295页。

④ 同上书,第92页。

三种认识:感性、知性与理性,其中知性为现象立法,而理性则处在天—人、心—物、本体—现象的临界线上。这个界限既属于经验的领域、又属于思维存在体的领域;理性只有扩展到这个分际才能是"实在的肯定认识",才会既不局限于感性世界之内,也不迷失在感性世界之外,而是把自己限制在"存在于界限以外的东西和包含在界限以内的东西的关系上"[①]。康德强调"限度"并不等于"界限":

> 人的理性固然承认有限度,然而决不承认有界限;换言之,它承认在它之外固然有某种东西是它永远达不到的,但并不承认它在内在的前进中将会终止于某一点上。[②]

这意味着认识既是有限的也是无限的;对于超越的东西(例如上帝),我们无法知晓而只能信仰,但对于现实世界,我们则拥有无限的认识权能。康德晚年重申"敢于认识"的启蒙运动口号[③],即再次表露了这一雄心。

如果请康德做仲裁,"知之为知之,不知为不知,是知也"和"有不知则有知,无不知则无知"这两个看似矛盾的认识论命题就取得了和解:前一命题重在说明认识有其限度,而后一命题则重在说明认识何以可能;二者其实说的是同一个意思。且允许我们进一步假设:如果康德参加了鹅湖之会,他会怎样看待"道问学"和"尊德性"两派的争执呢?他多半会赞成象山的认识论,以"尊德性"为第一义,因为理性(道)只有一个,第运用有所不同耳;但他紧接着会指出:本体是"无有",即我们只知道的它对我们的作用,但永远不知道它是什么;就道德本体而言,"道德规律,意志自律性规律,自身似乎只是在自由观念中作为前提而存在,我们既不能证明它的实在性,也不能证明它本身的客观必然性",甚至人类为什么要"尊德性"也殊不可解[④]。听到这

① 康德:《未来形而上学导论》第57—59节,庞景仁译,商务印书馆,1978年,第147—148、153—154页。另见《纯粹理性批判》,商务印书馆,第481—483页。

② 同上书,第57节,第141页。

③ 康德:《历史理性批判文集》,何兆武译,商务印书馆,1990年,第22页。

④ 康德:《道德形而上学原理》前言、第3章,苗力田译,上海人民出版社,2002年,第6、72—75、85页。

里,朱陆极有可能相顾失色而联手攻歼西方的"异端",因为这悍然冲破了理学和心学的共同底线:本体决非假设,而是呈现。康德于是嘿然,而独与船山会心一笑。

从儒家立场来看,康德"尊德性"而以德性为虚设,这等于把本体打入了冷宫[①]。康德断言认识形式决定认识对象,认识是一个又一个体系的建立与毁灭过程[②],于是有结构主义的扑克牌式认识论(列维-斯特劳斯的术语是"*bricolage*");康德鼓吹"理性无休止地寻求无条件必然的东西",然而本体却又是不可知者,这就意味着认识是无穷无尽的游戏和趋别(*différance*)。——从康德主义到后现代主义,这里是否存在着某种必然的逻辑联系呢?

费希特进一步强化了认识的主体性,用"自我"来统摄一切知识,并对康德哲学中的不可知论倾向进行了反驳。他认为理性科学必须理解一切东西,包括"不可理解的东西"(这显然指的是康德的"物自身");虽然各个时代都有当时难以理解的东西,即"被理解为没有理解的东西",但在任何时候都不会有绝对不可理解的东西[③]。如果说康德范畴化、逻辑化了认识历史,那么费希特则是时间化、历史化了逻辑范畴。

现在黑格尔出现了。他将认识带入辩证的运动,从根本上扭转了康德的思考路向。首先,黑格尔指出"考察认识能力本身也是一种认识,它不能达到目的,因为它本身就是目的"[④],这样就把认识引回了自身,而不是指向超绝的外物。其次,他认为康德的"物自身"假说坚执认识的有限性,但这无异于"既认识有物而同时又不认识物自身",因此自己就否定了自己,事实上"认识却要通过它自己的过程来

---

① 用文中子(王通)的话说,就是"推神于天,盖尊而远之也"(《中说·立命篇》)。

② 参见康德:《纯粹理性批判》,蓝公武译,商务印书馆,1999 年,第 571 页。

③ 费希特:《现时代的根本特点》,沈真、梁志学译,辽宁教育出版社,1998 年,第 100 页。

④ 黑格尔:《哲学史讲演录》第 3 部第 3 篇,贺麟、王太庆译,商务印书馆,1960 年,第 4 卷第 259 页。

消解它的有限性”，即认识是概念的现实化[①]，于是取消了认识的彼岸性(黑格尔称之为“单调的无限”)。在这里我们发现了整个黑格尔哲学的基点，这就是存在与思维、历史与逻辑的一致性。黑格尔与康德的分歧也正在这个地方：在康德看来，存在完全外在于概念，而黑格尔则认为存在是概念的必然外化[②]。

出于哲人特有的戏剧激情，黑格尔把这一外化—实现过程描述为“世界历史”舞台上演出的一场悲剧，悲剧的主人公就是自我认识的“精神”：

> 知识不仅知道自己，而且也知道它自身的否定，或自身的界限。知道自己的界限，就意味着知道牺牲自己。这种牺牲就是这样一种外在化过程，精神在这种过程中，以自由的偶然的事件，表现它成为精神的变化过程，把它的纯粹自我直观为它外面的时间，把它的存在同样地直观为空间。[③]

按照黑格尔的说法，最后就出现了所谓“绝对知识”。这是否意味着认识的终结呢？黑格尔一方面断言世界精神已经到来[④]，一方面又告诉我们：

> 精神在这里必须无拘束地从这种新的精神形态的直接性开始，并再次从直接性开始成长壮大起来，仿佛一切过去的东西对于它来说都已经丧失殆尽，而且似乎它从以前各个精神的经验中什么也都没有学习到。但是回忆把经验保存下来了，并且回忆是内在本质，事实上它也是实体的更高形式。因此，虽然这个精神看起来仿佛只是再次从自己出发，再次从头开始它的教养，

---

① 黑格尔：《逻辑学》第3编第3部分第2章，杨一之译，商务印书馆，1976年，下卷第485—486页。

② 黑尔尔：《哲学史讲演录》第3部第3篇，贺麟、王太庆译，商务印书馆，1960年，第4卷第283页。

③ 黑格尔：《精神现象学》第8章第3节，贺麟、王玖兴译，商务印书馆，1979年，下卷第273页。

④ 黑哲尔：《哲学史讲演录》第3部第3篇结论，贺麟、王太庆译，商务印书馆，1960年，第4卷第373页。

可是它同时也是从一个更高的阶段开始。[①]

在此我们不禁想问:认识到底是有限的还是无限的?这个矛盾或许可以这样来解决:当黑格尔说绝对精神已经到来时,他的意思是一次特定的认识已经完成,或任何一次特定认识过程在逻辑上都“在止于至善”(这就否定了康德的认识“限度”说);而当他说精神“纯亦不已”、在更高阶段重新进发时,则强调了认识(也就是精神实体或主体)的超越性和无限性(这等于重申了康德的“理性无界限”说);这样看来,认识就是有限与无限的辩证统一。

黑格尔的哲学既是认识论,也是本体论。这或许有助于我们理解王阳明的“知行合一”说。王阳明强调“知是行的主意,行是知的功夫;知是行之始,行是知之成”,因此“只说一个知已自有行在,只说一个行已自有知在”(《传习录上》[②])。这里所说的“知”是作为“心之本体”或曰“天理”的“良知”,亦是“天理之昭明灵觉处”(《传习录中·答欧阳崇一》[③]);“行”则是作为过程的“功夫”,即发用流行之意。如果把“知”换成“概念”、“精神”(或是把“良知”换成“绝对精神”),把“行”换成“现实化”、“客观化”,我们发现这正是黑格尔所说的精神或概念及其实现或外化过程;在此意义上讲,“致良知”就是“绝对精神”的自我教化与自我认识,而“知是行的主意,行是知的功夫;知是行之始,行是知之成”也就是黑格尔所说的“推动精神关于自己的知识向前开展的运动,就是精神所完成的作为现实的历史的工作”[④]。

康德曾经驳斥中世纪神学的上帝本体论证明,指出事物的概念不等于事物本身,因此从概念无法推出存在,例如一百元钱的概念并不等于真正拥有一百元钱。对此黑格尔反驳说:如果一个人有了一百元钱的概念,他就会努力挣钱来实现这个概念。他试图用这个例子告诉我们:“思维、概念必然地不会停留在主观性里,而是要扬弃它

---

① 黑格尔:《精神现象学》第8章第3节,贺麟、王玖兴译,商务印书馆,1979年,下卷第274页。

② 《象山语录·阳明传习录》,上海古籍出版社,2000年,第171页。

③ 同上书,第241页。

④ 黑格尔:《精神现象学》第8章第2节,贺麟、王玖光译,商务印书馆,1979年,下卷第269页。

的主观性并表示自身为客观的东西”[①]，也就是说“知”必然会发用为“行”。不过，这个“必然性”是从哪里来的呢？黑格尔的解释是“冲动”——主观理念的冲动或真理的冲动（用柏拉图的话讲就是灵魂对智慧的“爱欲”），而这一冲动的实现就是认识活动本身[②]。这是否意味着冲动或欲望产生于理性之先，因此理性具有非理性的根源与内核，甚至理性本身就是欲望的展开呢？这正是黑格尔主义乃至整个西方理性主义传统的“阿喀琉斯之踵”。

由此入手，叔本华建立了具有东方哲学（主要是佛教思想）背景的“生命意志”本体论。在他看来，科学或逻辑仅仅规定了现象的“如何”而非“是何”，即其仅只揭示出表象（同时也就是现象）之间的因果关系（即它们出现于时间——空间的规律和相对秩序），但无法认识现象的内在本质和无根据的自在之物[③]。因此，本体知识只能向内寻求。叔本华认为世界的本体是生命的意志，也就是主体；它“象帝之先”、“不落因果”，是一切客体与现象的根据和来源，而世界万物都是它所变现出的表象；同时意志是一种“不能遏制的盲目冲动”，它漫无目的地、不停地追求着满足，是一个“饥饿的意志”；由于满足只是刹那间的事情，而且一旦获得满足就会兴味索然，因此意志恒处于“求不得”的痛苦之中[④]。在叔本华看来，这就产生了认识的需要：意志自身产生了认识，认识的使命是为意志服务；认识带来痛苦，但也是解除痛苦的灵药，事实上认识的真正目的就是通过认识自我而彻底取消意志，这时本质上是痛苦的生命即可得到解脱[⑤]。

叔本华的观点与中国传统哲学特别是佛教哲学多有契合，其中最明显者即其对本体知识的强调。然而，叔本华毕竟是一个西方哲

---

① 黑格尔：《哲学史讲演录》第3部第3篇，贺麟、王太庆译，商务印书馆，1960年，第4卷第283—285页。

② 黑格尔：《哲学科学全书纲要》第172节，薛华译，上海人民出版社，2002年，第132页。另见《逻辑学》第3编第3部分第2章，下卷第484页。

③ 叔本华：《作为意志和表象的世界》，任立译，商务印书馆，1982年，第148—150、162、179、183页。

④ 同上书，第139、165、221—222、235—236、376页。

⑤ 同上书，第401、421、549页。

学家,他大谈生命的本质与根据,似乎重新转向了本体论,但他所说的"意志"并不是中国传统哲学所说的"本体",甚至恰好背道而驰。按照他的说法,意志其实是欲壑难填的"恶"(即便是王阳明,他在宣称"无善无恶心之体"的同时马上声明"知善知恶是良知",即冲动只能是向善的冲动,否则就是"大本已失"),是可以认识的,而只有认识并否定了意志的本性之后(这类似于佛教所说的"转识成智"),真实的生命才可得到安顿。不仅如此,叔本华的本体论仍然是和认识论放在一起来谈的:在他的哲学体系中,"意志"本体就是认识的主体,离开认识就没有"本体"可言。

叔本华以非理性的意志本体颠覆了黑格尔的理性精神本体。黑格尔主义者也许会反驳说:非理性的欲望或冲动不是别的,正是理性"精神"的起始环节或原始形态;如果我们用合理的眼光来看世界,世界就会呈现出合理的样子①。这是否意味着如果用非理性的目光看世界,世界就会变得不合理性了呢?继续追问下去,则世界本体其实无所谓合理不合理了。不仅如此,黑格尔还预设了思维与存在的绝对同一性。但是按照康德的说法,思维是达不到存在的,因此只能认识存在的现象。这等于宣告人类永远不可能走出柏拉图所说的"洞穴":"物自身"是铁门槛,封死了通向理念世界的出口,我们只能在"纯粹知性形式"的屏幕上想当然地——或者说自以为有理性地、符合逻辑地——放映并接收一个又一个的假象。

尼采敏锐地捕捉到了这一点,对理性——逻辑发动了猛烈的攻势。在他看来,"世界表现出了逻辑性,因为我们事先使世界逻辑化了",然而"与我们相关联的世界是不真实的,即不是事实,而是建筑在少量观察之上的膨胀与收缩;世界是'流动'的,是生成的,是不断推演的,是从来不曾达到真理的假相,因为——没有什么是'真理'"②。和他的前辈一样,尼采也认为人类具有追求真理的欲望,但这只是出于"惰性"、"懒惰的激情"、"对凝滞世界的要求";换言之,思

① 参见黑格尔:《历史哲学》绪论,王造时译,上海书店出版社,1999年,第11页。

② 尼采:《权力意志——重估一切价值的尝试》,张念东、凌素心译,商务印书馆,1991年,第240、205页。

维的本质就是用自己设置的标准来强迫世界就范，于是产生种种逻辑公理[①]。这些逻辑公理是否就符合现实呢？尼采的回答是否定的："逻辑学只适用于我们创造的、虚构的本质性"，它"试图按照一个由我们设定的存在模式去认识现实的世界"。这就是说，所谓逻辑只是一种同义反复，即人类将追求真理的欲望"反射为存在的世界、形而上学世界、'自在之物'、已存在的世界"（在此我们似乎听到了拉康的"真理—隐喻"认识论）；据此，真理其实是一种"依附在信以为真的实际需要上"的信仰，甚至是"出于求生存的目的"而编造的谎言[②]。

尼采将一切认识（思维、逻辑、真理……）最后都归结为强力意志所变现的结果，从而将西方怀疑主义推向了高潮。古希腊智者派哲人普罗泰戈拉说过"人是万物的尺度"，是想从主体一方论证认识何以可能[③]，而尼采则认为认识恰恰因此而不可能。尼采的精神导师是梅特罗多洛（这位怀疑派哲人的信条是"一切事物都是个别的人把它想象成那样的"[④]），帕斯卡尔、休谟、叔本华也都是他的先驱。帕斯卡尔徘徊于感情—理智之间，但强调认识真理最终要依靠"最初的原理"、"内心与本能的知识"，也就是感情本能；而尼采则彻底否定了理智的一切造作。休谟断言事物的"秘密本性"不可知，认识只是一种信仰本能；康德对此进行了批判，指出外"物"不测而内"心"能知，于是哲学的重心转向了认识论；以黑格尔为中介，叔本华、尼采重新引入了本体，但这回发布"绝对命令"的不是理性，却是非理性的欲望、冲动或意志。

这样一来，尼采等于改写了柏拉图的寓言：人类非但没有走出洞穴，反而沉入了更深一层的地下世界。这一点在弗洛伊德、荣格等人的精神分析和意识理论中就看得更清楚了。然而尼采提出"重估一切"的认识口号，同时预设了认识的根据与终极，这恰正意味着他并不打算否定"要认识"（这是怀疑主义与虚无主义的分水岭），相反倒

---

① 尼采：《权力意志——重估一切价值的尝试》，张念东、凌素心译，商务印书馆，1991年，第200、579、269、691页。

② 同上书，第256—257、260、272、442页。

③ 参见策勒尔：《古希腊哲学史纲》，翁绍译，山东人民出版社，1992年，第87页。

④ 北京大学哲学系编：《古希腊罗马哲学》，商务印书馆，1961年，第341页。

是孜孜于此的。问题在于:他是通过什么发现了非理性的欲望、冲动或意志的呢?他的认识是否就是符合理性的真理认识呢?如果答案是肯定的,他就不得不面对这样一个认识悖论:欲望或冲动是非理性的,但它们最终是要进入理性光照的,因此是理性的对象,或者干脆说就是理性的,于是成为可知的、已知的存在,甚至是能知的"精神"实体。这时,他就不由自主地落在了黑格尔主义的巨大身影之下。要想避免理性—逻辑的报复,自我否定也许是唯一的出路;但这样一来,他就否定了自己而陷入了更大的悖论。

也许,我们应当认真考虑一下维特根斯坦说过的话:对于不能说的事情,我们应当保持沉默[①]。维特根斯坦的意思是:逻辑是先天的,我们不可能思考非逻辑的东西,也不可能非逻辑地进行思考[②];这令人想起古希腊哲人巴门尼德的名言:"它是,它不能不是;它不是,它必定不是"[③]。罗素认为维特根斯坦的观点是一种唯我论的表述[④];确实,如果把这里的"逻辑"换成康德所说的"知性形式",这一点就看得很清楚了。但康德强调的是"物自身"隔断了理念世界的入口,而维特根斯坦则提醒说认识走不出逻辑的牢笼,换言之"纯粹知性形式"本身构成了认识——同时也是存在——的大限。在这里,柏拉图的寓言就再一次被改写了:当我们自以为走出洞穴时,却发现自己置身于一个更大的洞穴;因此认识是绝对的黑洞,我们只是从一个洞穴走向另一个洞穴罢了。

然而,"洞穴"云云只是一个隐喻,这里面蕴含着某种倾向性预设或价值判断,例如必然有一个光明世界,这个世界必然好于洞穴,因此我们必须走出洞穴等等。事实上我们也可以反过来理解这个隐

① 维特根斯坦:《逻辑哲学论》序论、命题6.53及7,郭英译,商务印书馆,1962年,第20、97页。

② 同上书,3.03、5.4732,第28、69页。

③ 巴门尼德:《论自然》D4,引自北京大学哲学系编:《古希腊罗马哲学》,第51页。原译为"存在物是存在的,是不可能不存在的","存在物是不存在的,非存在必然存在";译者王太庆先生后来指出正确的译法应当为:"它是,它不能不是;它不是,它必定不是"(见王太庆:《我们怎样认识西方人的"是"?》,王太庆译:《柏拉图对话集》附录,第708页)。

④ 维特根斯坦:《逻辑哲学论》导论,郭英译,商务印书馆,1962年,第13页。

喻，认为外面的世界是幽暗寒冷的永夜，我们只有回到室内才能享受到温暖和光明；或者，我们都走出洞穴而见识了天光，但晚上又都回到洞穴，燃起了灯火，在憧憧人影的包围下，轮番讲述自己的所见所闻——就像哈姆雷特说的那样，身囿方寸之内而心王八极之外（II，ii，270－271："bounded in a nutshell and count myself a/king of infinite space"）。

即便如此，问题依然存在：除了相信，我如何知道他人的叙述是真实的？对哈姆雷特来说，这个问题显得尤其迫切：我如何知道鬼魂所说的一切是真实的？这也许是魔鬼布下的陷阱或自身心灵走火入魔而产生的幻觉（c. f. II，ii，606－611："The spirit that I have seen/May be a devil; and the devil hath power/T'assume a pleasing shape; yea, and perhaps/Out of my weakness and my melancholy, /As he is very potent with such spirits, /Abuses me to damn me."）。同时，即便鬼魂所讲述的一切都是真的，因此我可以而且必须复仇，然而这个"必须"，或者说复仇的天然合法性（natural right）我又是如何得知的呢？换言之，我何以知道我的复仇一定是善的（c. f. II，ii，265－266："there is nothing either good/or bad but thinking makes it so"），一定会符合永恒正义呢？前面说到，只有认识了自己（知性）才能认识命运、天道或永恒正义（知命），但是我认识自己了吗？

在最后一幕中，哈姆雷特告诉 Laertes 说：疯狂害了他，疯狂是他的敌人（V，ii，239－240："Hamlet is of the faction that is wronged; /His madness is poor Hamlet's enemy."）。其实，他的真正敌人不是疯狂，也不是魔鬼，而是"无知"——对自身命运的无知、对命运本身的无知。面对不可知的命运，他无法解释而难以释怀，苦苦思索但心下茫然，于是一再延宕而陷入了认识的（同时也是存在的）"黑洞"……

第十章

# 囚牢·胡桃壳·无限空间的君王·噩梦

Claudius凭直觉感到哈姆雷特突然神志失常——他宛转其辞地称为"转性"(transformation)——不是因为失恋,而是另有隐情,于是派遣王子的两名"发小"罗某(Rosencrantz)和吉某(Guildenstern)前去窥伺刺探(II, ii, 1—18)。老朋友见面煞是亲热,一时间"忘形到尔汝"、"惊呼热中肠"(id, 241—243),但哈姆雷特很快就识破了他们的来意。在他逼问之下,罗吉二人只好承认自己是奉王命而来(id, 290—308)。叔侄斗法,哈姆雷特赢了第一回合。

在他们把话说开之前,王子和这两位朋友有一段暗藏机锋的对白(II, ii, 260—272):

Ham. Denmark's a prison.
Ros. Then is the world one.
Ham. A goodly one; in which there are
many confines,
wards, and dungeons, Denmark
being one o' the worst.
...

Ros. Why, then your ambition makes it one. 'Tis too narrow for your mind.

Ham. O God, I could be bounded in a nutshell and count myself a king of infinite space, were it not that I have bad dreams.

参考译文：

哈：丹麦是一座囚牢。

罗：那么这整个世界也是了。

哈：是一座大囚牢，里面有许多囚室、监房和地牢，丹麦是其中最糟的一座。

……

罗：嗨，那是您的雄心促成的。对您的心灵来说，丹麦是太狭小了。

哈：上帝啊，我可以关在胡桃壳里而自认为是为无限空间的君王，要不是因为我做噩梦的话！

哈姆雷特认为丹麦乃至整个世界都是一座囚牢，罗某乘机接过话头，说这是他心怀"大志"(ambition)所致。听到他这么说，哈姆雷特忍不住一声长叹："我可以关在胡桃壳里而自认为是无限空间的君王，要不是因为我做噩梦的话！"

这句话应当格外引起我们的注意：这是哈姆雷特装疯以后首次向旁人剖白心事(后来他孤身奋战，这种知己话就只向 Horatio 一人说了)。可惜，儿时好友已经变成"熟悉的陌生人"(这大约是 Claudius 所料未及的)，罗吉二人竟未能听出其中的玄机。

细心的读者不难发现，王子在说上面这番话时，一连用了四个大有深意的隐喻："囚牢"、"胡桃壳"、"无限空间的君王"以及"噩梦"。在这四个隐喻中，哈姆雷特的精神品貌(moral physiognomy)得到了最初的、然而也是完整的揭示。下面，我们就来解析这些隐喻所可能蕴含的意义，并由此深入探索哈姆雷特的心灵世界。

## 一 “囚牢”

说到“囚牢”，熟悉西方哲学的人大概都会想到柏拉图的“洞穴”隐喻。在《国家篇》(*Republic*)这篇对话录中，“苏格拉底”把现象世界或常识社会比喻为一个地下洞穴，洞中人——即蒙昧的常人大众——只能看到真实世界投射到洞中的阴影，也就是假象。按照“苏格拉底”的说法，这些人“从小就住在这洞穴里，头颈和腿脚都绑着，不能走动也不能转头，只能向前看着洞穴后壁”[1]。顺着他的话头，对话者“格劳孔”(Glaucon)指出这是“一些奇特的囚徒”；而这个“洞穴”，在“苏格拉底”看来，正是一个“囚室”(prison-house)[2]。如果说受拘束、不自由是“囚牢”的本质，那么这个“洞穴”实际上是“囚牢”，译解为“囚洞”也许更符合作者的原意。

如果我们所料不差，这就是哈姆雷特所谓“囚牢”的最初原型。

在后人的解读中，《国家篇》里的“囚洞”隐喻往往被赋予单纯的认识论指向，就好像柏拉图所关心的是“解蔽”(《荀子·解蔽第二十一》)、“去宥”(《吕氏春秋·先识览第四》)或“正确的认识如何可能”这类问题似的；殊不知“束缚”和“局囿”首先是、而且归根结底是一种生存状态：“极高明”、认识善并不是故事的结尾，而恰恰是故事的开始；“道中庸”、重返囚洞生活方才是人生在世的主题大义。即如“苏格拉底”所云，已经习惯囚徒生活的人乍然解除禁锢走出囚洞来到真实世界，会因为不适应天光、一时连阴影也都看不到而格外感到痛苦懊恼；更有甚者，当他发现阳光下的事物本相、回到地洞讲述他的见闻时，洞中的同伴势必会讥笑或惊诧于他的妄语邪说，群起而攻之，直至肉体消灭而后快。这样说来，先知先觉反倒成了一种过错(hamartia)、人生受难剧的开场楔子，或者说命运的一道诅咒。由此

---

① Plato. *Republic* (trans. By John Llewelyn Davies & David James Vaughan). Book Seven, Wordsworth Editions Ltd., 1997, p. 225. 参见《理想国》,514—515,郭斌和、张竹明译,商务印书馆,1986年,第272页。

② 同上书,第226页。

可知，柏拉图同时是在伦理学和存在论的意义上使用这个“囚洞”隐喻的。

无知是痛苦的，但有知更加痛苦，因为这时我们面临着更大的无知。法国思想家帕斯卡尔曾经感慨说：

> 我们尽管把我们的概念膨胀到超乎一切可能想象的空间之外，但比起事情的真相来也只不过成其为一些原子而已……
>
> 让一个人返求自己并考虑一下比起一切的存在物来他自身是个什么吧；让他把自己看作是迷失在大自然的这个最偏僻的角落里；并且让他能从自己所居住的这座狭隘的牢笼里——我指的就是这个宇宙——学着估计地球、王国、城市以及他自身的正确价值吧！一个人在无限中又是什么呢？[1]

就很有代表性。在这段话中，他特别使用了“牢笼”(cachot)一词，这显然袭取了柏拉图的“囚洞”隐喻，并把“囚洞”的领域扩展到了整个宇宙。在帕斯卡尔看来，有限性是人性的本质，人类总是处于某种无知状态而永远无法走出囚笼：

> 看到人类的盲目和可悲，望着静默的宇宙，蒙昧的、抛闪给自身的人类在宇宙一角歧路彷徨，不知道是谁把他搁在这里、他来这儿做什么、死后他又会变成什么，而且不可能有任何知识，这时我就陷入了恐惧，就好像一个人在沉睡中被带到一个荒凉可怕的小岛，醒来却不知道自己在什么地方、也没有办法离开这儿一样。于是我惊诧人们何以对这样一种悲惨的状况不感到绝望。[2]

这里他使用了一个新的隐喻：“荒凉可怕的小岛”[3]。比照前后文意，“荒岛”显然是“牢笼”的另一表述和同位意象，但悲观的意味更重：如

---

① 帕斯卡尔：《思想录》第2编第72节，何兆武译，商务印书馆，1985年，第28—29页。参见 Pascal. *Pensées*. Jean-Claude Lattes, 1988, p. 31。

② 同上书，第328页。译文根据法文本（*Pensées*, Jean-Claude Lattes, 1988, p. 267）有所修改。

③ 比较哈姆雷特说的话：“地球是一块荒瘠的海岬”(II, ii, 314—315: “the earth, / seems to me a sterile promontory”)。

果说柏拉图的“囚洞”尚有隧道通向外界，那么帕斯卡尔的“荒岛”则是一种前定的（“不知道是谁把他搁在这里”）、无法逃避的（“没有办法离开这儿”）生存绝境。换言之，人生就是一座“死牢”。

历史似乎有三重时间性：预演、发生和重现。大约六七十年前[①]，莎士比亚也通过哈姆雷特之口表达了几乎完全一样的想法。例如帕斯卡尔认为宇宙是一个“狭隘的牢笼”，哈姆雷特则说“世界是一个大囚牢，其中有许多囚室、监房和地牢”。再如帕斯卡尔反思“人类的盲目和可悲”，悲叹“蒙昧的、抛弃给自身的人类在宇宙一角歧路彷徨，不知道是谁把他搁在这里、他来这儿做什么、死后他又会变成什么”，哈姆雷特也沉吟“像我这样蠢动于天地之间的家伙能干什么？”（III，i，137 — 138：“What should such fellows as I/do, crawling between earth and heaven?”），“在死亡的睡眠中会有什么样的梦发生？”（III，i，75：“in that sleep of death what dreams may come”etc.）不妨说，帕斯卡尔是哈姆雷特的哲学家版，而哈姆雷特则是帕斯卡尔的一个文学镜像。

不过，二者间还存在着一个微妙的、然而是根本性的分判，这就是帕斯卡尔认定人类是钉在原地百般挣扎也动弹不得的死囚，而哈姆雷特则认为我们至少有一处可以退守隐遁，这就是“胡桃壳”之内的广阔天地。

## 二 “胡桃壳”和“无限空间的国王”

亚里士多德把人生分为“静观”与“行动”两种，认为“静观”是神之所为，也是人生的极乐[②]。他所说的“极乐”指的是一种悠然自得、

---

① 《哈姆雷特》写作时间不晚于 1600 年，至迟在 1600 年底已经上演（参见裘克安：《莎士比亚年谱》，商务印书馆，1988 年，第 150 页）；《思想录》的大部分内容自 1656 年 9 月至 12 月完成，后经亲友整理，于 1670 年出版（参见陈兆福、刘玉珍编：《帕斯卡尔生平和著作年表》，《思想录》附录三，第 511 页）。

② Aristotle. *Ethics*（ed. by William Kaufman），Book X. New York：Dover publications，Inc.，1998，p. 193. c. f. Aristotle. *Politics*（trans. by Benjamin Jowett），Book VII. New York：Dover publications，Inc.，2000，p. 260.

无待于外的生存状态，亦即“自由”。关于这一点，黑格尔在《哲学史讲演录》中有段话说得极是明白：

> 在思想的王国里自由地生活，在古希腊哲学家看来，是绝对目的本身。他们认识到，只有在思想里才有自由。[①]

显而易见，这是把意识从存在中抽离、回返自身并将意识与存在对立起来的一种做法。本来，抽离、回返和对立只是一个必要的、有待克服的中介或者说否定性环节，本身并不是目的。儒家经典《大学》中说：“知止而后有定，定而后能静，静而后能安，安而后能虑，虑而后能得。”[②]“知止”（包括“定”、“静”、“安”、“虑”）即为“得”之手段。再以文学创作为例，“收视反听”只是“笼天地于形内，挫万物于笔端”的准备工作，一旦“情曈曨而弥鲜，物昭晰而互进”（陆机：《文赋》[③]），它的任务即告完成，用黑格尔的话讲就是手段消解在目的中了[④]。

至于老子讲“其出弥远，其知弥少”（《老子》第四十七章），就有些过于偏激；而如果肯定这一否定环节而坚执不放，它就会固着为一个美妙空明的意念世界。例如文艺复兴时期荷兰人文主义者伊拉斯谟(Erasmus)讥讽同时代的学者沉迷于琐碎无聊的学问，略有所得辄欢欣鼓舞，仿佛征服了非洲或者是占领了巴比伦，就算给他王位都不换[⑤]。与之相映成趣，王国维在《论哲学家与美术家之天职》一文中以赞赏的语气说道：

> 今夫人积年月之研究而一旦豁然，悟宇宙人生之真理，或以胸中惝恍不可捉摸之意境，一旦表诸文字、绘画、雕刻之上，此固彼天赋之能力之发展，而此时之快乐，绝非南面王之所能易者也。[⑥]

---

① 黑格尔：《哲学史讲演录》第1部第1篇第3章，贺麟、王太庆译，商务印书馆，1960年，第2卷，第223页。

② 朱熹：《四书章句集注》，中华书局，1983年，第3页。

③ 张少康：《文赋集释》，人民文学出版社，2002年，第36、60页。

④ 黑格尔：《大逻辑》，杨一之译，商务印书馆，1976年，下卷第441—442页。

⑤ 伊拉斯谟：《愚人颂》，许崇信译，辽宁教育出版社，2001年，第60—61页。

⑥ 王国维：《静庵文集》，辽宁教育出版社，1997年，第121页。

这和哈姆雷特所讲的"关在胡桃壳里而自认为是无限空间的君王"何其相似乃尔！正是在这一点上，我们说哈姆雷特虽然身为王子，却拥有哲人和诗人的灵魂。

诗人、艺术家、哲学家本性上都是理想主义者(idealist)，他们留恋、礼赞这样一个世界是很自然的(虽然培根会认为这是他们的"洞穴妄念"[①])。然而，正如叔本华所说，文学艺术只是暂时的解脱、一时的安慰，并不能带来圆满常住的喜乐[②]，这个空灵妙曼的小世界是通过悬停或屏蔽现实而建立起的桃花源或乌托邦，需要靠极大的信力来护持，否则是很容易破碎而消散的。

说到这里，"胡桃壳"与"无限空间的国王"所指为何就很好理解了。按照精神分析学派的说法，"胡桃壳"表征了母体子宫的意象，而"胡桃壳"里面的桃仁活脱是大脑的形状；综合起来看，"胡桃壳"就是"子宫"和"大脑"的一个叠合意象。这样一来，"胡桃壳"里的"无限空间"就隐喻了一个封闭自足的精神世界，这个精神世界是一个以自身为目的的思想王国；而"我"，作为此间的唯一居民，便是拥有无上权威和绝对自由的"国王"了。

当"我"走进温暖而舒适的"胡桃壳"时，"风刀霜剑严相逼"的现实世界就关在了"胡桃壳"之外。这时节，尘世间的一切都变得那样遥远，那样模糊，那样渺小……

然而"噩梦"袭来了。

## 三 "噩梦"

东晋人孙楚(字子荆，约218—293)在《征西官属送于陟阳侯作》一诗中说：

莫大于殇子，彭聃犹为夭。吉凶如纠纆，忧喜相纷扰。

① 参见培根：《新工具》第42节，徐宝骙译，商务印书馆，1984年，第29页。按"Idola"希腊文原意为"假象"，其义近乎佛家所说的"心魔"、"妄念"。

② 叔本华：《作为意志和表象的世界》第52节、第58节，石冲白译，商务印书馆，1982年，第370、439页。

天地为我炉，万物一何小？达人垂大观，诫此苦不早。

子荆所说的“达人”指的是庄子。“莫大于殇子，彭聃犹为夭”一句几乎是《庄子·齐物论第二》中“天下莫大于秋豪之末，而大山为小；莫寿于殇子，而彭祖为夭。天地与我并生，而万物与我为一”的原话照搬。“天地为我炉，万物一何小”则兼取“天地与我并生，而万物与我为一”以及《庄子·大宗师第六》中的“子来”之语：

夫大块载我以形，劳我以生，佚我以老，息我以死。故善吾生者，乃所以善吾死也。今大冶铸金，金踊跃曰：“我且必为镆铘！”大冶必以为不祥之金。今一犯人之形而曰：“人耳！人耳！”夫造化者必以为不祥之人。今一以天地为大炉，以造化为大冶，恶乎往而不可哉！[①]

按此，诗中所说的“大观”即是庄子所鼓吹的等同死生、齐一万物的思想。

等同死生、齐一万物，也就是泯灭真实、具体的生命感受（特别是痛苦感受），从而在主观上达到“逍遥”、“至乐”的境界，这无异于“关在胡桃壳里而自认为是无限空间的君王”。用弗洛伊德的话讲，这无非是生物惰性或“死亡本能”的表现罢了[②]。然而，哲学家往往有意无意地把这种渴望回复初始状态（例如出生前在母体子宫内的生存状态，或者是人类“堕落”之前在伊甸园的幸福生活，“静止永恒的道理世界”则是一种更加隐蔽的变体形式）的本能冲动解释为一种崇高伟岸的情怀。

德国哲学家费希特就是一个突出的例子。他满怀激情地赞颂“理念”，认为：

理念是独立的、自己满足自己的和自己产生自己的。它要生活，它要生存，完全是为了生存而生存；它鄙视它生存中一切可能处于它自身之外的目的。……正如在整个人类中它决不追

① 郭庆藩：《庄子集释》，中华书局，1961年，第262页。

② Sigmund Freud. *Beyond the Pleasure Principle*, trans. by C. J. M. Hubback. The International Psycho-Analytical Press, 1922, pp. 29—48.

> 求世俗福利，而只追求绝对尊严——不是作为福利条件的那种尊严，而是完全自为的尊严——一样，在它表现于个人生活的地方，它自身完全满足于这种尊严而无须考虑成败。由于它不以成败为转移，由于它如同放弃感性欲望那样放弃功利，所以，对成功的毫无把握就绝不可能搅浑它的内在清晰性，而真正的失败也从来不可能引起它的痛苦。悲伤、痛苦或干扰怎么能进入这个自我封闭的生活圈子呢？[①]

费希特认为，人一旦超越成败和功利等等“自身之外的目的”，他就会进入纯粹的“理念”世界，自足、自为而“不喜亦不惧”。但问题在于，“不以成败为转移、放弃功利”恰恰是身负国仇家恨的哈姆雷特无法做到的。超越时空、不落因果的“理念”固然可以“鄙视它生存中一切可能处于它自身之外的目的”，然而坎陷在特殊存在中的个体生命又怎能遗世而独立、“躲进小楼成一统”、关在胡桃壳里称王？一如王子恋人的兄长 Laertius 所说，“他（哈姆雷特）的意志不属于他本人，他受制于自己的出身”（I, iii, 20—21）：作为王子，哈姆雷特必须对国家的命运负责；而作为人子，为父亲报仇更是责无旁贷的义务。尘世间的种种责任、义务和“不得已”[②]共同勾结成了此在的“囚笼”。在这种情形下，存在者委实“无所逃于天地之间”——即便他遁入“胡桃壳”中，“囚笼”也会笼罩、萦绕、浃洽在这个“自我封闭的生活圈子”周围，时刻映入或投下噩梦的阴影。

通过上面的分析，我们可以想见哈姆雷特所谓“噩梦”的真实涵义。首先，这个“噩梦”并不是罗吉二人所猜度的权力野心，而是指他父亲死后的诡异显灵、他于是领受的世俗义务以及他因此遭受的命运。对于鬼魂讲述的秘密，哈姆雷特不愿也不敢向朋友明言，最多只能向他们略微暗示一二；同时，他心中也不无疑虑，因为这也许是魔

---

① 费希特：《现时代的根本特点》，沈真、梁志学译，辽宁教育出版社，1998年，第51页。

② 参见《庄子·人间世第四》：“仲尼曰：‘天下有大戒二：其一，命也；其一，义也。子之爱亲，命也，不可解于心；臣之事君，义也，无适而非君也，无所逃于天地之间。……为人臣、子者，固有所不得已。’”（郭庆藩：《庄子集释》，中华书局，1961年，第155页。）

鬼为引诱他陷入万劫不复之地而布下的圈套(II, ii, 606—611: "The spirit that I have seen/May be a devil; and the devil hath power /T'assume a pleasing shape; yea, and perhaps/Out of my weakness and my melancholy, /As he is very potent with such spirits, /Abuses me to damn me.")①。尽管如此,他仍将鬼魂在荒野中的叮咛——这来自幽冥世界的启示——认定为自己必须倾听的天道(I,v, 3—4: "*Ghost*. Mark me. /*Ham*. I will." 9—11: "*Ghost*. Pity me not, but lend thy serious hearing/To what I shall unfold. /*Ham*. Speak. I am bound to hear.")。于是,他左支右绌而心力交瘁(V, ii, 5—6: "in my heart there was a kind of fighting/That would not let me sleep." & 211—212: "thou wouldst not/think how ill all's here about my heart.")、"操心"不已却困魇在"在世"的噩梦之中。

不幸的哈姆雷特啊!

哈姆雷特也哀叹自己是一个不幸的人(I, v, 211: "so poor a man as Hamlet is"; V, ii, 240: "His madness is poor Hamlet's enemy.")。这种不幸在很大程度上来自于他的无知,以及面对无知所产生的无力感。哈姆雷特曾经反讽地拿自己和神武的英雄海格里斯(Hercules)进行比较(I, ii, 158—159: "My father's brother, but no more like my father/Than I to Hercules."),但他心里又何尝不以大英雄自期!"让海格里斯做他会做的事吧"(V, i, 294: "Let Hercules himself do what he may")一句话就豁显了他的自我期许。然而,"时代脱节了","生来要重整乾坤"(I, v. 215—216)的英雄本人身陷梦魇,就像被捆绑、禁锢的力士,空有一身力气而无法施展。

可以说,哈姆雷特是被缚的海格里斯(Hamlet-Hercules Bound)。他孤悬于命运的尖峰危崖,身下虚凌存在的弱水深渊。他想要挣扎,却又不能太用力。最后,他疲惫了,认命了:

... there's a special

① 黑格尔称之为对启示的"不信赖",见《精神现象学》第7章,贺麟、王玖兴译,商务印书馆,1979年,下卷,第221页。

providence in the fall of a sparrow. If it be now, 'tis not to come; if it be not to come, it will be now; if it be not now, yet it will come: the readiness is al Since no man knows aught of what he leaves, what is't to leave betimes?

Let be.

(V, ii, 218—223)

参考译文:

死生有命,哪怕是一只麻雀。

如果是现在,那就不是在将来;如果不是在将来,那就是现在;

如果不是现在,那么将来仍会发生。做好准备是最重要的。

既然谁也不知道自己会留下什么,那么及早离去又有什么呢?

随它去吧。

费希特曾经说过,"理念"是一个时代的精神,没有理念的世界只是一具空洞的躯壳:

> 理念在它表现于生命的时候,能提供不可估量的力量和优势,是力量的唯一源泉;因此,一个缺乏理念的时代会成为一个软弱无力的时代;它还在从事的一切,表现它的生命象征的一切,都完全是苍白的、虚弱的和无精打采的。①

"一个软弱无力的时代"也就是一个失魂落魄的时代。这里说的"理念"是通过理性而升华、挺立的意志;不难看出,哈姆雷特正是由于缺乏这种理念——意志的支持而产生了无力感和疲惫感的。

## 四 困顿与出走:哈姆雷特与浮士德的不同命运

经过仔细阅读的话,我们会发现《哈姆雷特》这部悲剧嵌套着"复

① 费希特:《现时代的根本特点》,沈真、梁志学译,辽宁教育出版社,1998年,第64页。

仇”和“拯救”两大主题，而后者又与“追寻自我”或“自我认识”（精神的自身开展——完成）主题紧密结合在一起。作为复仇悲剧，《哈姆雷特》是一部完整的作品；但是“认识自我”这个悲剧行动却没有完成，或者可以说是以主人公的失败而告终的一部悲剧。在这个意义上讲，“拯救”主题的《哈姆雷特》是一部未完成的作品。

哈姆雷特去世后，他的挚友 Horatio 为他深情祝祷：“晚安，亲爱的王子，愿一群群天使用歌声伴你走向安宁”（V，ii，384－385：“Good night，sweet prince，/And flights of angels sing thee to thy rest!”）。确实，哈姆雷特最终为父亲报了仇，并在临死前指定王位继承人，从而完成了自己的尘世义务，但是“自我完成”这项精神事业——这是他的“终身之忧”[①]——却远远没有完结。不知他死后可会升入他生前怀疑过的那个天堂？在那里，他得到喜乐安宁了吗？

哈姆雷特带着深深的困惑与遗憾走了。但他的理想并没有跟着消逝，而是留在了世间，重新开始寻找自己的代理人。两个世纪之后[②]，这个人出现了。他就是歌德笔下的浮士德。

在某种意义上讲，歌德的《浮士德》是作为“拯救”悲剧的《哈姆雷特》的重写、续作与完成。哈姆雷特渴望在“胡桃壳”中建立自己的自由王国，而浮士德却痛感“胡桃壳”里的世界是一座囚牢，认为只有走出这个胡桃壳—囚牢（nutshell-prison）才能接近、发现真正的“无限空间”。

剧情一开始，夜深人静困守书斋的浮士德感叹自己的世界是一个囚洞（Kerker）：

> 唉！我还要在这囚洞里苦捱？
> 该死的幽暗墙穴，

---

① 参见《孟子·离娄下》：“君子所以异于人者，以其存心也。……是故君子有终身之忧，无一朝之患也。”（杨伯峻：《孟子译注》，中华书局，1960 年，第 197 页）《论语·泰伯第八》记曾子言曰：“士不可以不弘毅，任重而道远。仁以为己任，不亦重乎？死而后已，不亦远乎？”（杨伯峻：《论语译注》，中华书局，1980 年，第 80 页）对观二语，可知君子存心于“成仁”，即成为我自己，这是他终生的事业。

② 歌德自 1768 年开始构思《浮士德》，最终于 1832 年完成该剧，先后持续 64 年；这里说“两个世纪”是取其约数而言。

连可爱的天光透过有色玻璃
也暗无光彩!
更有这重重叠叠的书堆,
尘封虫蠹已败坏,
一直高齐到屋顶,
用烟熏的旧纸遮盖;
周围瓶灌满排,
充斥着器械,
还有祖传的家具堵塞内外——
这就是你的世界!这就叫一个世界![①]

于是他下定决心走出书斋:

走!起来!到远方去!
(Flieh! Auf! Hinaus in's weite Land![②])

他来到城外,目睹喧闹纷攘的世俗生活场景,由衷地感到"在这里我是人,在这里我能发现我自己"("Hier bin ich Mensch, hier darf ich's sein."[③])。

这是浮士德第一次走出小我世界。此后,他和魔王靡非斯特签订赌约,在后者的协助下阅历了从爱情到权力、从古典到浪漫的大千世界,不断开辟新的人生天地,又一再不满足于现状而出走。许多年之后,依旧是在一个夜晚,年届期颐、大限将至的浮士德发出了这样的人生感悟:

我已经熟识这攘攘人寰,
要离尘弃俗决无办法;
是痴人才眨眼望着上天,

① Goethe. *Faust*. "Nacht", 398—409, Frankfurt am Main, Deutscher Klassiker Verlag, 1999, p. 34. 译文参考了董问樵译:《浮士德》,复旦大学出版社,1983 年,第 23 页。

② Ibid, pp. 35,418.

③ Ibid, "Vor dem Dor", pp. 52, 940.

幻想那云雾中有自己的同伴；
人要立定脚跟，向四周环顾！
这世界对于有为者并非默然无语。
他何必向那永恒之中驰骛？
凡是认识到的东西就不妨把握。
就这样把尘世光阴度过；
纵有妖魔出现，
也不改变道路。①

这是他对自己当年困守书斋时深夜所发感慨的正面回答，同时也是歌德对哈姆雷特的间接回应。此时此刻，“囚洞”和“天光世界”、“胡桃壳”和“无限空间”、“小我”和“大我”可以说完全融合在了一起。

浮士德溘然长逝后，他的精神开始最后一次出走——向天堂进发。魔王想要夺取他的灵魂，但是被众天使击退。胜利的天使托着浮士德的“不朽部分”，一边向天界飞升，一边曼声唱道：

不断努力进取者，
吾人均能拯救之。②

歌德认为这几行诗蕴含了浮士德最终得救的秘密：“浮士德身上有一种活力，使他日益高尚化和纯洁化，到临死，他就获得了上界永恒之爱的拯救”③。永不知足、不断向上，这正是浮士德的“理念”或者说生命意志；用儒家的话讲，就是明明德而止于至善，即通过“日新”、

---

① Goethe. “Mitternacht”, 11441—11452, pp. 441—442. 译文根据董问樵译本，第660页。

② Ibid, “Bergschluchten, Wald, Fels”, 11936—11937, p. 459.

③ 爱克曼：《歌德谈话录》“1831年6月6日”，朱光潜译，人民文学出版社，1978年，第244页。基督教神学认为神恩是拯救的关键，而歌德将之实体化了。例如德国的埃克哈特大师（Johannes Eckhart，1260—1328）在他的《讲道录》中提到“恩典”，认为它“乃是一种完完全全的运送”，“它的任务就在于将灵魂带回到上帝那里去”（《埃克哈特大师文集》，荣震华译，商务印书馆，2003年，第262页）。在《浮士德》中，神恩作为天使出现，拯救因其“运送”而完成；但是从上面这段话来看，歌德格外强调了人类自身的努力，因此神恩似乎只是认定既成拯救事实的最后一道象征性手续罢了。

“自强不息”的生命实践而达到“与天地合其德”(《易传·文言传》[①])、“上下与天地同流”(《孟子·尽心上》[②])的境界。通过一步一步走出小我、不断开拓存在的更高可能,他最终见证了理想的自我(用黑格尔的话讲,就是精神完成了自我认识)。在这个意义上讲,不是神恩拯救了浮士德,而是浮士德自己拯救了自己。在这时,哈姆雷特的人生理想——精神的自我认识与自我完成——终于得到了实现。

① 唐明邦:《周易评注》,中华书局,1995年,第176页。
② 杨伯峻:《孟子译注》,中华书局,1960年,第305页。

## 第十一章

# 人是何物

哈姆雷特告诉他的老朋友，为了向国王交差，就说他近来郁郁寡欢是因为厌世好了：在他看来，陆地是一块荒芜的海岬，而天穹不过是一团乌合的浊气(II，ii，314—318)。说着，他把话题引向了人(id，319—323)：

What a piece of work is a man! how noble in reason! how infinite in faculties! in form and moving how express and admirable!

In action how like an angel! in apprehension how like a god! the beauty of the world, the paragon of animals!

And yet to me what is this quintessence of dust?

参考译文：

人是何等的杰作啊！
他有那样崇高的理性，无穷无尽的才能！
举止宛若天使，悟性犹如神灵！
啊，天地之英华，万物的灵长！
可对我来说，这尘土的结晶又是何物？

“这尘土的结晶又是何物？”在这声诘问中，热烈欢快的“人类颂”嘎然而止。哈姆雷特虽然没有明言——

他只是说“我不喜欢人”(id, 324: “Man delights not me”)——他心里其实是有答案的:人无非是“造化的玩物”(I, iv, 58: “we fools of nature”)、“十足的无赖”(III, i, 138—139: “We are arrant knaves all”)罢了。

“玩物”和“无赖”,这与前面所说的“英华”、“灵长”云云形成了何等强烈的反差!在这句反问中,我们感到了一种强烈的厌世情绪。

康德曾在论述“崇高”时附带说到厌世问题,认为有三种不同的厌世,其中第一种是“高贵的厌世”:

> ……与任何社会相脱离也会被视为某种崇高,如果这种脱离是建立在不顾一切感官利害的那些理念之上的话。自满自足,因而无求于社会,但却不是不合群,即不是逃避社会,这就有几分近于崇高了,任何对需求的超脱也都是如此。[1]

这和孔子所说的“辟世”[2]约略有些相似。第二种是“可鄙的厌世”:

> 相反,出于因为与人类为敌而厌世,或是出于因为把人类当作自己的敌人来害怕的恐人症(怕见人),而逃避人类,这一方面是丑恶的,一方面也是可鄙的。[3]

第三种情况比较特殊,可以说是一种无奈的选择:

> 然而,有一种(所谓十分不情愿的)厌世,对于这种厌世的气质倾向往往随着年龄的增长而来到许多思想正派的人的内心,这些人虽然就好意来说是充分博爱的,但却由于长期的悲伤的经验而远离了人类的愉悦……虚伪,忘恩负义,不公正,以及在我们自认为重要和伟大的目的中的那种幼稚可笑,在追求这些目的时人们甚至相互干出了所有想象得出来的坏事:这些都是与人类只要愿意成为什么就能够成为什么的那种理念十分矛盾的,并且是与想要看到他们改善的强烈愿望极其对立的,以至于

---

① 康德:《判断力批判》第29节,邓晓芒译,人民出版社,2002年,第116页。

② 《论语·宪问第十四》:“子曰:‘贤者辟世,其次辟地,其次辟色,其次辟言。’”(杨伯峻:《论语译注》,中华书局,1980年,第157页。)

③ 康德:《判断力批判》,邓晓芒译,人民出版社,2002年,第116页。

> 当我们不能爱人类时，为了不至于恨人类，放弃一切社交的乐趣显得只是一个小小的牺牲而已。[①]

显然，哈姆雷特的厌世属于第三种类型。

人物往往是作家的影子和代言人。在这个意义上，与其说哈姆雷特厌世，不如说莎士比亚有此感受，发诸笔端而有以上妙文。不过造成这种心态的原因相当复杂，除了个体经验之外，大的时代因素也不容忽视。我们知道，“天地之英华”和“万物之灵长”一度是文艺复兴时期欧洲人文主义者的普遍信念；从拉伯雷（Francois Rabelais，1483—1553）的“巨人”到马洛（Christopher Marlowe）的“帖木尔”、“浮士德”，人类意气风发，自我张大（self-assertion）到了无以复加的程度。但是物极必反，以蒙田（Michel de Montaigne）为发端，自我否定的人文思潮渐渐席卷了整个欧洲，而哈姆雷特（或者说莎士比亚）的反诘就是这种“亢龙有悔”的时代精神的一个表征。

天地间，人为何物？这也是一个典型的“哈姆雷特问题”。这个问题不仅仅是他那个时代的问题，更是属于一切时代的根本问题，是任何严肃的哲学都无法回避的“思的事情”。

古希腊神话说普罗米修斯用泥土按照神的形相造了人[②]，又说人性由神性和兽性混杂糅合而成，这一朴素的二元论思想对后世产生了深远的影响，并在不同历史时期以不同的话语或表述方式重复再现。如柏拉图《城邦篇》中的“苏格拉底”认为人的灵魂秉具善恶两元，即“理”和“欲”两个部分，二者为主—奴（master-slave）关系，人既是自己的主人也是自己的奴隶，而通过以“理”治“欲”，人类就可以成为自己的主人（master of himself）[③]。文艺复兴时期的人文主义者在很大程度上承袭、发挥了这一看法，15世纪时的新柏拉图主义者马西留·费奇诺（Marsilio Ficino）和乔万尼·皮科（Giovanni Pico）即为其中代表。费奇诺把存在分为五个等级，其中“灵魂”处于第三等

---

① 康德：《判断力批判》，邓晓芒译，人民出版社，2002年，第116—117页。

② 奥维德：《变形记》，杨周翰译，人民文学出版社，1984年，第3页。

③ Plato. *Republic*, Book Four. Wordsworth Editions Ltd., 1997, pp. 127 & 137. 参见《理想国》第4卷，郭斌和、张竹明译，商务印书馆，1986年，第150、160页。

级，同时具有高级存在和低级存在的特性，既可以趋向“欲”，也可以趋向“理”，因此是二元的[①]。皮科亦认为人处于宇宙的中项，具有双重的和不定的人性，他通过自由选择而成为自己，既可以上升为神，也可以下降为兽[②]。他们的学说影响了当时欧洲大众对人性的基本认知，莎士比亚便是其中之一。

在人性问题上，柏拉图主义一系的西方古典哲学与中国古典哲学特别是儒家思想不无契合。早在先秦时期，儒家就对人性问题做了深入的探讨。最初孔子区分了“君子”和“小人”两种人格，在此基础上孟子进一步指出“从其大体为大人，从其小体为小人”(《孟子·告子上》[③])，二者相去甚微，所谓“人之所以异于禽兽者几希，庶民去之，君子存之”(《孟子·离娄下》[④])。荀子倡言“人之性恶，其善者伪也”(《荀子·性恶第二十三》[⑤])，与孟子之说殊途同归，一样预设了人的二重品性和向善的规定性。至于汉代，人性依然是哲学家们最感兴趣的话题之一。最初董仲舒揭橥“两有”之说，认为“人之诚，有贪有仁”，“贪仁之气，两在于身”(《春秋繁露·深察名号第三十五》[⑥])。西汉末年，扬雄提出“人之性也善恶混，修其善则为善人，修其恶则为恶人”(《法言·修身卷第三》[⑦])，并标举禽、人、圣“三门”之说：

天下之门有三：由于情欲，入自禽门；由于礼义，入自人门；

---

① Ernst Cassirer, Paul Oskar Kristeller & John Herman Randall, Jr. (ed.). *The Renaissance Philosophy of Man*. Chicago: The University of Chicago Press, 1948, pp. 190—191.

② Giovanni Pico. *Oration on the Dignity of Man*, in *The Renaissance Philosophy of Man*, pp. 224, 225, 230& 235.

③ 杨伯峻:《孟子译注》,中华书局,1960 年,第 270 页。

④ 同上书,第 191 页。

⑤ 荀子对“伪”的定义是:“虑积焉、能习焉而后成谓之伪”(《荀子·正名第二十二》)、“可学而能、可事而成之在人者谓之伪”(《荀子·性恶第二十三》);“伪”意谓“为人”,即为人之所为、由本然走向应然(《荀子集解》,王先谦撰,中华书局,1988 年,第 412、436 页)。《资治通鉴卷六·秦纪一·庄襄公元年》中子顺答魏安釐王问,以为“人皆作之,作之不止,乃成君子;作之不变,习与体成,则自然也”(司马光等:《资治通鉴》,中华书局,1956 年,第 198 页),其意同。

⑥ 苏舆:《春秋繁露义证》,中华书局,1992 年,第 294 页。

⑦ 汪荣宝:《法言义疏》,中华书局,1987 年,第 85 页。

由于独智，入自圣门。（《法言·修身卷第三》[①]）

东汉时王充提出“人性有善有恶”（《论衡·本性篇》[②]），并且引入认识论的维度，强调“天地之间人为贵，贵其知识也”（《论衡·别通篇》[③]），改变了以往论人的单一性的道德取向。东汉末年，荀悦平准“性善”（孟子）、“性恶”（荀子）、“无善恶”（公孙龙）、“善恶浑”（扬雄）诸说，最终取“性不独善，情不独恶”（刘向）之说，但他在避开对“性”的善恶判定后，紧接着指出“情与善恶偕”（《申鉴·杂言下第五》[④]），即以“情”来界说人性，依然落入了二元论（尽管这是一种更加巧妙的二元论）的思维模式。

由上述诸家言论可知，中国古人（包括后来的宋明儒）在探讨人性时主要用力于道德方面的“善恶”问题，目的是要表彰人性中的积极因素、肯定人性的内在超越可能，因此很少关注人类的有限性问题（这对他们来说也许是一个伪问题）。而在希腊—希伯来的文化视域中，人性不单是一个伦理学问题，同时也是一个知识论问题，而且无论在哪一种意义上讲，人都不是第一性的存在。古罗马后期至中世纪，基督教的神（上帝）中心论更是直接否定了人性，如奥古斯丁（Aureli Augustini）在《忏悔录》开篇即引用《旧约·诗篇》和《新约·彼得前书》说：

> “主，你是伟大的，你应受一切赞美；你有无上的能力、无限的智慧。”
>
> 一个人，受造物中渺小的一分子，愿意赞颂你；这人遍体带着死亡，遍体带着罪恶的证据，遍体证明“你拒绝骄傲的人”。[⑤]

这种自泯意识（self-effacement）虽然受到文艺复兴时期人文主义思

① 汪荣宝：《法言义疏》，中华书局，1987 年，第 104 页。

② 黄晖：《论衡校释》，中华书局，1990 年，第 142 页。

③ 同上书，第 600 页。

④ 荀悦：《申鉴》，四部丛刊子部第四十四函。

⑤ 奥古斯丁：《忏悔录》第 1 卷第 1 节，周士良译，商务印书馆，1963 年，第 3 页。

想的反拨，但是仍然通过历史—文化惯性而沉淀为某种“前有”(Vorhabe)[①]，并下意识地以“常言”的形式表现出来。

16世纪中期，哥白尼在《天体运行论》(1543)中提出日心说，极大地促进了16世纪以来的不可知论与怀疑论，直接动摇了文艺复兴时期的人类中心主义[②]。这样就产生了一种更大的、严重分裂的二元人性论。在某种意义上，它也表象了时代的精神分裂症状。哈姆雷特对人类的嘲弄(包括他的自嘲)就是这种分裂症状在文学中的映现。半个多世纪之后，法国哲学家帕斯卡尔在《思想录》中发出了同样的感慨：

> 人是怎样的虚幻啊！是怎样的奇特、怎样的怪异、怎样的混乱、怎样的一个矛盾主体、怎样的奇观啊！既是一切事物的审判官，又是地上的蠢才；既是真理的贮藏所，又是不确定与错误的渊薮；是宇宙的光荣兼垃圾。[③]

这段话简直是哈姆雷特前面那番言论的翻版[④]。在帕斯卡尔这里，精神的裂口不但没有愈合，反而进一步加深了。

直到18世纪末19世纪初，人类仍然被同样的问题所困扰。我们看到，歌德笔下的浮士德博士在书斋中研读“宇宙的符记”，深有会心而一时踌躇满志：“我莫非是神?”(Bin ich ein Gott?)他念动符咒召来地灵，地灵也称他为“超人”(Uebermenschen)。但是当他宣称自己与地灵相近时，竟被地灵嗤之以鼻。这个意外的打击顿令浮士

---

① 参见海德格尔：《存在与时间》第32节，陈嘉映等译，三联书店，1987年，第175—177页。

② 参见卡西尔：《人论》第1章，甘阳译，上海人民出版社，2003年，第23—24页。

③ 帕斯卡尔：《思想录》第7编第434节、第6编第358节，何兆武译，商务印书馆，1985年，第196、161页。

④ 不同的是，这里不仅流露出道德的焦虑，也反映出一种认识的焦虑，用帕斯卡尔的话说就是“真正的人性、人的真正的美好和真正的德行以及真正的宗教，都是和认识分不开的东西”(《思想录》第7编第442节，何兆武译，商务印书馆，1985年，第201页)；因此当他说“人既不是天使，又不是禽兽；但不幸就在于想表现为天使的人却表现为禽兽”时，他或许想表达的是：“人是无和全之间的一个中项”，“我们既不可能确切有知，也不可能绝对无知”(《思想录》第6编第358节、第2编第72节，何兆武译，商务印书馆，1985年，第161、31页)。

德怅然若失:

我是神明的肖像,
自诩接近永恒真实之镜,
摆脱了尘世的凡胎,
在天光澄明中怡然自得;
自觉优于天使,自由的力量
已经穿流造化的经络,
具有创造力来享有神的生活。
谁知狂妄自大遭致惩罚,
霹雳一声把我击垮!
……
我不像神!这让我感受至深![1]

人不是神:人是欲望的动物,因此先天具有恶的因子。正是看到了这一点,魔鬼靡非斯特才敢于和上帝打赌并自信胜券在握:"从第一天到现在,世上的小神(按:指人类)就一直是老样"。但上帝恰恰是要假魔鬼——"恶"之力来推动人类向善。这刚好印证了悲剧第二部中远古怪物"斯芬克斯"给靡非斯特下的断语:"无论对善人还是恶人,你都不可或缺。"[2]正如浮士德通过自身命运所证明的,人通过"恒常否定的精神"(der Geist der stets verneint)[3]不断认识自己、实现自己、超越自己,"不断向崇高的存在勇猛精进"(zum höchsten Dasein immerfort zu streben)[4],最终可以克服"恶"(也就是自身的有限性)而"止于至善"。

这个时候,哲学家也用自己的语言给出了相同的答案。例如康德认为人类历史具有长期的合理性与合目的性,即人类历史始于恶

---

① Goethe. *Faust*. 439, 490, 614－622 & 652, Frankfurt am Main, Deutscher Klassiker Verlag, 1999, pp. 35, 37, 41 & 42.

② Ibid, 281－282, 342－343 & 7134, pp. 26, 28, 289.

③ Ibid, 1338, p. 65. 这是魔鬼对浮士德的自我介绍,其实也正是"浮士德精神"乃至人性的一个写照。

④ Ibid, 4685, p. 205.

而止于至善,恶不仅是推进人类完善的必要手段,而且终将消融在未来的善中[①]。这是纵向来讲人性;横向来看,康德认为人同时属于两个世界:

> 就自身仅是知觉,就感觉的感受性而言,人属于感觉世界;就不经过感觉直接达到意识,就他的纯粹能动性而言,人属于理智世界。[②]

因此,人同时受到两种规律(因果性)的支配:

> 于是,一个有理性的东西,就从两个角度来观察自己和认识自身力量运用的规律,认识他的全部行为。第一,他是感觉世界的成员,服从自然规律,是他律的;第二,他是理智世界的成员,只服从理性规律,而不受自然和经验的影响。[③]

在第一种秩序中,人是自然的(现象);而在第二种秩序中,人是自由的(本体)。康德认为这两种秩序是并存的,人既是自然的存在,也是自由的存在:

> 两者能够共存在一起,而实际上必须共存在一起。因为作为一个现象的东西、属于感觉世界的东西,服从某种在他作为自在之物时并不服从的规律,在此间并不矛盾。人们必须以双重方式来思想自己:按照第一重方式,须意识到自己是通过感觉被作用的对象;按照第二重方式,又要求他们意识到自己是理智,在理性的运用中不受感觉印象的影响,是属于知性世界的。[④]

换句话说,自然和自由是平行并存的[⑤],但是人"只有作为理智,他们

---

① 参见康德:《历史理性批判文集》,何兆武译,商务印书馆,1990年,第7、68、73—75、第202页等处。

② 康德:《道德形而上学原理》第3章,苗力田译,上海人民出版社,2002年,第75页。

③ 同上书,第76页。

④ 同上书,第82页。

⑤ 参见康德:《实践理性批判》第1卷第3章,韩水法译,商务印书馆,2000年,第103页以下;《未来形而上学导论》第53节,庞景仁译,商务印书馆,1978年,第131—133页。

才是真正的自己”。在这里，我们仿佛听到了由“主人—奴隶”、“大体—小体”、“两有—两在”、“善恶混”这些音符所构成的人性哲学宏大乐章的辉煌主题再现。

黑格尔也注意到了这个被他称为“人格概念的高贵和低微”的问题。在他看来，“人就是意识到他的纯自为存在的那种自由的单一性”，即人自知其主体性（“人格的可能性”）；主体是人，但是人不等于主体，原因是“我作为这个人，在一切方面（在内部任性、冲动和情欲方面）都完全是被规定了的和有限的”；因此“人既是高贵的东西又是完全低微的东西，他包含着无限的东西和完全有限的东西的统一、一定界限和完全无界限的统一。人的高贵就在于保持这种矛盾，而这种矛盾是任何自然东西在自身中所没有的，也不是它能忍受的”。[1]

黑格尔曾在别的著作中指出“痛苦是生物的特权”[2]；这种痛苦就是“概念”与自身的分裂。在他看来，生命就是“概念”与其“客观化的特殊性”的自为分裂，因此：

> 某物在同一个观点之下，即是它自身，又是它自身的欠缺或否定物。抽象的自身同一，还不是生命力；但因为自在的肯定物本身就是否定性，所以它超出自身并引起自身的变化。某物之所以有生命，只是因为它自身包含矛盾，并且诚然是把矛盾在自身中把握和保持住的力量。但是，假如一个存在物不能够在其肯定的规定中袭取其否定的规定，并把这一规定保持在另一规定之中，假如它不能够在自己本身中具有矛盾，那么，它就不是一个生动的统一体，不是根据，而且会以矛盾而消灭。[3]

如果把矛盾对立的二元“肯定性”与“否定性”落实为“善”与“恶”，那么“人的高贵就在于保持这种矛盾”这句话显然就意味着“唯有人是

---

① 黑格尔:《法哲学原理》第 35 节“补充”部分，范扬、张企泰译，商务印书馆，1961 年，第 46 页。

② 黑格尔:《大逻辑》第 3 编第 3 部分第 1 章“生命过程”，杨一之译，商务印书馆，1976 年，下卷第 467 页。

③ 同上书，第 2 编第 1 部分第 2 章“矛盾”，下卷第 67 页。

善的，只因为他也可能是恶的”[①]；进而言之，即人性中的“恶”（完善的缺乏与否定、“有限性”）适成就了人性之高贵。

在这里，两个世纪以来骚动不安的人类自我认识达到了平衡，分裂的时代精神得到了慰籍与弥合。

然而自我认识是一个永不停滞的动态过程，认识或精神的运动在取得瞬间平衡后不会停驻不前，而是会朝着新的甚至是相反的方向继续运动下去。按照皮亚杰（Jean Piaget）的说法，认识是一种连续不断的建构（自我中心化）—解构（去除自我中心）—再建构（重新自我中心化）过程，即“在循环往复的通路中发生作用的、并且具有趋于平衡的内在倾向的自我调节的作用”[②]；进一步说，“主体的活动，在认识层次上说（也许如同在道德价值或美学价值等等的层次上一样），要求有一个连续不断的除中心过程来把他从自发的心理方面的自我中心现象里解放出来，这样做并不就是为了要得到一个外在于他的完备的普遍性，而是为了有利于一个协调的和建立互反关系的连续不断的过程”[③]。这一模式也可以用来描述西方的人性论传统。如果说康德、黑格尔的人性观是中心化的、建构性的，那么中世纪基督教神学（就其大端而言）和 19 世纪以来叔本华、尼采、弗洛伊德对人的认识则是去中心的、解构性的。这两大运动趋势相互摩荡，自行建构并彼此拆解；而在前力已尽、后力未生的转折点上，在“前不见古人，后不见来者”的浑沌中，认识主体（同时也是存在者）难免会歧路彷徨、无所适从，甚至“以矛盾而消灭”，成为人类历史祭坛上的牺牲。

哈姆雷特对人类的否定（包括他的自我定位）即是在前一平衡—中心已经打破、后一平衡—中心尚未建立时的认同危机的表征和产物。“从崇高到可笑只有一步之遥”（*Du sublime au ridicule il n'y a qu'un pas.*）。这句话反过来说也成立：如果说哈姆雷特发现了人类的可笑与可鄙，那么歌德笔下的浮士德则重新为人类找回了自信与

① 黑格尔：《法哲学原理》第 139 节“补充”部分，范扬、张企泰译，商务印书馆，1961 年，第 144 页。

② 皮亚杰：《发生认识论原理》第 2 章第 4 节，王宪钿等译，商务印书馆，1981 年，第 67 页。

③ 皮亚杰：《结构主义》，倪连生、王琳译，商务印书馆，1984 年，第 100 页。

自尊。之后，是新的一轮幻灭与失落……人类，就在这永无休止的摇曳颠荡中，一再见证了自身的崇高与卑贱、伟大与渺小，以及二者的融合与分裂。而哈姆雷特，正是人类在这种动态发展进程中的一个凝定镜像。

# 第十二章

# 文史之争

一支戏班子被请到丹麦王宫献艺，哈姆雷特嘱咐大臣好生看待这些演员，不得怠慢(II, ii, 530—538)：

Ham. Good my lord, will you see the players well be-stowed? Do you hear? Let them be well used; for they are the abstract and brief chronicles of the time. After your death you were better have a bad epitaph than their ill report while you live.

Po. My lord, I will use them according to their desert.

Ham. God's bodykins, man, much better! Use every man after his desert, and who should scape whipping? Use them after your own honor and dignity.

参考译文：

哈：爱卿，请把这些艺员安顿好。听到没有？要好生对待他们，他们是时代的提要和简史；你就是身后落下恶名，也胜如生前被他们说三道四。

波：殿下，我会按照他们的身份，给予他们应有的待遇。

哈：我的老天，要比这好得多！要是对每个人都这样，那谁能不挨鞭子呢？按你本人的尊荣来对待他们罢。

很显然，在这里莎士比亚借了剧中人之口为本行业说话。在“你就是身后落下恶名，也胜如生前被他们说三道四”这句话中，我们不难发现作家的职业自豪感甚至是掌控话语权的“权力意志”。

莎士比亚说戏剧是“时代的提要和简史”，稍后又借哈姆雷特之口指出“戏剧的目的从来都是为人性提供一面镜子，如实展示德行、恶习以及时代自身展现出来的风貌”(20－24：“... the purpose of playing, whose end, both at the first and now, was and is, to hold, as 'twere, the mirror up to nature; to show virtue her own feature, scorn her own image, and the very age and body of the time his form and pressure.”)，这和后来巴尔扎克自称要作19世纪法国社会的“书记”一样，把真实记录和记录真实视为文学的、同时也是作家本人的使命与光荣所在。在这个说法背后隐含着一场文学与历史的争执，这场争执的中心议题是：诗人和史家，文学和历史，谁讲述了真实或哪一个更真实？为方便讨论起见，我们不妨援引西方“古今之争”(Quarrel between the Ancients and Moderns)为例，把这场争执命名为“诗史之争”(Quarrel between Poetry and History)。需要说明的是，这里的“诗”代表广义的文学或者说“诗性叙述”，而“史”则意谓广义的历史或者说“真实记录”，因此这场争执也可以称为“文史之争”。

塞万提斯在他的不朽著作《堂吉诃德》第一部中，假托原作手稿的发现者，穿插了这样一段堂皇的议论：

历史家的使命应该是客观而真实地描述历史，绝对不能感情用事。无论是利诱、威迫还是个人的私仇、偏爱，都不能迫使

> 他们背离真实。历史是真理之母，它与时间抗争，将重大的事件记录下来；它是往事的见证，当代的规范和借鉴，也是未来的警示。[①]

在第二部中，他让本书的主人公堂吉诃德发表了同样的意见："历史像是一件神圣的事物，因为它一定得具有真实性；真理在哪儿，上帝就在哪儿。"[②]历史是真实的叙述，真实是叙述的准绳和指归，因此虚构作品应当向历史看齐，用堂吉诃德的话说就是："凡是虚构的故事，越接近真实越好；用真人真事写的故事呢，越确实越好。"[③]

然而，塞万提斯在这里向我们开了一个狡狯的玩笑：他煞有介事地告诉我们，本书是"阿拉伯史学家熙德·阿梅德·贝纳赫利"撰写的一部人物传记；传记不同于诗歌，是历史的实录[④]；但是阿拉伯人向来喜欢撒谎，因此如果有人觉得这个故事——它本来"具有充分的条件，成为一部最有趣的历史书"——不够真实，那么"混账作者应负责任，这与题材无关"[⑤]。这番话令人忍俊不禁，作者写到这里一定也在暗自发笑吧。它显然是一句遁词，作者想要说的毋宁是：小说不同于历史，它是"阿拉伯人讲的故事"，或者说是一个"真实的谎言"，因此"撒谎"（虚构）在所难免。借助"阿拉伯史学家"这一吊诡之辞(oxymoron)，塞万提斯间接宣告了虚构的合法性，与此同时至高无上的历史标准——真实原则就被他暗中颠覆了。在这里，塞万提斯（无论他本人是否意识到这一点）事实上介入了古代的诗史之争。

西方的"诗史之争"可以一直追溯到古希腊时代。柏拉图曾在《国家篇》(*Republic*)中借"苏格拉底"之口宣布："诗和哲学之间长期以来就有争执"[⑥]。在他看来，事物是对真实（即所谓"相"）的摹仿，

---

① 塞万提斯：《堂吉诃德》第1部第9章，屠孟超译，译林出版社，1995年，上卷第64页。

② 同上书，第2部第3章，下卷第29页。

③ 同上书，第2部第62章，下卷第451页。

④ 同上书，第2部第3章，下卷第26页。

⑤ 同上书，第1部第9章，上卷第63—64页。

⑥ Plato. *Republic* (trans. by John Llewelyn Davies & David James Vaughan) Book Ten. Wordsworth Editions Ltd., 1997, p. 339.

而诗是对事物的摹仿，也就是和真实相隔两层的摹仿，同时它摹仿低劣的欲望冲动而腐蚀了清明的理性，因此应当被逐出城邦①；与之相反，哲学的工作是发现真实，因此高于诗歌②。

然而，他的学生亚里士多德对此提出了不同看法。他在《诗学》第九章中指出：

> 诗是一种比历史更富哲学性、更严肃的艺术，因为诗倾向于表现带普遍性的事，而历史却倾向于记载具体事件。所谓“带普遍性的事”，指根据可然或必然的原则某一类人可能会说的话或会做的事——诗要表现的就是这种普遍性，虽然其中人物都有名字。③

这番话说得十分清楚：诗则表现了普遍性，而历史只表现了偶然性，因此诗性真实高于历史真实，诗优于史。

亚里士多德对柏拉图的含蓄批判开启了后世旷日持久的“诗史之争”。在这场争执中，“诗人”（广义的诗人，包括抒情诗人、剧作家以及后来的小说家）的立场不难想见：他们都是“诗”的坚定拥护者。塞万提斯和莎士比亚即代表了文艺复兴时期诗人的立场。再如英国诗人菲利普·锡德尼爵士（Sir Philip Sidney）也在《诗辩》（*Apologie For Poetrie*）中顺着亚里士多德的话头指出：诗比历史和哲学都要古老，诗人创造了“另一自然”，讲述了应当如是的真实，因此诗人优于历史家和哲学家④。他们三位是同时代人⑤，而且几乎同时为“诗”呐

---

① Ibid, pp. 326 & 332—339.

② 在《法律篇》中，柏拉图把这个意思表达得更直接也更清楚了：“我们自己就是悲剧作家，我们知道如何创作最优秀的悲剧。事实上，我们整个政治制度就建的相当戏剧化，是一种高尚完美生活的戏剧化，我们认为这是所有悲剧中最真实的一种。”（《柏拉图全集》，王晓朝译，人民出版社，2003年，第3卷第576页。）

③ 亚里士多德：《诗学》，陈中梅译，商务印书馆，1996年，第81页。

④ 锡德尼：《为诗辩护》，钱学熙译，人民文学出版社，1998年，第4、7、10、24—25、37页等处。

⑤ 塞万提斯生于1547年，卒于1616年；菲利普·锡德尼生于1554年，卒于1586年；莎士比亚生于1564年，卒于1616年。

喊声辩[1]，这决非偶然。可以说，他们体现并且引领了一个新时代的精神，这就是浪漫的精神。

一个多世纪后，意大利历史哲学家维柯在《新科学》一书中指出："一切古代世俗历史都起源于神话故事"，"最初的历史必然是诗性的历史"，"诗人必然是各民族最初的历史家"[2]。18—19 世纪的浪漫主义者，如赫尔德、施莱格尔、雪莱，都纷纷响应了这一观点；济慈的著名诗句，"真即是美，美即是真"（《希腊古瓮颂》），即表达了他们的共同心声。在这个浪漫的时代，"美"兼并了"真"，或者说"诗"取代了"史"。

甚至哲学也受到了浪漫精神的影响。19 世纪初，德国哲学家叔本华接着亚里士多德和维柯的观点在《作为意志和表象的世界》中指出：历史"提供个别特殊的真"，"具有现象的真实性，并能从现象中证明真实性的来历"，而文艺则"提供一般普遍中的真"，"具有理念的真实性，而理念的真实性是在任何个别的现象中找不到，然而又在一切现象中显出来的"[3]。为什么会这样呢？叔本华做了详细分说：

> 历史学家必须严格地按生活来追述个别情节，看这情节在时间上、在原因和结果多方交错的锁链中是如何发展的；可是他不可能占有这里必要的一切材料，不可能看到了一切，调查了一切。他所描写的人物或情节的本来面目随时都在躲避他，或是他不知不觉地以假乱真，而这种情况又是如此屡见不鲜，以致我认为可以断定在任何历史中假的总是多于真的。诗人则与此相反，他从某一特定的、正待表出的方面把握了人的理念，在这理念中对于他是客观化了的东西就是他自己的本质。……因此诗人在他那有如明镜的精神中使我们纯洁地、明晰地看到理念，而

---

① 《诗辩》写作于 1580—1583 年之间，1595 年出版；五年后，也就是 1600 年，《哈姆雷特》问世；1605 年，《堂吉诃德》第一部出版，1615 年第二部出版。

② 维柯：《新科学》第 840 节、第 813 节、第 820 节，朱光潜译，商务印书馆，1989 年，第 462、454、457 页。

③ 叔本华：《作为意志与表象的世界》第 51 节，石冲白译，商务印书馆，1982 年，第 339 页。

> 他的描写，直至个别的细节，都和生活本身一样的真实。[①]

由此他得出结论："理念的真正开展，在文学里要比在历史里正确得多、清楚得多"，"在诗里比在历史里有着更多真正的、地道的内在真实性"[②]。

二十多年后，巴尔扎克在《人间喜剧》的前言中指出：苏格兰历史小说家司各特"把奇妙和真实——史诗的两种元素放进小说里面"，从而"把小说提高到历史哲学的地位"；同时他不无惋惜地提到这位作家"没有想到把他的作品联系起来，编写成为一部完整的历史，其中每一章都是一部小说，每一部小说都描写一个时代"[③]。巴尔扎克本人认为这项工作是可能的，因为"偶然是世上最伟大的小说家，若想文思不竭，只要研究偶然就行"[④]。接下来他便说出了后来熟为人知的那段名言：

> 法国社会将要作历史家，我只能当它的书记，编制恶习和德行的清单、搜集情欲的主要事实、刻画性格、选择社会上主要事件、结合几个性质相同的性格的特点揉成典型人物，这样我也许可以写出许多历史家忘记了写的那部历史，就是说风俗史。[⑤]

这段话的潜台词是：现实中充满了偶然性，"诗人"（用巴尔扎克话说就是时代和社会的"书记"）的工作就是记录这种"偶然"的现实，并从中萃取普遍性的结晶（"典型"）。这就意味着"真实"不外于"偶然"，正是"偶然"，而不是过滤、剔除了"偶然"的"必然"，构成了"真实"的本质。

相对于这种真实观，古典主义的"真实"只是真实的一个残缺甚至失真的影像，因而恰恰是不够真实的。在这里，我们已经依稀听到了克尔凯戈尔（Kierkegaard）、尼采、福柯、德里达等人的声音。事实

---

① 叔本华：《作为意志与表象的世界》，石冲白译。商务印书馆，1982 年，第 340 页。

② 同上书，第 340 页。另外他在别的地方也指出："历史学意味着时间"，"不能被称为一门科学"，因为它"并不阐述普遍真理"（《叔本华论说文集》第 4 卷，范进等译，商务印书馆，1999 年，第 358 页），不妨参观。

③④ 《巴尔扎克论文艺》，人民文学出版社，2003 年，第 258 页。

⑤ 同上书，第 259 页。

上随着现代主义、解构时代的到来，“真实”被视为逻各斯中心主义的神话[①]，诗史之争也就失去意义了。

直到今天，作为“测不准”、“相对”、“模糊”、“混沌”诸般前沿科学哲学的图解的先锋文艺作品还在“真实”的废墟上失魂落魄地狂欢着。这一景象多少有些令人难堪和失望：“诗”本是用来拯救偶然的经验和无常的现象的，现在反倒成了后者的殉葬品。这大约是诗人们——包括莎士比亚——始料未及的吧。好在历史不会终结，这还远不是“诗史之争”的最终结局，我们且耐心等待“诗”的新一轮反攻好了。这一回，正如我们已经看到的，它的对手是“科学”。

**附论：**

## 中国的文史之争

在中国也存在着一场类似的争执。不同的是，这场争执涉及经、史、文，于是有“经史之争”和“文史之争”。

《论语·雍也第六》记孔子语云：

> 质胜文则野，文胜质则史。文质彬彬，然后君子。[②]

此处“质”、“文”并举，其中“质”指人的质朴本性，“文”是礼乐的文饰。那么“史”应该如何理解呢？我们知道，子夏在孔子弟子中以“文学”著

---

① 在某种意义上讲，近一百年来是一个颠覆、解构哲学这个泥足巨人的世纪。哲学研究往往被认为是关于“真”的研究，然而什么是“真”呢？尼采在19世纪末就振聋发聩地指出：信仰“直接确定性”是一种愚蠢行为（尼采：《超善恶》第34节，张念东、凌素心译，中央编译出版社，2005年，第37页）；没有什么“真理”，只有欲望或意志的投射（尼采：《权力意志——重估一切价值》，张念东、凌素心译，商务印书馆，1991年，第205页）；“真理”无非是一支纠集了隐喻、换喻与拟人等“人为联系”的流动大军，只是长期经过诗和修辞的强化、转换和涂饰之后，在大众眼中便成为天经地义的金科玉律了。今天的隐喻研究也发现哲学体系其实是一个“根隐喻”（概念模型）的扩展表述，但在表述过程中当事人往往有意无意地忽视了立身所赖的隐喻根基，因此一旦被对手击中这一“阿喀琉斯之踵”，整座理论大厦往往就会轰然倒地。关于隐喻与真理的转换生成关系，参见拙著《隐喻的生命》（北京大学出版社，2004年）。

② 杨伯峻：《论语译注》，中华书局，1980年，第61页。

名(《论语·先进第十一》[①]),但孔子曾告诫他"女(汝)为君子儒,无为小人儒"(《论语·雍也第六》[②]),子夏自己也说"小人之过也必文"(《论语·子张第十九》[③]),这些说法都可以和"文胜质则史"相互发明。

在这里,"文"和"史"是连带在一起的[④]。儒家号称"文教",但在儒家思想体系中,"文"并不是第一义的概念。孔子讲"弟子入则孝,出则悌,谨而信,泛爱众而亲仁;行有余力,则以学文"(《论语·学而第一》[⑤]),即以"文学"为余事;再如子贡感叹"夫子之文章,可得而闻也;夫子之言性与天道,不可得而闻也"(《论语·公冶长第五》)[⑥],则以"性与天道"(即广义的"道")为精旨,而以"文章"为粗迹。"文"尚且如此,作为文之偏胜的"史"就更等而下之了。

如果此时给文、史、道排顺序的话,它们从高到低依次应该是:道、文、史。按照儒家的传统见解,道载见于经,故经道不二。如《白虎通·五经》说孔子"追定五经,以行其道"[⑦],扬雄《法言·吾子》以为"舍五经而济乎道者,末矣"[⑧],王符《潜夫论·赞学第一》称:

> 索道于当世者,莫良于典。典者,经也,先圣之所制。先圣得道之精者以行其身,欲贤人自勉以入于道。[⑨]

宋代理学家也说"经,所以载道也"(《二程遗书·二先生语六》[⑩])。照此,"道、文、史"的排名也可以改换为"经、文、史",其致一也。

自汉以降,儒家内部一直存在着"经"(也就是"道")和"史"的紧张,于是有"经"和"史"的争执。隋代儒者王通(文中子)的观点就很

---

① 杨伯峻:《论语译注》,中华书局,1980年,第110页。

② 同上书,第59页。

③ 同上书,第200页。

④ 再如《韩非子·难言第三》云"捷敏便给,繁于文采,则见以为史"(王先慎:《韩非子集解》,中华书局,1998年,第22页),可见当时所说的"史"实近于后世所说的"文"。

⑤ 杨伯峻:《论语译注》,中华书局,1980年,第4—5页。

⑥ 同上书,第46页。

⑦ 陈立:《白虎通疏证》,中华书局,1994年,第445页。

⑧ 汪荣宝:《法言义疏》,中华书局,1987年,第67页。

⑨ 王继培:《潜夫论笺校》,中华书局,1985年,第11页。

⑩ 《二程遗书》,上海古籍出版社,2000年,第144页。

具有代表性。他一方面指出：

> 昔圣人述史三焉：其述《书》也，帝王之制备矣，故索焉而皆获；其述《诗》也，兴衰之由显，故究焉而皆得；其述《春秋》也，邪正之迹明，故考焉而皆当。此三者皆出于史而不可杂也，故圣人分焉。（《中说·王道篇》[①]）

这个说法肯定“经”即是“史”，与《慎子》中所说的“《诗》，往志也；《书》，往诰也；《春秋》，往事也”[②]同出一辙，但是他同时批判说“古之史也辩道，今之史也耀文”（《中说·事君篇》）、“史传兴而经道废矣”（《中说·问易篇》）。“史耀文”而“经道废”的说法暗示“文”处在比“史”更低级的层次上，因此和“道”的关系更加疏远。在这里，“史”的地位越升于“文”之上，“经、文、史”的排名就变成了“经、史、文”。

到了唐代史学家刘知几，“文”进一步遭到攘斥。孔子说“文胜质则史”，对此刘知几提出了异议：

> 昔尼父有言：“文胜质则史。”盖史者当时之文也。然朴散淳销，时移世异，文之与史皎然异辙。故以张衡之文，而不闲于史；以陈寿之史，而不习于文。（《史通内篇卷九·覈才第三十一》[③]）

这是从正面就历史来说“史”不同于“文”。从反面就本质来讲，“史”虽然有赖于“文”，但“文”胜则不可以为“史”：

> 昔夫子有云：“文胜质则史。”故知史之为务，必藉于文。自《五经》已降，《三史》而往，以文叙事，可得言焉。而今之所作有异于是。其立言也，或虚加练饰、轻事雕彩，或体兼赋颂、词类俳优。文非文，史非史，譬夫龟兹造室，杂以汉仪，而刻鹄不成，反类于鹜者也。（《史通·内篇卷六·叙事第二十二》[④]）
>
> 史云史云，文饰云乎哉？（《史通外篇卷十八·杂说下第九·

---

① 《文中子中说》，四部丛刊子部第四十四函。下引同。

② 《慎子》逸文，见《意林》卷二，四部丛刊子部第五十九函。

③ 浦起龙：《史通通释》，影印文渊阁四库全书（史部）第685册，第290页。

④ 同上书，第256页。

杂识》[①])

刘知几在这里驳回了孔子的判语，并进一步指出“文章”是“小道”，而“著述之功，其力大矣，岂与夫诗赋小技校其优劣者哉”（《史通外篇卷十八·杂说下第八·别传》[②]），明白无误地表达了崇“史”贬“文”的立场。

刘氏自比扬雄，原因有四，其中第一条是“余幼喜诗赋，而壮都不为，耻以文士得名，期以述者自命”，第四条是“余初好文笔，颇获誉于当时；晚谈史传，遂减价于知己”（《史通内篇卷十一·自叙第三十六》[③]）。从他的叙述中可以看出，此时“史”的呼声渐高，虽然尚不足以威胁“经”的权威与中心地位，但是已经对“文”形成威压。不妨说，“文史之争”就此正式开始了。

此后“史”的地位继续升扬。如明代大儒王阳明向弟子宣讲“以事言谓之史，以道言谓之经。事即道，道即事。五经亦史，《易》是包牺氏之史，《书》是尧舜以下史，《礼》、《乐》是三代史”（《传习录上》[④]），即是明证。阳明在此试图调停经史之争，但他“五经亦史”的说法隐隐然将“史”又提升一格，几乎完全与“经”等肩了。

到了清代，章学诚进一步提出“六经皆史”的口号。我们知道，“六经皆史”这个说法其实并不是他的首创[⑤]，例如姚江一系的李贽就曾接着王阳明的话头明确说过：

> 经、史一物也。史而不经，则为秽史矣，何以垂借鉴乎？经而不史，则为说白话矣，何以彰事实乎？故《春秋》一经，春秋一时之史也；《诗经》、《书经》，二帝三王以来之史也；而《易经》则又示人以经之所自出、史之所从来，为道屡迁，变易匪常，不可以一定执也。故谓六经皆史可也。（《李氏焚书卷之五·经史相为表

---

① 浦起龙：《史通通释》，影印文渊阁四库全书（史部）第685册，第423页。

② 同上书，第419页。

③ 影印文渊阁四库全书（史部）第685册，第31页。

④ 《象山语录·阳明传习录》，上海古籍出版社，2000年，第177页。

⑤ 对这个问题有兴趣的读者，不妨参见陈登原《国史旧闻》第178则“广六经皆史论”（中华书局，2000年，第1册，第415—418页）及余英时《清代学术思想重要观念通释》（载《文史传统与文化重建》，三联书店，2004年，第278页）。

里》[①])

况且,章氏并不准备质疑与“经”一体的儒家之“道”的崇高地位。确切说来,他提出(确切说是重申)这个口号的历史意义首先在于:章氏由此否定了“经即道”的观念,将“经”从“道”中析出而降为史料,所谓“古人未尝离事而言理,六经皆先王之政典也”(《文史通义卷一·内篇一·易教上》[②]),“后世服夫子之教者自六经,以谓六经载道之书也,而不知六经皆器也”(《文史通义卷二·内篇二·原道中》[③]),“经史之不可判也,如道器之必不可分也”(《文史通义卷五·内篇五·书坊刻诗话后》[④])。这样一来,“经”其实是被架空,而“经学”的事业也就转由“史学”来承担了。章学诚本人并不讳言这一想法,他说:

> 三代学术,知有史而不知有经,切人事也。后人贵经术,以其即三代之史耳。近儒谈经,似于人事之外,别有所谓义理矣。(《文史通义卷二·内篇二·浙东学术》)
>
> 史学所以经世,故非空言著述也。且如六经,同出于孔子,先儒以为其功莫大于《春秋》,正以切合当时人事耳。后之言著述者,舍今而求古,舍人事而言性天,则吾不得而知矣。学者不知斯义,不足言史学也。(同上[⑤])

在此基础上,章氏发展出一种“泛史(料)观”。他在给一位朋友的信中写道:

> 愚之所见,以为盈天地间,凡涉著作之林,皆是史学,《六经》特圣人取此六种之史以垂训者耳。(《文史通义卷九·外篇三·报孙渊如书》[⑥])

“著作之林”自然也包括文学,如章氏论前朝诸家文选,以为“其实诸

---

① 李贽:《焚书·续焚书》,岳麓书社,1990年,第213页。

② 章学诚:《文史通义》,刘氏嘉业堂刻章氏遗书本,《续修四库全书》史部第448册,上海古籍出版社,2002年,第135页。

③ 同上书,第158页。

④ 同上书,第236页。

⑤ 同上书,第167页。

⑥ 同上书,第327页。

选乃是春华，正史其秋实耳”(《文史通义卷一·内篇一·书教中》①)，又说“文集者，一人之史也”(《文史通义卷八·外篇二·韩柳二先生年谱书后》②)，甚至“文”是“六义”——也就是“经”，亦即章氏所谓“史”——的衰变：

> 周衰文弊，六艺道息，而诸子争鸣。盖至战国而文章之变尽，至战国而著述之事专，至战国而后世之文体备；故论文于战国，而升降盛衰之故可知也。战国之文，奇邪错出而裂于道，人知之；其源皆出于六艺，人不知也。(《文史通义卷一·内篇一·诗教上》③)

章氏既用“史”架空了“经”，“经”、“文”、“史”这三项现在就只剩下了“文”与“史”；这样一来，“经”与“史”、“文”的紧张就转化成了“史”与“文”的对立。

从上面的引文中，我们不难看出他作为史家对“文”所持的立场，这就是“文”不但自“史”出，同时也是“史”，而且是“史”的末流，所谓“子史衰而文集之体盛，著作衰而辞章之学兴”(《文史通义卷一·内篇一·诗教上》④)，“史乘而有稗官小说，专门著述而有语录说部，辞章泛应而有猥滥文集，皆末流之弊也”(《文史通义卷七·外篇一·立言有本》⑤)，“子集诸家，其源皆出于史，末流忘所自出，自生分别，故于天地之间，别为一种不可收拾、不可部次之物，不得不分四种门户矣”(《文史通义卷九·外篇三·报孙渊如书》⑥)。这正是章氏“六经皆史”说的另一内涵：它是古代的“文史之争”在清代乾嘉时期的延续和重演。

当时这场“文史之争”具体表现为章学诚与同时代诗人袁枚的争执。袁枚认为(下文为章氏自引)“先有著述而后有经传，有经传而后有考据，观先后而知所优绌”——他所谓“著述”即是“辞章”，——“辞

---

① 章学诚：《文史通义》，刘氏嘉业堂刻章氏遗书本，《续修四库全书》史部第448册，上海古籍出版社，2002年，第141页。

② 同上书，第291页。

③ 同上书，第141页。

④ 同上书，第145页。

⑤ 同上书，第259页。

⑥ 同上书，第327页。

章为作者之圣，考据为述者之明”(《文史通义卷五·内篇五·书坊刻诗话后》[①])，并且老实不客气地说“不能诗者遁为经学”(《文史通义卷五·内篇五·诗话》[②])。对于袁枚的这个说法，章学诚严厉地进行了批判，其要曰：

> 学问成家，则发挥而为文辞，证实而为考据。比如人身，学问其神智也，文辞其肌肤也，考据其骸骨也，三者备而后谓之著述。著述可随学问而各自成家，别无所谓考据家与著述家也。(《文史通义卷五·内篇五·诗话》[③])

说到动情处，章氏直以“倾邪小人”、“清客密骗”(《文史通义卷五·内篇五·书坊刻诗话后》[④])、“名教中之蟊贼”(《文史通义卷七·外篇一·论文辨伪》[⑤])、“风狂人做梦呓语”(《文史通义卷九·外篇三·与吴胥石简》[⑥])而呼袁枚。二者孰是孰非姑且不论，但从章学诚的刻薄攻讦中，我们不难想见当年这场“文史之争”的激烈程度。

“文”这一方在“文史之争”中也没有纯然采取守势。我们知道，孔子自称“述而不作，信而好古，窃比于我老彭”(《论语·述而第七》[⑦])。照他的意思，只有周公那样的“立法者”才有资格被称为“作者”，而他自己只是传述而已，因此“述者”不如“作者”。《礼记·乐记》中说“作者之谓圣，述者之谓明”[⑧]，即由此发挥而来。

之后孔子本人也被视为了“作者”，“五经”亦称“作”，但他书仍不得谓“经”。例如东汉时期王充著《论衡》，或以为“《论衡》可谓‘作’者”，王充答解说：

> (《论衡》)非作也，亦非述也，论也。论者，述之次也。五经

---

① 章学诚：《文史通义》，刘氏嘉业堂刻章氏遗书本，《续修四库全书》史部第448册，上海古籍出版社，2002年，第235页。

② 同上书，第234页。

③ 同上书，第234页。

④ 同上书，第235、237页。

⑤ 同上书，第274页。

⑥ 同上书，第311页。

⑦ 杨伯峻：《论语译注》，中华书局，1980年，第66页。

⑧ 《新刊四书五经·礼记集说》，中国书店，1994年，第323页。

之兴，可谓作矣。太史公书、刘子政序、班叔皮传，可谓述矣。桓君山《新论》、邹伯奇《检论》，可谓论矣。今观《论衡》、《政务》，桓、邹之二论也，非所谓作也。造端更为、前始未有，若仓颉作书、奚仲作车是也。《易》言伏羲作八卦，前是未有八卦，伏羲造之，故曰作也。……今《论衡》就世俗之书，订其真伪，辩其虚实，非造始更为、无本于前也。(《论衡·对作篇》[①])

其区分"作"、"述"、"论"之严格如此。但在另一方面，王充又格外强调"文"的作用，以为"人有文有质乃成"、"人无文则为朴人"，因此"人以文为基"(《论衡·书解篇》[②])；于是有"文儒"(即"著作者")与"世儒"(即"说经者")之分。王充显然以"文儒"自居，他认为"文儒""卓绝不循"，实为"世儒"所不及：

或曰：文儒不如世儒。世儒说圣人之经，解贤者之传，义理广博，无不实见，故在官常位；位最尊者为博士，门徒聚众，招会千里，身虽死亡，学传于后。文儒为华淫之说，于世无补，故无常官，弟子门徒不见一，身死之后，莫有绍传。此其所以不如世儒者也。

答曰：不然。夫世儒说圣情，文儒□□□(原缺五字，据文意补"文儒"二字)，共起并验，俱追圣人。事殊而务同，言异而义钧。何以谓之文儒之说无补于世？世儒业易为，故世人学之多；非事可析第，故官廷设其位。文儒之业，卓绝不循，人寡其书，业虽不讲，门虽无人，书文奇伟，世人亦传。此实论，彼虚篇，折累二者，孰者为贤？案古俊乂著作辞说，自用其业，自明于世。世儒当时虽尊，不遭文儒之书，其迹不传……夫以业自显，孰与须人乃显？夫能纪百人，孰与廑能显其名？(《论衡·书解篇》[③])

在"自用其业，自明于世"这句话中，我们可以感受到"著作者"主体意识和身份认同(identity)的涌动。不过，王充论证说"世儒不遭文儒之书，其迹不传"，强调文儒"能纪百人"(他在这里举了司马迁《史记》

① 黄晖：《论衡校释》，中华书局，1990年，第1180—1181页。标点略有改动。

② 同上书，第1149—1150页。

③ 同上书，第1151—1152页。

的例子)，其实是联“史”抗“经”，“文”的身份还不是那么挺立凸显。

宋人汪彦章云：“左氏、屈原始以文章自为一家，而稍与经分”(王应麟:《困学纪闻卷十七·评文》)。确实如他所说，“文”很早就开始和“经”分家，但是一直到魏晋时期，“文”才真正产生自觉并获得独立身份，刘勰《文心雕龙》的出现即为其征。本来，在春秋时期“文”曾被赋予某种本体论的内涵，如《国语·晋语一》记单襄公语，以为“能文则得天地”，所谓：

> 忠，文之实也；信，文之孚也；仁，文之爱也；义，文之制也；智，文之舆也；勇；文之帅也；教，文之施也；孝，文之本也；惠，文之慈也；让，文之材也；……经纬不爽，文之象也。[①]

单襄公以“忠”、“信”、“仁”、“义”、“智”、“勇”、“教”、“孝”、“惠”、“让”为“文”之种种发用，而“文”则是它们的根本与核心，也就是本体。不过这里所说的“文”并不是“文学”之“文”，而是结合宇宙论来讲的“人伦之道”，更接近于“经”的涵义。东汉末年，秦宓提出“《河》、《洛》由文兴，六经由文起”(《三国志·蜀书八·秦宓传》[②])，“文”、“经”并举，而文学之“文”已有相当自觉。现在刘勰更把“文”放置在“道—经—文”的关系格局中加以考量和定位，真正确立了文学之“文”的本体论意义和价值。《文心雕龙》开篇第一句话就从宇宙论的高度指出“文之为德也大矣，与天地并生者”，接着又从心性论的角度提出：

> (人)为五行之秀，实天地之心，心生而言立，言立而文明，自然之道也。(《原道第一》[③])

这样，“文心”既是“人心”，也是“天地之心”：

> 人文之元，肇自太极，幽赞神明，《易》象惟先。庖牺画其始，仲尼翼其终。而《乾》、《坤》两位，独制《文言》。言之文也，天地之心哉！[④]

---

① 徐元诰:《国语集释》，中华书局，2002年，第88—89页。

② 陈寿:《三国志》，上海古籍出版社，2002年，第900页。

③ 周振甫:《文心雕龙注释》，人民文学出版社，1981年，第1页。

因此"文"、"道"同位，所谓"道沿圣以垂文，圣因文而明道"[①]。在这个意义上讲，"文"和"经"实为一体，"经"乃"文"之本，"文"乃"经"之用，即如他在《序志》篇中所说："唯文章之用，实经典枝条，五礼资之以成，六典因之致用，君臣所以炳焕，军国所以昭明，详其本源，莫非经典"[②]。在《宗经》篇中，他进一步提出：

> 三极彝训，其书言经。经也者，恒久之至道，不刊之鸿教也。故象天地，效鬼神，参物序，制人纪，洞性灵之奥区，极文章之骨髓者也。[③]

据此，"经"与其说是"文"之典范，不如说是典范之"文"；这样一来，"文"就涵括了"经"，而"经"则成了"文"的下属概念。在《史传》一章中，他特别提到"轩辕之世，史有苍颉，主文之职，其来久矣"(《文心雕龙·史传第十六》[④])，将"史"也纳入了"文心"。经过刘勰的努力，"文"在"文史之争"中打了一场扬眉吐气的自卫反击战。

宋明时期道学(理学与心学)大张，"文"学和"史"学都受到压制，其中"文"所受遏迫尤甚。《资治通鉴卷一百二十三·宋纪五·文帝元嘉十五年》载宋文帝父子(刘义隆、刘骏)设"玄学"、"史学"、"文学"、"儒学"等"四学"，司马光在此有一段评论，就很说明问题：

> 臣光曰：《易》曰："君子多识前言往行以蓄其德。"孔子曰："辞达而已矣。"然则史者儒之一端，文者儒之余事；至于老庄虚无，固非所以为教也。夫学者所以求道，天下无二道，安有四学哉！[⑤]

史家尚且持论如此，道学家的立场可想而知。如程颐列举"三学"，以为：

> 古之学者一，今之学者三，异端不与焉。一曰文章之学，二曰训诂之学，三曰儒者之学。欲趋道，舍儒者之学不可。(《二程

---

① 周振甫：《文心雕龙注释》，人民文学出版社，1981年，第2页。

② 同上书，第534页。

③ 同上书，第18页。

④ 同上书，第169页。

⑤ 司马光等：《资治通鉴》，中华书局，1956年，第3868—3869页。

遗书·伊川先生语四》[1])

在他看来,“作文”是“玩物丧志”,适以“害道”(《二程遗书·伊川先生语四》[2])。尽管当时也有人提出异议,例如洪迈就在《容斋随笔》中为“文”鸣不平说:

> “文章一小伎,于道未为尊。”虽杜子美有激而云,然要为失言,不可以训。文章岂小事哉!《易·贲》之彖言:“刚柔交错,天文也;文明以止,人文也。观乎天文,以察时变;观乎人文,以化成天下。”孔子称帝尧焕乎有文章。子贡曰:“夫子之文章,可得而闻。”《诗》美卫武公,亦云有文章。尧、舜、禹、汤、文、武、成、康之圣贤,桀、纣、幽、厉之昏乱,非《诗》、《书》以文章载之,何以传?伏羲画八卦,文王重之,非孔子以文章翼之,何以传?孔子至言要道,托《孝经》、《论语》之文而传。曾子、子思、孟子传圣人心学,使无《中庸》及七篇之书,后人何所窥门户?老、庄绝灭礼学,忘言去为,而五千言与《内》、《外篇》极其文藻。释氏之为禅者,谓语言为累,不知大乘诸经可废乎?然则诋为小伎,其理谬矣!彼后世为词章者,逐其末而忘其本,玩其华而落其实,流宕自远,非文章过也。[3]

这段话基本上重申了刘勰在《文心雕龙·序志》篇中提出的观点。但此时大势所趋,唯“道”是尊,洪迈的观点只是一种非主流话语或曰“意识形态方言”罢了。

物极必反。清代朴学大盛,“道”消“史”长,“文”的地位也相应发生改观。例如诗人袁枚公然宣称“六经者,亦圣人之文章耳”(《小仓山房文集卷十八·答惠定宇书》),认为著作与考据“一主创,一主因;一凭虚而灵,一核实而滞;一耻言蹈袭,一专事依傍;一类劳心,一类劳力:二者相较,著作胜矣”(《小仓山房文集卷三十九·散书后

---

① 司马光等:《资治通鉴》,中华书局,1956年,第235页。

② 同上书,第290页。

③ 洪迈:《容斋随笔》卷第十六“文章小伎”条,上海古籍出版社,1996年,第203页。

记》[1])。稍晚,桐城派古文大师姚鼐亦指出:

> 余尝论学问之事有三端焉:曰义理也,考证也,文章也。是三者苟善用之,则皆足以相济;苟不善用之,则或至于相害。今夫博学强识而善言德行者,固文之贵也;寡闻而浅识者,固文之陋也。然而世有言义理之过者,其辞芜杂俚近如语录而不文;为考证之过者,至繁碎缴绕而语不可了。当以为文之至美而反以为病者何哉?其故由于自喜之太过,而智昧于所当择也。(《惜抱轩文集卷四·述庵文钞序》[2])

他的同情显然更偏向于"文"一方。章学诚同样把学术分为"三门",认为"考订、辞章、义理虽曰三门,而大要有二:学与文也",二者相辅相成,所谓"文非学不立,学非文不行"(《文史通义卷九·外篇三·答沈枫墀论学》[3])。从各种迹象来看,"文"在清代逐渐恢复了名誉,地位也有所抬升,这在一定程度上为后来文学势力的张扬(例如五四时期的"文学革命")打下了基础。

19世纪末西学东渐之后,"文"一方获得了更多、更强大的思想武器,本土的"文史之争"随之呈现出另一番风貌。王国维援引康德美学中的"自身合目的性"理论,对中国传统的"经世致用"观念痛下针砭:

> 披我国之哲学史,凡哲学家,无不欲兼为政治家者,斯可异已!……岂独哲学家而已,诗人亦然。"自谓颇腾达,立登要路津,致君尧舜上,再使风俗淳",非杜子美之抱负乎?"胡不上书自荐达,坐令四海如虞唐",非韩退之之忠告乎?"寂寞已甘千古笑,驰驱犹望两河平",非陆务观之悲愤乎?如此者,世谓之大诗人矣。至诗人之无此抱负者,与夫小说、戏曲、图画、音乐诸家,皆以侏儒、倡优蓄之。所谓"诗外尚有事在","一命为文人,便无足观",我国人之金科玉律也。呜呼!美术之无独立之价值也久

---

① 袁枚:《随园全集》,民国十七年扫叶山房石印本。

② 姚鼐:《惜抱轩文集》,清嘉庆六年江宁刘文奎家刻。

③ 《续修四库全书》史部第448册,第325页。

矣!①

这里虽然说到"哲学",但王国维强调它是"无与于当世之用者",所以和前人所谓的"道"、"义理"是完全不同的概念。至于"美术",即文学艺术,更是具有独立的价值,同"经"、"史"自然也就摆脱了干系。中国本土"文史之争"一向关注"文"是否能够、在多大程度上能够经世致用(而西方"诗史之争"的焦点在于"诗"是否记述了真实②),但是现在情形开始发生了逆转。

刘勰说"文与天地并生",但这里所说的"文"更多是"人文"之"文"而非文学之"文",实际上他仍然承认"经"乃"群言之祖"(《文心雕龙·宗经第三·赞》③);章学诚认为"六经皆史"而"文"自"史"出,同样把"文"排在了时间序列(同时也是价值序列)的后进位置。随着西学东渐,这个谱系受到了质疑。在众多质疑者中,钱钟书是具有代表性的一位。他在《谈艺录》中根据西方艺术理论指出:"脱诗即是史,则本末有诗,质所何本。若诗并非史,则离合虽史,自具本质";"史云乎哉,直诗而已","诗"必在"史"先;因此与其说"古诗即史",不如说"古史即诗"(《谈艺录·四·附说七》④)。就这样,"文"进一步独立出来了。

"诗"(文学)自有其"本质"、应当具有独立的存在,这是钱钟书一以贯之的想法。三十年后,他在《管锥编》中再次对"以诗证史"的研究方法提出批评,认为:

> 诗必取足于己,空诸依傍而词意相宣,庶几斐然成章;苟参之作者自陈,考之他人载笔,尚确有本事而寓微旨,则匹似名锦添花,宝器盛食,弥增佳致而滋美味。芜词庸响,语意不贯,而藉

---

① 王国维:《论哲学家与美术家之天职》,载《静庵文集》,辽宁教育出版社,1997年,第120页。

② 在西方"诗史之争"的背后,还隐藏着一场更大的争执——"秘索思"(Mythos)与"逻各斯"(Logos)之争。限于篇幅,这里不能展开来论述,有兴趣的读者可参看陈中梅:《"投竿也未迟"——论秘索思》(载《外国文学评论》1998年第2期),在此只需了解如下一点就可以了:"诗史之争"是"秘索思——逻各斯之争"的一个缩影,"诗"和"史"的黜陟与"秘索思"和"逻各斯"的消长有着密切的关系。

③ 周振甫:《文心雕龙注释》,人民文学出版社,1981年,第19页。

④ 钱钟书:《谈艺录》,中华书局,1984年,第38页。

> 口寄托遥深、关系重大,名之诗史,尊以诗教,毋乃类国家不克自立而依借外力以存济者乎?尽舍诗中所言而别求诗外之物,不屑眉睫之间而上穷碧落、下及黄泉,以冀弋获,此可以考史,可以说教,然而非谈艺之当务也。其在考史、说教,则如有指而见月也,方且笑谈艺之拘执本文,如指测以为尽海也,而不自知类西谚嘲犬之逐影而亡骨也。(《管锥编·毛诗正义·狡童》[①])

这段话可以说是整部《管锥编》的点睛之笔与玲珑文心。按《管锥编》成书之年代,正值革命的"宏大叙述"(grand narrative)统领、扫荡一切之时,稍有异议他说辄上纲上线,本己的、独立的文学创作与研究略无立足之地,甚至沦为政治的婢女和打手。钱氏的议论无疑是有感而发,其批判非唯针对"以诗证史"的研究路数(代表作品如陈寅恪的《元白诗笺证稿》),亦指向革命领袖所提倡的"诗言志"传统(代表作品如郭沫若的《李白与杜甫》),实际上提出了文学自律和审美救赎的问题,在某种意义上可以视为他本人与同时代中国知识分子的文化批判理论[②],后来者不得因其貌似俄国形式主义批评、美国新批评而轻轻看过了。

---

① 钱钟书:《管锥编》,中华书局,1979 年,第 110 页。

② 参见道格拉斯·凯厄纳(Douglas Kellner)对法兰克福学派"批判理论"(Critical Theory)所下的定义:"至少某些版本的批判理论是由于关注与政治相关的理论和被压迫者、被统治者的解放而发展起来的。因此批判理论整个贯穿着对统治的批判,是一种关于解放的理论"(*Critical Theory, Marxism and Modernity*. Oxford: Polity Press, 1989, p. 1)。

# 第十三章

# 父仇焉报?

二幕二场将终之时,哈姆雷特为自己一再延迟复仇行动而沉痛自责(II, ii, 573—596):

Yet I,
A dull and muddy-mettled rascal, peak
Like John-a-dreams, unpregnant of my cause,
And can say nothing! No, not for a king,
Upon whose property and most dear life
A damned defeat was made. Am I a coward?
Who calls me villain? breaks my pate across?
Plucks off my beard and blows it in my face?
Tweaks me by the nose? gives me the lie i'the throat
As deep as to the lungs? Who does me this, ha?
'Swounds, I should take it! for it cannot be
But I am pigeon-livered and lack gall
To make oppression bitter, or ere this
I should have fatted all the region kites
With this slave's offa Bloody bawdy villain!
Remorseless, treacherous, lecherous, kindless villain!
O, vengeance!

Why, what an ass am I! This is most brave,
That I, the son of a dear father murdered,
Prompted to my revenge by heaven and hell,
Must (like a whore) unpack my heart with words
And fall a-cursing like a very drab,
A scullion!
Fie upon't! foh!

**参考译文：**

而我，
一个软弱迟钝的家伙，就像在梦里一样，
对自己的大事全无想法：
一位国王被杀害、他的王国被篡夺，我也一声不吭！
我难道不是一个懦夫吗？谁骂我是小人，打破我的头，
拔掉我的胡子，然后吹在我的脸上？
谁拧着我的鼻子，公然撒谎让我乖乖地吞下？
我是该受这样的羞辱！
我是一个懦夫，没有胆量起来反抗，
否则我早拿这奴才的肠肚喂饱天上的兀鹰了。
卑鄙无耻的小人！
怙恶不悛、奸诈荒淫、灭绝人性的小人！
报仇啊！
我真是一头蠢驴！实在太棒了：
我亲爱的父亲被人杀害，天地鬼神都催促我为他报仇，
而我偏偏用诅咒发泄仇恨，
像娼妓一样，骂骂咧咧地躺倒，
贱人！
啊呸，呸！

在这里，哈姆雷特的"延宕"(procrastination)——据说这就是他的"hamartia"——得到了充分显露：就在他这样自怨自艾的时候，复仇再一次被延宕了。这一次他的理由是：自己见到的鬼魂也许是魔鬼变幻的假象，而魔鬼常常利用人的软弱和忧郁(这在17世纪与"疯

狂”是同义词[①])把人引入万劫不复的深渊，因此鬼魂的一面之辞不足为凭，复仇还需要有更加确凿的证据(id, 606—612)。

黑格尔说过，智慧女神的猫头鹰等到黄昏才展翅飞翔。他的意思是指思维(概念)总是晚于现实(历史)出现(“哲学总是来得太迟”[②])。就像追着自己尾巴转圈的小狗一样，思维总是徒劳地追捕着现实；这个现实也可以是先前出现的思想(在黑格尔看来，思想最终必然外化为现实，因此现实必然曾经作为思想而存在)，而后者又反思着更早的思想，这样存在就成了单纯的认识过程，思想者将陷入无休无止的的思想反刍而永远无法走出自身。哈姆雷特的“延宕”即属于这种情况：他反复思索复仇的合法性问题，而复仇行为本身则被无限期地搁置了[③]。

哈姆雷特不仅是老哈姆雷特的独生子，同时也是丹麦王国的法定储君，因此他的复仇具有双重意义：既是为父亲复仇，也是为国家复仇。现在需要思考的是：这种特殊的复仇需要理由吗？如果答案是肯定的，那么它需要何种理由？为什么需要理由？换句话说，是什么保证了这个理由的合法性？这个合法性从何而来？它本身是合乎理性的吗？

我们不妨把这个问题导入中国传统文化语境，看看中国古人是怎样对待复仇问题的。

中国传统文化的主流是儒家思想，儒家对复仇问题也关注最多。儒家经典《礼记》中曾经两次提到复仇问题，一次出现于《曲礼上》：

> 父之仇弗与共戴天，兄弟之仇不反兵，交游之仇不同国。[④]

另一次出现于《檀弓上》：

---

① C. f. Robert Burton. *Anatomy of Melancholy*. London: J. M. Dent & Sons Ltd., 1932, p. 120.

② 黑格尔：《法哲学原理》序言，范扬、张企泰译，商务印书馆，1995年，第13—14页。

③ 后来他被解往英格兰，途中看到挪威王子Fortinbras兴兵征伐波兰，深有触动，再次谴责自己优柔寡断，痛下决心报仇(IV, iv, 34—68)。然而说归说，复仇行动又一次被延宕了。

④ 《十三经注疏·礼记正义》，北京大学出版社，1999年，第84页。

子夏问于孔子曰："居父母之仇如之何？"夫子曰："寝苫枕干，不仕，弗与共天下也。遇诸市朝，不反兵而斗。"曰："请问居昆弟之仇如之何？"曰："仕弗与共国，衔君命而使，虽遇之不斗。"曰："请问居从父昆弟之仇如之何？"曰："不为魁，主人能，则执兵而陪其后。"[1]

在儒家看来，父母之仇是最大的仇（"弗与共戴天"、"弗与共天下"），必报不可，为此人子可以放弃社会生活（"不仕"）、反抗一切礼法秩序（"遇诸市朝，不反兵而斗"）。换言之，他在这种情况下是一名执行绝对命令的自由人[2]。

儒家认为"人之行莫大于孝，孝莫大于严父"（《孝经·圣治章第九》[3]）；为父报仇可以说是一种特殊的孝行，因而是合乎道义的。如西汉大儒董仲舒称引《公羊传》，认为为父报仇是人子的义务，否则就不成其为人子：

春秋之义：臣不讨贼，非臣也；子不复仇，非子也。（《春秋繁露·王道第六》[4]）

为什么这样说呢？东汉时成书的《白虎通》给出了答案：

子得为父报仇者，臣子之于君父，其义一也。忠臣孝子所以不能已，以恩义不可夺也。（《白虎通·诛伐》[5]）

---

① 《十三经注疏·礼记正义》，北京大学出版社，1999年，第213页。

② 顺便说一句，这种复仇观在《哈》剧中也有体现。例如 Laertes 听到父亲的死讯后马上兴师问罪，闯入宫门，面对 Claudius 放言说："忠君的誓言，见鬼去吧！良心和上帝的律令，下地狱去吧！我不怕什么万劫不复，今生和来世我都不管了！该怎样就怎样吧，只要我能为父亲报仇雪恨！"（IV, vi, 143—147: "To hell, allegiance! vows, to the blackest devil! /Conscience and grace, to the profoundest pit! /I dare damnation. To this point I stand, /That both the world, I give to negligence, /Let come what comes; only I'll be reveng'd/Most throughly for my father."后来 Claudius 巧施怀柔，怂恿 Laertes 和哈姆雷特比剑，并且建议他剑上淬毒以确保杀死仇人，理由也是"复仇可以无所不用其极"（IV, vii, 143: "Revenge should have no bounds"）。

③ 《十三经注疏·孝经注疏》，北京大学出版社，1999年，第28页。

④ 苏舆：《春秋繁露义证》，中华书局，1992年，第117页。标点有所修改。

⑤ 陈立：《白虎通疏证》，中华书局，1994年，第219页。

原来,父子之间有"恩义"在。这里所说的"恩义"其实是一种自发的、本能的情感,古人所谓"父子有亲"(《孟子·滕文公上》[①])、"父子之道,天性也"(《孝经·圣治章第九》[②])。因此,为父报仇不仅是一种外在规定的义务,更是一种发自本心的感情冲动。东晋无名氏有一首诗描写儿子渴望为父亲报仇,就很有代表性:

> 刀鸣鞘中,倚床无施。父冤不报,欲活何为?(《独漉篇》[③])

在时人看来,身为人子而不能为父亲报仇,那么自身的存在也就失去了意义。

至于君主为自己的国家复仇,这在古人眼中也是天经地义的事。《春秋·庄公四年》记"纪侯大去其国",公羊氏传之曰:

> 大去者何?灭也。孰灭之?齐灭之。曷为不言齐灭之?为襄公(指齐襄公)讳也。《春秋》为贤者讳,何贤乎襄公?复仇也。何仇尔?远祖也。哀公亨(同"烹")乎周,纪侯谮之,以襄公之为于此焉者,事祖祢之心尽矣。……远祖者,几世乎?九世矣。九世犹可以复仇乎?虽百世可也。[④]

按《公羊传·定公四年》以"复仇不除害"为"古之道"(疏曰"取仇身而已,不得兼仇子"[⑤]),是则复仇仅限于直接当事人;仇人的子女尚不在灭除之列,但此处却又说九世犹可复仇,这岂不是自相矛盾?对此《公羊传》的作者另有一番解释:

> 九世犹可以复仇乎?虽百世可也。家亦可乎?曰:不可。国何以可?国君一体也:先君之耻,犹今君之耻也;今君之耻,犹先君之耻也。国君何以为一体?国君以国为体,诸侯世,故国君为一体也。(《庄公四年》[⑥])

---

① 焦循:《孟子正义》,中华书局,1987年,第386页。
② 《十三经注疏·孝经注疏》,北京大学出版社,1999年,第34页。
③ 沈德潜:《古诗源》,中华书局,1963年,第216页。
④ 《十三经注疏·春秋公羊传注疏》,北京大学出版社,1999年,第122页。
⑤ 同上书,第562页。
⑥ 同上书,第123页。

这就是说国家和君主一体，继承国家同时也意味着继承“先君”的人格，包括他的意志；只要国家存在，君主的人格也就存在，因此“耻”（也就是仇）是不会消除的。按照这个说法，复仇和财产之间似乎存在着某种必然联系。我们不妨认为复仇是一种广义的经济行为：继承的财产越多，复仇的责任也就越重；国家是最大的财产，因此为国复仇乃是最高的、绝对的义务。朱熹所谓“有天下者，承万世无疆之统，则亦有万世必报之仇”（《戊午说议序》①），就再好没有地说明了这一点。

让我们回到哈姆雷特。对哈姆雷特来说，为父亲复仇也就是为国家复仇，二者是等价的。例如他说自己的父亲“遭到无情的毁灭”，这同时包括他的“产业”和他的“宝贵生命”（II, ii, 576—578：“a king, /Upon whose property and most dear life/A damned defeat was made.”）。再如他把父亲的一枚印玺藏在身边，在危急关头用它伪造国王的密信，将奉命护送（实为押解）他到英国受死的两名旧友送上了不归路，从而挫败了 Claudius 的阴谋，部分完成了自己的复仇任务；后来他经过一番波折回到丹麦，向挚友 Horatio 讲述起这段惊险的经历，并为自己的无情之举辩解说（V, ii, 70—75）：

> Does it not, thinks't thee, stand me now upon—
> He that hath killed my king, and whored my mother;
> Popped in between the election and my hopes;
> Thrown out his angle for my proper life,
> And with such coz'nage—is't not perfect conscience
> To quit him with this arm?
> 参考译文：
> 你难道不认为这是我应当做的吗？
> 他杀害了我的父王，奸淫了我的母亲，僭夺了我的王位，
> 并且设计谋害我的性命，
> 这样来回报他，难道不是最有良心的做法吗？

从上面这段话可以看出，在哈姆雷特的心目中，复仇不仅是为父亲复

① 《朱熹集》卷七十五，郭齐、尹波整理，四川教育出版社，1996年，第3930页。

仇,也是为国家复仇,二者同是理所当然的、不容置否的正义行为。

然而复仇本质上是一种以暴易暴的行为,因此不可能全然符合正义。黑格尔曾经在他的法学著作中指出:

> 犯罪的扬弃首先是复仇,由于复仇就是报复,所以从内容上说它是正义的,但是从形式上说复仇是主观意志的行为,主观意志在每一次侵害中都可体现它的无限性,所以它是否合乎正义,一般说来,事属偶然,而且对他人来说,也不过是一种特殊意志。复仇由于它是特殊意志的肯定行为,所以是一种新的侵害。[①]

黑格尔认为复仇会导致冤冤相报的恶性循环,为了避免这种情况产生,有必要把复仇的权力交给作为普遍者(或者说“概念”)的第三方;后者“虽然是特殊的主观意志,可是它希求着普遍物本身”,即“要求从主观利益和主观形态下、以及从威力的偶然性下解放出来的正义”[②]。换言之,复仇只能是一种由国家(黑格尔称之为“地上之神”的暴力机构)代理执行的行为。

这种执行“普遍正义”的代理机构在中国很早就出现了,如《周礼》中“调人”一职即是。《周礼·地官司徒·调人》曰:“调人,掌司万民之难而谐和之。”[③]郑玄注曰:“难,相与为仇雠。谐犹调也。”“调人”类似今天所说的法官,亦即黑格尔所谓“法律的普遍意志”[④]的执行者,他的职责是调解、限制复仇,从而避免冤冤相报的恶性循环:

> 凡杀人有反杀者,使邦国交雠之。凡杀人而义者,不同国,令勿雠,雠之则死。(同上[⑤])

郑玄注曰:“反,复也”,“有反杀者,谓重杀也”;“义,宜也。谓父母、兄弟、师长尝辱焉而杀之者,如是为得其宜,虽所杀者人之父兄,不得雠也”[⑥]。前一条是在“量”的方面限制复仇,后一条则是在“质”的方面

---

① 黑格尔:《法哲学原理》第102节,范扬等译,商务印书馆,1961年,第107页。

② 同上书,第103节,第108页。

③ 《十三经注疏·周礼注疏》,北京大学出版社,1999年,第357页。

④ 黑格尔:《法哲学原理》第102节“补充”,第107页。

⑤⑥ 《十三经注疏·周礼注疏》,北京大学出版社,1999年,第360页。

限制复仇。《春秋公羊传·定公四年》中亦有类似表述:

> 父不受诛,子复仇可也。父受诛,子复仇,推刃之道也。[①]

"不受诛"的意思是"不当诛",而"推刃"就是冤冤相报的意思。再如《白虎通》中也指出:

> 父母以义见杀,子不复仇者,为往来不止也。(《白虎通卷五·诛伐》[②])

"以义见杀"即"受诛"之意,"往来不止"则是"推刃"之意。是否复仇取决于"义",而"义"取决于当时的道德;道德体现为国法,于是复仇必须由国家法律来限制、代理。后者并不构成复仇的"自然正当"(natural right,或译"自然权利"),但为复仇提供了近似正当的理由(justification)罢了。

复仇关乎人情国法,但人情和国法并不总是一致的:国法源于人情,可是人情一旦外化为国法后,就必须按照国法行事了。东汉末年,荀悦曾在《申鉴》一书中谈到限制复仇的问题:

> 或问:复仇,古义也,纵复仇可乎?
>
> 曰:不可。
>
> 曰:然则如之何?
>
> 曰:有纵有禁,有生有杀,制之以义,断之以法,是谓义法并立。
>
> 曰:何谓也?曰:依古复仇之科,使父仇避诸异州千里;兄弟之仇,避诸异郡五百里;从父、从兄弟之仇,避诸异县百里。弗避而报者无罪;避而报之,杀犯王禁者,罪也。复仇者,义也;以义报罪,从王制,顺也;犯制,逆也。以逆顺生杀之。(《申鉴·时事第二》)

荀悦主张"义法并立"自是体现了法制的进步[③],但他同时认为"弗避

---

① 《十三经注疏·周礼注疏》,北京大学出版社,1999年,第562页。

② 陈立:《白虎通疏证》,中华书局,1994年,第221页。

③ 如《三国志·魏书二·文帝纪第二》载文帝黄初四年春正月诏曰:"丧乱以来,兵革未戢,天下之人,互相残杀。今海内初定,敢有私复仇者皆族之。"(陈寿:《三国志》,上海古籍出版社,2002年,第70页)更以国家意志即法律的形式禁止了一切私人复仇行为。

而报者无罪”,还是为私人复仇留下了一定空间。在这里,“情”和“法”的内在紧张并没有完全消除,二者一旦发生冲突,“情”胜出的可能性还会更大一些。这一点在同时代人傅玄的叙事诗《秦女休行》中可以看得很清楚:

> 庞氏有烈妇,义声驰雍凉。父母家有重怨,仇人暴且强。虽有男兄弟,志弱不能当。烈女念此痛,丹心为寸伤。外若无意者,内潜思无方。白日入都市,怨家如平常。匿剑藏白刃,一奋寻身僵。身首为之异处,伏尸列肆旁。肉与土合成泥,洒血溅飞梁。猛气上干云霓,仇党失守为披攘。一市称烈义,观者收泪并慨慷。百男何当益,不如一女良。烈女直造县门,云父不幸遭祸殃。今仇身以分裂,虽死情益扬。杀人当伏法,义不苟活隳旧章。县令解印绶,令我伤心不忍听;刑部垂头塞耳,令我吏举不能成。烈著希代之绩,义立无穷之名。夫家同受其祚,子子孙孙咸享其荣。今我弦歌吟咏高风,激扬壮发悲且清。(《乐府诗集卷六十一·杂曲歌辞一》[1])

“肉与土合成泥,洒血溅飞梁”,这是何等血腥的暴力场面!然而“一市称烈义,观者收泪并慨慷”、“县令解印绶,令我伤心不忍听;刑部垂头塞耳,令我吏举不能成”,复仇者受到社会上下的普遍同情,甚至认为“烈著希代之绩,义立无穷之名”,结果“夫家同受其祚,子子孙孙咸享其荣”,杀人者竟成了大众赞叹、政府褒奖的对象[2]。

---

① 郭茂倩:《乐府诗集》,上海古籍出版社,1998年,第679页。

② 此诗盖本诸皇甫谧《列女传》“酒泉烈女庞娥亲”故事(今本无,录自《三国志·魏书十八·二李臧文吕许典二庞阎传第十八》):酒泉烈女庞娥亲者,表氏庞子夏之妻,禄福赵君安之女也。君安为同县李寿所杀,娥亲有男弟三人,皆欲报仇,寿深以为备。会遭灾疫,三人皆死。寿闻大喜,请会宗族,共相庆贺,云:“赵氏强壮已尽,唯有女弱,何足复忧!”防备懈弛。娥亲子淯出行,闻寿此言,还以启娥亲。娥亲既素有报仇之心,及闻寿言,感激愈深,怆然陨涕曰:“李寿,汝莫喜也,终不活汝!戴履天地,为吾门户,吾三子之羞也。焉知娥亲不手刃杀汝,而自侥幸邪?”阴市名刀,挟长持短,昼夜哀酸,志在杀寿。寿为人凶豪,闻娥亲之言,更乘马带刀,乡人皆畏惮之。比邻有徐氏妇,忧娥亲不能制,恐逆见中害,每谏止之,曰:“李寿,男子也,凶恶有素,加今备卫在身。赵虽有猛烈之志,而强弱不敌。邂逅不制,则为重受祸於寿,绝灭门户,痛辱不轻也。原详举动,为门户之计。”娥亲曰:“父母之仇,不同天地共日月者也。李寿不死,娥亲视息世间,活复何求!今虽三弟早(转下页)

但是道德冲动并不能成为暴力的理由，否则暴力假道德之名以行，必然会导致天下大乱。深谋远虑的统治者都明白这个道理。例如唐玄宗时杨汪奏称张审素谋反，张氏因是坐斩，二子流放岭表，后逃归长安复仇，杀杨汪；据史书记载，当时“议者多言二子父死非罪，积年孝烈能复父仇，宜加矜宥”，但玄宗认为“杀人而赦之，此塗不可启也”，下敕曰：

> 国家设法，期于止杀。各伸为子之志，谁非徇孝之人！展转相仇，何有限极！咎繇作士，法在必行。曾参杀人，亦不可恕。宜付河南府杖杀。（《资治通鉴·唐纪二十九·玄宗开元十九年》及《资治通鉴·唐纪三十·玄宗开元二十三年》[①]）

玄宗不以“义”乱“法”，可谓深会治术之要。再如唐宪宗元和六年（公元 809 年），富平人梁悦为父抱仇，杀死仇人后向官府自首。宪宗敕令都省集议奏闻，韩愈以为：

---

（接上页）死，门户泯绝，而娥亲犹在，岂可假手於人哉！若以卿心况我，则李寿不可得杀；论我之心，寿必为我所杀明矣。”夜数磨砺所持刀讫，扼腕切齿，悲涕长叹，家人及邻里咸共笑之。娥亲谓左右曰：“卿等笑我，直以我女弱不能杀寿故也。要当以寿颈血污此刀刃，令汝辈见之。”遂弃家事，乘鹿车伺寿。至光和二年二月上旬，以白日清时，於都亭之前，与寿相遇，便下车扣寿马，叱之。寿惊愕，回马欲走。娥亲奋刀斫之，并伤其马。马惊，寿挤道边沟中。娥亲寻复就地斫之，探中树兰，折所持刀。寿被创未死，娥亲因前欲取寿所佩刀杀寿，寿护刀瞋目大呼，跳梁而起。娥亲乃挺身奋手，左抵其额，右桩其喉，反覆盘旋，应手而倒。遂拔其刀以截寿头，持诣都亭，归罪有司，徐步诣狱，辞颜不变。时禄福长汉阳尹嘉不忍论娥亲，即解印绶去官，弛法纵之。娥亲曰：“仇塞身死，妾之明分也。治狱制刑，君之常典也。何敢贪生以枉官法？”乡人闻之，倾城奔往，观者如堵焉，莫不为之悲喜慷慨嗟叹也。守尉不敢公纵，阴语使去，以便宜自匿。娥亲抗声大言曰：“枉法逃死，非妾本心。今仇人已雪，死则妾分，乞得归法以全国体。虽复万死，於娥亲毕足，不敢贪生为明廷负也。”尉故不听所执，娥亲复言曰：“匹妇虽微，犹知宪制。杀人之罪，法所不纵。今既犯之，义无可逃。乞就刑戮，陨身朝市，肃明王法，娥亲之原也。”辞气愈厉，面无惧色。尉知其难夺，强载还家。凉州刺史周洪、酒泉太守刘班等并共表上，称其烈义，刊石立碑，显其门闾。太常弘农张奂贵尚所履，以束帛二十端礼之。海内闻之者，莫不改容赞善，高大其义。（《三国志》，上海古籍出版社，2002 年，第 500—501 页。）

① 司马光等：《资治通鉴》，中华书局，1956 年，第 6796—6797、6811 页。

> 不许复仇,则伤孝子之心而乖先王之训;许复仇,则人将倚法专杀,无以禁止其端矣。故圣人丁宁其义于经,而深没其文于律,其意将使法吏一断于法,而经术之士得引经而议也。宜定其制曰:"凡复父仇者,事发,具申尚书省集议奏闻,酌其义而处之。"则经律无失其指矣。(《资治通鉴·唐纪五十四·宪宗元和六年》①)

韩愈建议"具申尚书省集议奏闻,酌其义而处之",其实是以"法"统"义",使复仇成为法律机构的代理行为。

"王制"(法律)神圣不可侵犯,因此复仇必须经过法律的中介代理、进入法律程序才能获得合法性。可是,如果法律机构不受理私人的复仇要求怎么办?清代学者赵翼曾就东汉时期的"轻生报仇"风气发表评论说:

> 夫父兄被害,自当诉于官,官不理而后私报可也。今不理于官,而辄自行仇杀,已属乱民。(《廿二史劄记卷五·东汉尚名节》②)

这段话的重点是反对民众"自行仇杀",但他同时也承认"官不理而后私报可也"。这就是说,在代理机构不作为("官不理")的情况下,个人可以自行复仇("私报可也"),这种私人复仇行为是合法的。然而,即便是法律受理个人的复仇请求,复仇进入法律程序而合法化,它就是"自然正当"的了吗?法律并不足以保证复仇的"自然正当"(natural right),正如法律不能规定人性一样。归根结底,国法是人情的外化产物,因此复仇的最终依据只能在人性当中去寻求。

前面说过,古人肯定"父子有亲"、"父子之道,天性也"。就"子"而言,这种天性体现为"孝"。《中庸》曰:"夫孝者,善继人之志也。"又说:"事死如事生,事亡如事存,孝之至也。"③这样"孝"即意味着对父亲——无论是生前还是死后——意志的服从。这一点也许可以从生

---

① 司马光等:《资治通鉴》,中华书局,1956年,第7685—7686页。

② 王树民:《廿二史劄记校正》,中华书局,1984年,第103页。

③ 朱熹:《四书章句集注》,中华书局,1983年,第27页。

物学(例如基因—遗传理论)中找到"科学的"根据,但问题并不因此而解决:如果复仇出于本能的生理—心理冲动,那么它还能算作理性行为吗?复仇离不开对以往经验的记忆、当下的隐忍、对未来结果的期待,其具体实施更需要审慎的筹划、冷静的判断、果敢的行动,因此复仇本身必然是一种理性行为;但是这种理性行为的根源未必是理性,而多半是一种非理性的生命冲动。

古人说"食色性也",即以"食色"为人生之"大欲":"食"是为了维持自身的生存,"色"的目的在于延续自身的生存(繁衍自身)。无论是维持自身还是繁衍自身,可以都说是"生生"本能的不同表现。"我要生!"这是生命的第一原则,也是最原始、最基本的生命意志。然而如果没有生命,生命意志也就无从谈起;那么人的生命从何而来?一名男子和一名女子性交,卵子受精,于是生命就出现了。可以说,人的生命开始于那颗幸运的受精卵;这颗受精卵意味着人类生命意志的实现,或者说是原始生命欲望的客体化①。换言之,生命并不是自由选择的结果,而是从一开始就打上了生命意志的暴力印记:汝生!这一生命意志——同时也是强力意志——是生命的真正"作者",每一具体生命都承受并施加着这一意志。因此,"汝生!"和"我要生!"在很大程度上其实是同一个意志;每个存在者都是其制造者的生命意志的体现和延续,或者说它们干脆是一体的。

在各种人际关系中,父子关系格外被认为具有这种一体性。在这一点上,可以说是"东海西海,心理攸同"。东海哲人如黄宗羲认为"父子一气,子分父之身而为身"(《明夷待访录·原臣》②);西海哲人如叔本华则说父爱比母爱恒久,因为"父亲在孩子的身上发现了他内在的自我"③。当代女性主义批评也认为女性具有怀孕—生育的特

---

① 王充:《论衡·物势篇》曰:"夫妇合气,非当时欲得生子,情欲动而合,合而生子矣"(黄晖:《论衡校释》,中华书局,1990年,第144页);《后汉书卷七十·郑孔荀列传第六十》记孔融与祢衡言曰:"父之于子,当有何亲?论其本意,实为情欲发耳"(《后汉书》,中华书局,1965年,第2278页)。盖古人已先言之矣。

② 《黄宗羲全集》第一卷,浙江古籍出版社,2005年,第5页。

③ 叔本华:《论女人》,范进、柯锦华译,载《叔本华论说文集》,商务印书馆,1999年,第489页。

殊经验,母与子血肉相联而具有存在意义上的换喻关系;相反,男性与其子女缺乏这种直接关联而体现为隐喻关系[①]。所谓"一气",所谓"他内在的自我",所谓"隐喻关系",其实都是指精神生命的一体性。

然而自相矛盾的是,父子间的这种一体性往往表现为弗洛伊德所谓"俄狄浦斯情结"的对立冲突关系。例如在乔伊斯(James Joyce)的《尤利西斯》中,渴望寻找精神父亲的青年学生斯蒂文(Stephen)不无愤激地说:"父性也许是法律的虚构。有哪个儿子的父亲是儿子爱他或他爱儿子的?""未出生的儿子破坏了美:出生后,他带来了痛苦,分去了爱,加剧了操劳。他是一个男人:他的成长是他父亲的衰亡,他的青春让他的父亲感到妒嫉,他的朋友是他父亲的敌人。"[②]这番话其实是儿子心理的投射:他看到的父亲的敌意无非是他对父亲所怀敌意的映像罢了。

让我们回到《哈姆雷特》的文本中来。老哈姆雷特去世的时候,哈姆雷特正在普鲁士的威滕堡(Wittenberg)学习。这一年他三十岁[③]。三十岁似乎已经不是求学的年龄了,而他这时候去威滕堡干什么呢?我们不妨大胆猜想:哈姆雷特之所以远走他乡,与其说是为了求学,不如说是一种自我放逐,目的是为了回避、忘记他那年老而大权在握的父亲的强势存在。在成年儿子的心目中,父亲被下意识地视为存在的缺席(在如不在,甚至是在不如不在)。但是父亲一死,情况就发生了变化:对立冲突的关系不复存在,父亲成为缺席的存在(不在如在);而通过记忆和想象,父和子在精神上更结成了一体。在这个时候,父亲真正成为了我的父亲:他的一切都是我的,包括他的生命意志。这样一来,复仇就是同一个生命意志的原始冲动及其自

① Dorothy Dinnerstein. *The Mermaid and the Minotaur* in Jonathan Culler: *On Deconstruction*. London: Routledge & Kegan Paul, 1985, p. 60.

② James Joyce. *Ulysses*. London: The Bodley Head Ltd., 1937, p. 196.

③ 后来墓地一场中,挖墓人说自己从哈姆雷特出世那天起干这一行,干了 30 年(V,i, 138—139: "I came to't that day that our/last king Hamlet overcame Fortinbras"; 143: "It was the/very day that young Hamlet was born"; 155—156: "I have been sexton here, man and boy/thirty years."),由此可以判断哈姆雷特已经三十岁了。

我完成，或者说是某种基于非理性的生命本能、在非理性驱使下展开的理性实践。

哈姆雷特看到伶人借助“激情的梦想”(a dream of passion)而逼真地再现了古人的悲欢离合，不由得感慨系之(II, ii, 565—568)：

What's Hecuba to him, or he to Hecuba,
That he should weep for her? What would he do,
Had he the motive and the cue for passion
That I have?

参考译文：

赫卡柏是他什么人？他又是赫卡柏什么人，
居然为她伤心流泪？
如果他有和我一样动情的理由，
他又会怎样做呢？

人生宛若一场戏剧，其中情感戴着“理性”的假面粉墨登场，煞有介事、兴致勃勃地假戏真做而忘乎所以。然而，隐藏在各色冠冕堂皇的“理性”假面下的，无非是些“情感的梦想”罢了。哈姆雷特在流放途中看到挪威王子 Fortinbras 率军攻打波兰，心下自忖(IV, iv, 48—58)：

Examples gross as earth exhort me.
Witness this army of such mass and charge,
Led by a delicate and tender prince,
Whose spirit, with divine ambition puffed,
Makes mouths at the invisible event,
Exposing what is mortal and unsure
To all that fortune, death, and danger dare,
Even for an eggshel Rightly to be great
Is not to stir without great argument,
But greatly to find quarrel in a straw
When honour's at the stake.

参考译文：

巨大的榜样在激励着我：
瞧这支庞大的军队，
在一名娇弱的王子的带领下，
野心膨胀、意气昂扬而蔑视不可预见的结果，
仅仅为了一块弹丸之地，
就不顾性命，与命运、死亡和险境为敌。
真正的伟大不是任意寻衅，而是在荣誉受到侵犯时
为了芥豆之微的事情大动干戈。

哈姆雷特因此鞭策自己不要优柔寡断，立刻采取行动复仇(id, 67—68: "O, from this time forth, /My thoughts be bloody, or be nothing worth!")。然而，"巨大的榜样"、"真正的伟大"云云显然言不由衷，他接下来说这两万人为了"虚幻的、哄人的荣誉"而"和上床一样走向坟墓"(id, 62—64: "twenty thousand men/That for a fantasy and trick of fame/Go to their graves like beds")即暴露了他内心深处对于复仇的消极态度。复仇关系到当事人的"荣誉"，而"荣誉"不过是"神圣野心"(divine ambition)膨胀的产物；这样，复仇似乎只是一种经过"理性"美化的欲望，用叔本华的话说便是："哪里有傲慢和虚荣，哪里便有复仇的欲望"[①]。也许，作为一名哲人，哈姆雷特洞透了"理性"的虚幻荒诞，于是意兴萧然、万念俱灰而选择了延宕？

黑格尔认为理性反思乃是"从无到无"的单纯否定[②]。如果是这样，理性除了发觉自身的虚幻与造作之外，还能做什么呢？但是生命，具体的、作为现象存在的真实生命，实在又离不开"情感的梦想"，否则就会陷入尼采所说的"颓废"状态[③]，用哈姆雷特本人的话说

① 叔本华：《心理的考察》，秦典华译，载《叔本华论说文集》，第296页。

② 参见黑格尔：《逻辑学》，杨一之译，商务印书馆，下卷第14—15、181页。

③ 尼采把"颓废"界定为"用理性对抗本能"，认为"坚决主张理性就是埋葬生命的危险的暴力"(尼采：《权力意志——重估一切价值》，张念东、凌素心译，商务印书馆，1991年，第51页)。

便是：

Thus conscience does make cowards of us all,
And thus the native hue of resolution
Is sicklied o'er with the pale cast of thought,
And enterprises of great pith and moment
With this regard their currents turn awry
And lose the name of action.

参考译文：

这样，思虑就把我们都变成了懦夫，
决断的血性
由于阴郁的思考而带上了病容，
伟大的事业因此偏离正轨
而失去了行动的本义。

第十四章

# 生与死:“To be or not be”一解

生命在其本能中既有肯定,也有否定。
生命了解肯定与否定是不可分的。
——尼采①

## 一

三幕一场自第64行以下,是《哈》剧中最为脍炙人口的一段独白:

To be, or not to be—that is the question:
Whether 'tis nobler in the mind to suffer
The slings and arrows of outrageous fortune
Or to take arms against a sea of troubles,
And by opposing end them. To die-to sleep-
No more; and by a sleep to say we end
The heartache, and the thousand natural shocks
That flesh is heir to. 'Tis a consummation
Devoutly to be wished. To die-to sleep.

① 尼采:《权力意志——重估一切价值》,张念东、凌素心译,商务印书馆,1991年,第559页。

To sleep-perchance to dream：ay，there's the rub!
For in that sleep of death what dreams may come
When we have shuffled off this mortal coil，
Must give us pause. There's the respect
That makes calamity of so long life.

参考译文：
生还是死？问题就在这里。
隐忍暴虐命运的摧残，或者
直面无量的苦难并消灭它们，
哪一种做法更加高贵？
死了，睡着了，什么都没有了；
于是说我们了结了烦恼
和生命必须遭受的千万种折磨。
这是人们一心向往的结局。死了，睡着了。
睡——也许会做梦吧？哎，麻烦就在这里：
当我们摆脱了尘世的烦恼之后，
在长眠不醒中会做什么样的梦呢？
这肯定会让我们踌躇止步。
正是这种顾虑使人生成为漫长的苦难。
……

独白的第一句，"To be，or not to be—that is the question"，总领下面长达32行的长篇独白，同时也是全剧的题眼和总纲，是本剧甚至是所有莎剧中最重要的一句台词。它的中文译文不下十种，例如朱生豪译为"生存还是毁灭，这是一个值得考虑的问题"，孙大雨译为"是生存还是消亡，问题的所在"，梁实秋译为"死后是存在，还是不存在——这是问题"，卞之琳译为"活下去还是不活：这是问题"，方平译为"活着好，还是死了好，这是个问题"等等。以上这几种翻译各尽其妙，但是严格说来都有不足之处。当然，这并不都是译者的责任，因为这句话事实上是不可译的。我们知道，汉语中缺乏冠词形式，更没有定冠词和不定冠词之分，因此在译"the question"时，上述译者或者忽略了定冠词"the"（梁译、卞译），或者译成了"a question"的意思

（朱译、方译），或者增字添意（朱译），或者改变原文的语法结构而欠通顺（孙译），但是都未能准确译出定冠词"the"所具有的特定和专指意义。

不过最大的问题还不在这里，而是出在对"to be"的处理上。在印欧语系语言中，诸如古希腊语、拉丁语、德语、法语，当然还有英语，"to be"同时具有"是"、"在"、"有"等多种意义。以英语为例，表示"是"者如：

This *is* a book.

表示"在"者如：

There *is* a book (on the desk *etc*.).

表示"有"（具有某种性质或效应）者如：

This book *is* interesting (dog-eared *etc*.).

事实上，"to be"是西方形而上学的出发点，古希腊哲学中的本体论范畴"being"（古希腊语"*to on*"）就是从"to be"（古希腊语："*eimi*"）发展来的①。笛卡尔有一句名言："我思故我在"（或可译"我思即我在"），这句话的拉丁文、法文、英文分别是：

1. Cogito ergo sum.
2. Je pense donc je suis.
3. I think therefore I am.

其中"sum"、"suis"、"am"均为表示本体（"是"、"在"、"有"）的动词。

那么"to be, or not to be"这句话中的"to be"是什么意思呢？在这句话中，"to be"单独出现，后面没有跟任何表语或状语，因此它表示本体的存在，意谓"生"、"实有"、"恒存"，即对存在的肯定。与之相应，"not to be"意谓"死"、"断灭"、"虚无"，即对存在的否定，同时还暗含有主动放弃现世肉体生命——也就是自杀——的意思。在本段

---

① 参见王太庆：《我们怎样认识西方人的"是"?》，载《柏拉图对话集》，王太庆译，商务印书馆，2004年，第714页。

独白第 84—90 行，哈姆雷特即明言了这一点：

Who would these fardels bear,
To grunt and sweat under a weary life,
But that the dread of something after death-
The undiscovered country, from whose bourn
No traveller returns-puzzles the will,
And makes us rather bear those ills we have
Than fly to others that we know not of?

参考译文：

谁愿意负荷生命的重担，
在沉重的压迫下呻吟流汗，
如果不是因为害怕死后
那个人们一去不返的未知国度？
恐惧心理使意志惶惑动摇，
于是我们宁愿在世间受苦，
也不愿奔赴未知的忧患。

事实上他以前就动过自杀的念头：

O that this too too solid flesh would melt,
Thaw, and resolve itself into a dew!
Or that the Everlasting had not fixed
His canon 'gainst self-slaughter!
(I, ii, 135—138)

参考译文：

但愿这过于坚顽的身躯
融化、消释为露水一滴！
或者那永恒的上帝
不曾定下禁止自杀的法律！

现在得知父亲被害的真相后，他由冥想自杀转向了沉思存在：生是？死是？生死都是？都不是？由此可知，“To be, or not to be”首先是（尽管并不仅仅是）对生死这一根本问题的追问和沉思。

## 二

哈姆雷特的追问隐含了人类对于死亡的本能焦虑。这种焦虑不仅是一种认识的焦虑，更是一种存在的焦虑。出于这种焦虑，人类开始沉思生死问题；而正是在试图解答这个问题的过程中，出现了各种各样的生命哲学。

还是从古希腊说起。根据柏拉图的叙述，苏格拉底临死前告诉弟子：灵魂是存在的，生命不会断灭；从"生"中产生"死"，从"死"中产生"生"，"生"—"死"相互流转不已。"生"生"死"很好理解，为什么说"死"生"生"呢？苏格拉底用归谬法证明了这一点：

> 如果产生的过程不是从对立的一方到另一方，然后再返回来，兜着圈子转，而是永远以一直线向前，没有返回或转折，那么，你明白，到了最后一切事物都成了一样的，都达到同一状态，就根本停止产生了。
>
> 如果一切有生命的东西都会死，如果死者在死后始终处在那种状态中，岂不是到最后必然一切都是死的，没有一个是活的吗？因为如果活的不是从死的产生，而是从别的产生，而活的又必要死，怎能避免到头来一切事物都要同归于死呢？①

于是他认为人死后会变成灵魂——灵魂是不死的，只不过"好人的灵魂存在得好些，坏人的灵魂存在得差些"——然后因其业报重新转世，生成新的生命②。

照此说来，死对于"好人"来说并不可怕，相反倒是一件值得庆幸的事（c. f. III, i, 71－71："'Tis a consummation/Devoutly to be wished"）。苏格拉底正是这样认为的。在柏拉图的《申辩篇》中，他

---

① 柏拉图：《裴洞篇》72C-D，载《柏拉图对话集》，王太庆译，商务印书馆，2004年，第227—228页。

② 同上书，第228、276页以下。另参见柏拉图：《理想国》第10卷，郭斌和、张竹明译，商务印书馆，1986年，第418页以下。

对审判自己的人说：

> 如果我们用另一种方式考察，那就会看到很有理由希望死是一件好事。因为死的状态有两种可能：死可能是绝对虚无，死者全无知觉；死也可能像人们说的那样，是灵魂从这个地方迁移到另一个地方。如果死是毫无知觉，像一场没有梦的熟睡，那就是近于绝妙的境界了。……另一方面，如果死就是从这里移居别处，如果传说无误，所有的死者都在那里，那还有什么比这更好的呢，法官们？……同这些古人交谈和往来，对他们进行考察，将是无法估量的幸福。[①]

苏格拉底深信自己死后会和古代的英贤生活在一起，因为在他看来“一个好人无论在生时或死后都不会遇到不祥，神灵并不忽视他的幸福”[②]。毫无疑问，“神”和“灵魂”一道构成了他的生命哲学的基础：没有“灵魂”就不会有“生”；而没有“神”，“死”将是无所谓的事情，哲人在世之所为——按照“苏格拉底”的说法，“真正献身哲学的人所学的无非是赴死和死亡”[③]——就失去了意义。

在生死问题上，罗马人也把希腊人视为自己的导师，如西塞罗的《论老年》即是显例。一如苏格拉底，他相信人死后“或者感到很快乐，或者什么感觉也没有”[④]；同时，他表示自己愿意相信（尽管不像苏格拉底那样坚信不疑）灵魂的不朽和转世[⑤]：

> 我认为人的灵魂是不朽的，即便我的这一观点是错误的，我也愿意这样错下去，因为这一错误给予我如此多的快乐，我不愿在我有生之年失去它。但是，像有些蹩脚的哲学家所认为的那

---

① 《苏格拉底的申辩篇》40D-41C，《柏拉图对话集》，王太庆译，商务印书馆，2004年，第53—54页。

② 《苏格拉底的申辩篇》41D，同上书，第55页。

③ 柏拉图：《裴洞篇》64A，同上书，第216页。

④ 西塞罗：《论老年 论友谊 论责任》，徐奕春译，商务印书馆，1998年，第35页。

⑤ 他在别的著作中也表达了这种信仰，例如他在《国家篇》快结束的地方（第6卷第28节）谈到：“由于灵魂是唯一自动的力量，它就当然没有始点且是永生的。”（西塞罗：《国家篇 法律篇》，沈叔平、苏力译，商务印书馆，1999年，第136页。）

样,如果我死后就没有知觉了,那么,我也用不着担心死后哲学家们会嘲笑我的错误了。此外,假如我们不是永生的,那么,一个人在适当的时候死去也是件值得欣慰的事。因为"自然"为一切事物设定了极限,人的生命也不例外。[①]

照这个说法,死非但不足惧,甚至还是一件令人向往的事情。由此可以看出,在西塞罗的生命哲学中,"死"的问题就是"生"的问题,灵魂不朽和转世的宗教信仰只是一种可爱并且有利的辅助假设罢了。

在这一点上,西塞罗和苏格拉底所说的"哲人"貌合神离,倒是更像17世纪时荷兰哲学家斯宾诺莎所描述的"自由的人"。后者在《伦理学》第四部分命题67中提出:"自由的人绝少想到死;他的智慧,不是死的默念,而是生的沉思。"[②]这和柏拉图说的"真正献身哲学的人所学的无非是赴死和死亡"恰好形成鲜明的对照。斯宾诺莎是这样进行论证的:

自由人,亦即纯以理性的指导而生活的人,他不受畏死的恐惧情绪所支配,而直接地要求善,换言之,他要求根据寻求自己的利益的原则,去行动、生活,并保持自己的存在。所以他绝少想到死,而他的智慧乃是生的沉思。[③]

柏拉图认为不知"死"则不知"生",而斯宾诺莎却认为知"生"不必知"死"。不妨说,柏拉图(以及中世纪基督教神学)正面肯定了"死",而斯宾诺莎则正面肯定了"生"。

斯宾诺莎的《伦理学》写作于1662年至1675年,距离莎士比亚创作《哈姆雷特》大约六七十年光景。如果说"To be or not to be"这句话代表了时代转型中普遍存在的怀疑精神,那么斯宾诺莎则为时代立言,对这个"哈姆雷特问题"做出了肯定("to be")的答复。

---

① 西塞罗:《论老年 论友谊 论责任》,徐奕春译,商务印书馆,1998年,第40—41页。
② 斯宾诺莎:《伦理学》,贺麟译,商务印书馆,1983年,第222页。
③ 同上书,第222页。

## 三

生死是人类共通的基本经验。在这个意义上讲，哈姆雷特的问题也是全人类所共同面对的问题。如果我们把整个人类文明视为“杂多的一”，那么“To be, or not to be?”不仅是西方人的问题，也是包括中国人在内的全人类的问题；它不仅向西方人发问，也向东方人发问，后者的意见同样回应和解答着这个问题。

因此我们不妨追问：中国人如何看待生死？

我们先来看儒家的观点。《论语·先进第十一》载：

> 季路问事鬼神。子曰：“未能事人，焉能事鬼？”曰：“敢问死。”曰：“未知生，焉知死？”[①]

孔子虽然没有直接回答子路的问题，但他的意思已经很明显：“死”不必知，知“生”就可以了。不妨说，孔子肯定“生”而否定了“死”，或者至少是对“死”采取了悬而不论的态度。再如《孔子家语·观思第八》中记载子贡问人死后有知无知，孔子的回答是：

> 吾欲言死之有知，将恐孝子顺孙妨生以送死；吾欲言死之无知，将恐不孝之子弃其亲而不葬。赐欲知死者有知与无知，非今之急，后自知之。

这一问答未必实有其事，但是非常符合孔子“知之为知之，不知为不知”（《论语·为政第二》[②]）的精神。孔子没有直接面对死亡，而是采取了背死向生的态度。

在道家看来，死生一体，都是“道”或者“气”的显现。老子说“出生入死”（《老子》五十章[③]），意谓“生”的过程也是“死”的过程[④]。庄

---

① 杨伯峻：《论语译注》，中华书局，1980年，第113页。

② 同上书，第19页。

③ 陈鼓应：《老子今注今译》，商务印书馆，2003年，第256页。

④ 对此中西多有论述，详见钱钟书：《管锥编》第4册，中华书局，1979年，第1438—1439页。

子认为"方生方死，方死方生"(《庄子·齐物论第二》)、"生也死之徒，死也生之始，孰知其纪！"(《庄子·知北游第二十二》[①])，继承并发展了老子的观点。因此，虽然庄子说"善吾生者，乃所以善吾死也"(《庄子·大宗师第六》[②])，他的出发点和孔子完全是不一样的：如果说孔子采取了背死向生的立场，那么庄子就是等观死生为一体。他在《德充符第五》中借"无趾"和"老聃"之口说：

> 无趾语老聃曰："孔丘之于至人，其未邪？彼何宾宾以学子为？彼且蕲以諔诡幻怪之名闻，不知至人之以是为己桎梏邪？"老聃曰："胡不直使彼以死生为一条，以可不可为一贯者，解其桎梏，其可乎？"无趾曰："天刑之，安可解！"[③]

在《大宗师第六》中借"子祀"等人之口说：

> 子祀子舆子犁子来四人相与语曰："孰能以无为首，以生为脊，以死为尻，孰知死生存亡之一体者，吾与之友矣。"四人相视而笑，莫逆于心，遂相与为友。[④]

在《庚桑楚第二十三》中则曰：

> 古之人，其知有所至矣。恶乎至？有以为未始有物者，至矣，尽矣，费可以加矣。其次以为有物矣，将以生为丧也，以死为反也，是以分已。其次曰始无有，既而有生，生俄而死；以无有为首，以生为体，以死为尻；孰知有无死生之一守者，吾与之为友。[⑤]

他甚至借"长吾子"之口反问世人：

> 予恶乎知说生之非惑邪！予恶乎知恶死之非弱丧而不知归者邪！(《齐物论第二》[⑥])

---

① 郭庆藩：《庄子集释》，中华书局，1961年，第733页。
② 同上书，第242页。
③ 同上书，第205页。
④ 同上书，第258页。
⑤ 同上书，第802页。
⑥ 同上书，第103页。

庄子视“生”如丧(流亡)而以“死”为反、归(回家),可以说采取了一种向死而生的生存态度;这和孔子的立场正好相反,而近乎苏格拉底的立场(他所说的“回忆”,其实也就是灵魂回家——返回真实世界家乡的过程)。

尽管如此,汉代以前的道家哲人(包括儒家)都没有“彼岸世界”、“灵魂转世”的观念。一方面,“死而后已”(《论语·泰伯第八》[①])、“息我以死”(《庄子·大宗师第六》[②])的说法表明,个体生命是一次性的、单向度的直线运动过程;另一方面,“生也死之徒,死也生之始”的说法似乎表明生命本身是一种循环往复的“轮回”过程,但这个“轮回”显然也不是“灵魂”的轮回,而是“气”的聚散,即如庄子所说:

> 生也死之徒,死也生之始,孰知其纪!人之生,气之聚也;聚则为生,散则为死。(《庄子·知北游第二十二》[③])

后来《淮南子》的作者也借“埏埴”之喻指出:

> 吾生之比于有形之类,犹吾死之沦于无形之中也。然则吾生也物不以益众,吾死也土不以加厚,吾又安知所喜憎利害其间者乎?夫造化者之攫援物也,譬犹陶人之埏埴也,其取之地而已为盆盎也,与其未离于地也无以异,其已成器而破碎漫澜而复归其故也,与其为盆盎亦无以异矣。(《淮南子·精神》[④])

生命就像是陶土,聚则为种种形器,散则复归其故,总之不离此间。换言之,世界只有一个,而生命就是某种本原物质在这个世界中的变化流行。

佛教思想传入华夏之前,中国本土哲学对生死问题的见解大抵如此。但在佛教思想传入之后,情况发生了变化。例如在魏晋时期

---

① 杨伯峻:《论语译注》,中华书局,1980年,第80页。

② 郭庆藩:《庄子集释》,中华书局,1961年,第242页。

③ 同上书,第733页。

④ 何宁:《淮南子集释》,中华书局,1998年,第517—518页。

采掇成书的《列子》[1]中，赫然出现了这样的说法：

> 死之与生，一往一反。故死于是者，安知不生于彼？（《天瑞篇》[2]）

表面上看，这句话袭蹈了老子"出生入死"、庄子"生也死之徒，死也生之始"的观点；但不同之处在于，老子和庄子讲的是一般意义上的生命，而"死于是而生于彼"的说法则暗示着个体生命的轮回，并由此预设了另一个世界的存在。这一观念并非中土固有，其中包含了某些异质文化因素，很可能与当时流行的佛教思想有关[3]。

唐宋以降，中国本土观念与佛教思想进一步融合，于是产生了张载的"气化轮回"说。张载建立"太虚"为宇宙本体，并赋予它永恒运动的基本规定性：

> 太虚无形，气之本体；其聚其散，变化之客形尔……太虚不能无气，气不能不聚而为万物，万物不能不散而为太虚。（《正蒙卷一·太和篇》[4]）

在张载看来，生命就是太虚之气的无穷聚散过程。他以佛经中惯用的"海水"譬喻说明了这一点：

> 海水凝则冰，浮则沤；然冰之才、沤之性，其存其亡，海不得而与焉。推是足以究死生之说。（《正蒙卷三·动物篇》[5]）

因此，聚散离合都属于本体的作用，而生死不过是生命本体（"性"）的

---

① 马叙伦《列子伪书考》认为："盖《列子》晚出而早亡，魏晋以来好事之徒聚敛《管子》、《晏子》、《论语》、《山海经》、《墨子》、《庄子》、《尸佼》、《韩非》、《吕氏春秋》、《韩诗外传》、《淮南》、《说苑》、《新序》、《新论》之言，附益晚说，假为向序以兼重。"见杨伯峻：《列子集释》，中华书局，1979 年，前言第 3 页。

② 杨伯峻：《列子集释》，中华书局，1979 年，第 25 页。

③ 参见洪迈《容斋四笔》卷一"列子与佛经相参"条："张湛序《列子》云：'其书……所明往往与佛经相参。'予读《天瑞篇》载林类答子贡之言曰：'死之与生，一往一反。故死于是者，安知不生于彼？故吾知其不相若矣，吾又安知吾今之死不逾昔之生乎？'此一节所谓与佛经相参者也。"（《容斋随笔》，上海古籍出版社，1996 年，第 626 页。）

④ 张载：《张子正蒙》，上海古籍出版社，2000 年，第 86、87 页。

⑤ 同上书，第 126 页。

隐显变化，并没有实质性的区别：

显，其聚也；隐，其散也。(《正蒙卷七·大易篇》[①])

聚亦吾体，散亦吾体；知死之不亡者，可与言性矣。(《正蒙卷一·太和篇》[②])

尽性，然后知生无所得，则死无所丧。(《正蒙卷三·诚明篇》[③])

横渠论生死，综合了庄子的"人之生，气之聚也；聚则为生，散则为死"思想和佛教中的"生死名字有而无实，世界法中实有生死，实相法中无有生死"(《大智度论卷第八·大智度初品中放光释论第十四之余》[④])思想，但他的立足点既不是道家的"未始有"，也不是佛家的"非有非无"，而是儒家的"生生"之"有"。

明末清初，中国社会发生了"天崩地解"的巨变，整个时代面临着何去何从这样一个生死攸关的选择。方以智(1611—1671)的生命哲学就是在这个历史背景下产生的。首先，他把世界一分为二，所谓"虚实也，动静也，阴阳也，形气也，道器也，昼夜也，幽明也，生死也，尽天地古今皆二也"(《东西均·三徵》)，这意味着生和死是对立的、互外的；另一方面，世界又是合二为一的"三"，所谓"大一分为天地，奇生偶而两中参"，"三即一，一即三，非一非三，恒三恒一"(《东西均·三徵》[⑤])。照此，生死并非互外的两节，而是彼此流转，生中有死而死中有生，无时不生也无时不死，所谓"死后者即生前者，即生后死前者。知生死前后之向搨，即知本无生死之影摹也"(《东西均·三徵》[⑥])。不仅如此，方以智还进一步指出：

一呼吸即一生死也。一呼而一吸中有前后际焉，察此前后际，然后能察无始。而人不能察此几微，故以大表小，于是言一

---

① 张载：《张子正蒙》，上海古籍出版社，2000年，第213页。

② 同上书，第89页。

③ 同上书，第132页。

④ 《大正新修大藏经》第25卷1509，东京：大正一切经刊行会，昭和三年，第117页。

⑤ 庞朴：《东西均注释》，中华书局，2001年，第36、37、39—40页。

⑥ 同上书，第43页。

> 日之生死为昼夜，一月之生死为朔晦，一岁之生死为春冬，天地之生死为元会。明天地之大生死，即明一呼吸之小生死，而人一生之生死明矣。(《东西均·三徵》[①])

在这里，方以智深化了"出生入死"、"方生方死，方死方生"等古典存在论命题，并循天人一体的理路将之提升到了宇宙本体论的层面。

## 四

哈姆雷特在沉思"生还是死"这个问题时，主要有两点顾虑：其一，上帝禁止人类自杀；其二，人死之后并非"万事皆休"，也许会有"噩梦"出现。这两个问题可以归结为一个问题，即个体灵魂的归宿和不朽问题。基督教认为人是上帝的造物，因此人必须向上帝负责，自己无权处置自己的生命；同时，人类具有与生俱来的"原罪"，每个人在上帝面前都是罪人，死后灵魂会受到上帝的审判：好人上天堂，罪大恶极者沉沦地狱而万劫不复，普通人则先在炼狱净罪(就像老哈姆雷特那样[②])，然后超度升天。

在中国哲人，上述顾虑根本是不必要的。首先，中国本土思想中素无"罪"(sin)、"业报"、"罚"、"永劫"(damnation)这类观念。其次，中国古人很少考虑个体灵魂的归宿和朽与不朽，而是倾向于把个体生命分为"命"和"性"两个部分，其中"命"是由父母给予的物质生命(physical life)，所谓"严亲之遗躬"，而"性"则是道德的自然——"天"或"天地"所授予的精神生命(moral life)，所谓"天命之谓性"(《中庸》)；因此个体生命必须向之负责的，不是造物主或上帝，而是父母与"天"("天地")[③]。这样，人生在世的根本指向便是"复性"与

---

① 庞朴：《东西均注释》，中华书局，2001年，第51页。

② C. f. I, v, 14—18: "Doomed for a certain term to walk the night, /And for the day confined to fast in fires, /Till the foul crimes done in my days of nature/Are burnt and purged away."; id, 83—86: "Cut off even in the blossoms of my sin, /Unhous'led, disappointed, unaneled, /No reckoning made, but sent to my account/With all my imperfections on my head."

③ 《诗经·周颂·清庙》所谓"对越在天"是也。

“全归”，而不是“赎罪”与“拯救”。

这里需要对“全归”概念略加分说。“全归”原指对肉身（物质生命）的看顾、保有。“全归”思想在《论语·泰伯第八》中就出现了：

曾子有疾，召门弟子曰：“启予足！启予手！《诗》云：战战兢兢，如临深渊，如履薄冰。而今而后，吾知免夫！小子！”[①]

而“全归”一词首见于《吕氏春秋·孝行览第二·孝行》：

乐正子春下堂而伤足，瘳而数月不出，犹有忧色。门人问之曰：“夫子下堂而伤足，瘳而数月不出，犹有忧色，敢问其故？”乐正子春曰：“善乎而问之！吾闻之曾子，曾子闻之仲尼：父母全而生之，子全而归之，不亏其身，不损其形，可谓孝矣。君子无行咫步而忘之。余忘孝道，是以忧。”故曰身者非其私有也，严亲之遗躬也。[②]

“父母全而生之，子全而归之，不亏其身，不损其形”，这就是“全归”的原始涵义。《孝经》中说“身体发肤，受之父母，不敢毁伤，孝之始也”（《开宗明义章第一》[③]），也是同样的意思。按照儒家的说法，“孝”为天地人伦之大本，具有宇宙本体论和道德本体论的双重意义，所谓“夫孝，天之经也，地之义也，民之行也”（《孝经·三才章第七》[④]）；换言之，“全归”就是“孝”本体在人伦层面的贯彻和体现，亦即存在者必须执行的“绝对命令”。

自宋代以降，儒学的旨趣转向形而上的理、道、心、性方面，于是“全归”的涵义也相应发生了变化，其所指由物质生命转向了精神生命。张载所谓“聚亦吾体，散亦吾体，知死之不亡者，可与言性矣”（《正蒙卷一·太和篇》），堪称其中代表。在张载看来，太虚之气有聚有散，因此人的物质生命有生有死，但是人的精神生命（“吾体”、“性”）则是恒定的、不变的。王夫之注解说：

---

① 杨伯峻：《论语集释》，中华书局，1980 年，第 79 页。

② 《吕氏春秋译注》，北京大学出版社，2000 年，第 373 页。

③ 《十三经注疏·孝经注疏》，北京大学出版社，1999 年，第 3 页。

④ 同上书，第 19 页。

> 生以尽人道而无歉,死以返太虚而无累,全而生之,全而归之,斯圣人之至德矣。(《正蒙卷一·太和篇》[①])

又,张载于《正蒙卷九·乾称篇上》称:"体其受而归全者,参乎!"王夫之注解说:

> 全形以归父母,全性以归天地,而形色天性初不相离,全性乃可以全形。[②]

结合王夫之的阐释,"全归"的精神指向就看得更清楚了:"全归"要求"尽人道",而"人道"包括物质生命和精神生命;与之相应,"全归"也包含"全形"和"全性"两个方面;物质生命和精神生命原本是统一的("形色天性初不相离"),确切说是物质生命统一于精神生命,因此"全形"的根本在于"全性"("全性乃可以全形");"全性"保证了"全形",而"全形"未必能保证"全性",因此真正的、或者说完整意义上的"全归"是"全性"而不是"全形"。

"全性以归天地"这个说法表明个体存在的最高责任对象是"天地"。然则人何以知天地?答案是人的"心":"尽其心者,知其性也。知其性,则知天矣"(《孟子·尽心上》[③])。这个"心"也称"本心"或"良心",是内在而超越的道德本体;或者说,这个"心"是每个人都先天具有的完美自我,也是个体生命的领料者和存在价值的裁定者。若能发明、贞定本心,那么人就是自己的主人公和拯救者。

如果让中国古人来回答哈姆雷特的"To be or not to be"问题,他们的答案多半是:"存,吾顺事;没,吾宁也"(《正蒙卷九·乾称篇上》[④])。然而这在哈姆雷特恰恰是不可能的选择,原因不言自明:他"定在"于一个完全不同的现实世界。首先,他身负为家(父亲)—国(王位)复仇的双重义务,虽有出世之想(II, ii, 271—272:"I could be bounded in a nutshell and/count myself a king of infinite space"),但无法洒脱到"以死生为一条,以可不可为一贯"地"纵浪大

---

① 《吕氏春秋译注》,北京大学出版社,2000年,第88页。

②④ 张载:《张子正蒙》,上海古籍出版社,2000年,第232页。

③ 焦循:《孟子正义》,中华书局,1987年,第877页。

化中，不喜亦不惧”(c. f. I, v. 215－216：“The time is out of joint. O cursed spite/That ever I was born to set it right!” & II, ii, 232－234：“You cannot, sir, take from me anything that I will more/willingly part withal—except my life, except my life, except my/life.”)。其次，他从小接受的宗教观念也不允许他有这样的想法。哈姆雷特在维登堡(Wittenberg)接受大学教育，而这里是马丁·路德新教改革的大本营，布鲁诺也曾于1586年到过此地，他们的革新思想不可能不对他的信仰产生冲击。另一方面，此时新教思想方兴未艾，但是尚未形成气候，还不足以取代旧有信仰；而天主教虽然受到质疑，却仍然是唯一的既定宗教信仰(the only established faith)，舍此之外心灵没有任何现成的庇护所。这是一个亦新亦旧、方生方死的时代(c. f. I, v, 215：“The time is out of joint.”& IV, v, 107－108：“as the world were now but to begin, /Antiquity forgot”)，即如柏拉图在一封信中向朋友们介绍雅典社会现状时所说：

> 我们的城邦已经不按照传统的原则和法制行事了，而要建立一种新的道德标准又极为困难。①

而个人则如黑格尔在论古希腊的“居勒尼学派”时所说的那样：

> 在这里出现了希腊精神的逆转。当一个民族的宗教、法制、法律有效的时候，当一个民族的各个个人处在宗教和法度之中，与宗教和法度合而为一、共为一体的时候，是不发生个人自己应当做些什么的问题的。这可以说已经就在那里了，已经就在他本身之中了。相反地，当这种满足不再存在的时候，当个人不再处在他的民族的伦理之中，他的实质不再在他的国家的宗教、法律上面的时候，个人就开始关注自己了；他不再发现他所期望的东西，他不再满足于现状，不再满足于他自己的现状了。②

---

① 柏拉图：《柏拉图全集》，王晓朝译，人民出版社，2003年，第4卷第80页。

② 黑格尔：《哲学史讲演录》，贺麟、王太庆译，商务印书馆，1960年，第2卷第136—137页。

时代精神发生逆转、个人与自身现实（黑格尔所谓"民族的伦理"、"他的国家的宗教、法律"）相剥离而感到不满足和不安宁，这正是哈姆雷特的真实处境。在这个"此亦一是非，彼亦一是非"（c. f. II，ii，265—266："there is nothing either good/or bad but thinking makes it so"）的精神暗夜与信念荒原中，敏感如哈姆雷特者彷徨四顾，迷不知其所之，以至于失魂落魄、忽忽如狂，不亦宜哉！

哈姆雷特死后，他的挚友 Horatio 哀悼他说："一颗高贵的心碎裂了"（V，ii，385："Now cracks a noble heart"）。其实，这颗心在他生前就已经碎了（c. f. III，i，160："Oph. O，what a noble mind is here o'erthrown！"）。

## 第十五章

# 痛苦的自觉

哈姆雷特认为人生是一场漫长的苦难历程：只要活在世上，我们就不得不忍受时运的暴虐和轻薄、强徒的胡作非为、高傲者的白眼、爱情被鄙弃的惨痛、法律的延误[①]、官府的侮慢、克己忍耐反被没有价值的人奚落（III，i，78－82："the whips and scorns of time，/The oppressor's wrong，the proud man's contumely，/The pangs of despised love，the law's delay，/The insolence of office，and the spurns/That patient merit of the unworthy takes"）……在这里，他就像是一名十六七世纪的"愤怒青年"，向我们诉说了人世间的种种不幸和痛苦。

有人也许会问：哈姆雷特身为一国储君，地位何等尊崇，生活何等安逸，怎么可能有普通民众的生活经验而产生这种愤世嫉俗的感慨？显然是作者借题发挥，吐露自家胸中的不平之气罢了。此说不无道理，莎士比亚的确喜欢而且也善于通过剧中人（通常是主人公或小丑）之口表达自己对人生和社会的看

---

① C. f. III，iii，60－63："in the corrupted currents of this world/Offence's gilded hand may shove by justice，/And oft 'tis seen the wicked prize itself/Buys out the law".

法；但是如果说哈姆雷特因为是王子就不可能具有这种感受，或者因此断言这段独白游离于主题之外、人物性格显得不够真实，那就错了。

人们往往认为生活条件优越的人不可能有痛苦，因此没有资格谈论痛苦，否则便是矫情。例如鲁迅曾经批评有些作家好以己度人，挖苦说这好比乡下人认为皇帝是用金扁担挑水、农妇想象皇后天天吃柿饼一样；但是他本人也曾讽刺地谈到"一个家里有些钱，而自己能写几句'阿呀呀，我悲哀呀'的女士，做文章登报，尊之为'女诗人'"(《准风月谈·登龙术拾遗》[①])，这也不过是想当然罢了。假如这名诗人是无病呻吟、"为赋新诗强说愁"，那么鲁迅的批评自然不错；可是如果她的痛苦是真实的呢？当然，她感到痛苦不大会是由于饥饿、寒冷或生活资料的匮乏，而多半是精神方面的原因，诸如失恋、自卑、抑郁等等，但这些感受对她本人来说一样真切实在，别人无权禁止她具有这种痛苦感受，更没有权利禁止她感到痛苦[②]。

痛苦是一种个人感受，如人饮水，冷暖自知。《红楼梦》第 76 回中史湘云和林黛玉有一段对话，就很说明问题：

> 湘云笑道："得陇望蜀，人之常情。可知那些老人家说的不错。说贫穷之家自为富贵之家事事趁心，告诉他说竟不能遂心，他们不肯信的；必得亲历其境，他方知觉了。就如咱们两个，虽父母不在，然却也忝在富贵之乡，只你我竟有许多不遂心的事。"黛玉笑道："不但你我不能趁心，就连老太太、太太以至宝玉探丫头等人，无论事大事小，有理无理，其不能各遂其心者，同一理

① 《鲁迅全集》第 5 卷，人民文学出版社，1981 年，第 275 页。他所说的"女诗人"名叫虞岫云，是当时上海大亨虞洽卿的孙女。

② 中新网 2005 年 10 月 21 日转载台湾媒体新闻："台湾最高检察署检察官黄世铭的长女黄宜君，昨天清晨被发现在就读的东华大学宿舍阳台前上吊自杀"。据报道，黄宜君年初出版了她的第一本散文集《流离》，书中她以"细腻的观点写私生活、梦境、情妇、死亡、遗弃等主题，反思女性对情感、生活和伤痛的态度，用词大胆、坦白，风格独树一帜，被视为深具潜力的文坛新秀"(http: //www. chinanews. com/news /2005/2005－10－21/8/641342. shtml)。如果鲁迅在世，对此不知又有何评说。

也,何况你我旅居客寄之人哉!”[①]

黛玉所言极是。然而何必红楼之内,红楼之外亦复如此。佛说人生有八苦:生、老、病、死、爱别离、怨憎会、求不得、五取蕴;这八宗苦,无论男女、老少、贫富、贵贱、种族、阶级,概莫能外。面对痛苦,每个人都是平等的。

另一方面,痛苦也确实因人而异。晋人王戎说:“圣人忘情,最下不及情;情之所钟,正在我辈。”(《世说新语·伤逝第十七》[②])人之所以为人,在于有情,而痛苦的根源也正在于有情:有情,则感通;感通,则觉灵;觉灵,则欲求盛;欲求盛,则烦恼多有。质言之,感受力的高低决定了痛苦的大小,感觉越发达就越痛苦。即如叔本华所说,感觉是意志的现象,而“随着意志的现象趋于完美,痛苦也就日益显著”[③],因此“真正的痛苦只是由于认识的明确性、意识的明晰性才可能的”[④]:

> 在植物身上还没有感性,因此也无痛感。最低等动物如滴虫和辐射体动物就能有一种程度很微弱的痛感了。甚至昆虫,感觉和感痛能力都还有限。直到脊椎动物有了完备的神经系统,这种能力才以较高的程度出现;而且智力愈发达,痛苦的程度愈高。因此,随着认识的愈益明确,意识愈益加强,痛苦也就增加了,这是一个正比例。到了人,这种痛苦也达到了最高的程度;并且是一个人的智力愈高,认识愈明确就愈痛苦。具有天才的人则最痛苦[⑤]。

简言之,认识和意识是与感受力同步发展的,因此拥有超常感受力的天才也就格外痛苦。

---

① 曹雪芹:《红楼梦》,人民文学出版社,1982 年,第 1087 页。

② 徐震堮:《世说新语校笺》,中华书局,1984 年,第 349 页。

③ 叔本华:《作为意志与表象的世界》第 56 节,石冲白译,商务印书馆,1982 年,第 424 页。

④ 同上书,第 425 页。

⑤ 同上书,第 424—425 页。

叔本华的观点引发了异代知音王国维的强烈共鸣。王国维也深信“天才者，天之所靳而人之不幸也”，原因在于：

> 若夫天才，彼之所缺陷者与人同，而独能洞见其缺陷之处；彼与蚩蚩者俱生，而独疑其所以生……然彼亦一人耳，志驰乎六合之外，而身扃乎七尺之内；因果之法则与空间时间之形式束缚其知力于外，无限之动机与民族之道德压迫其意志于内。而彼之知力意志，非犹夫人之知力意志也；彼知人之所不能知，而欲人之所不敢欲，然其被束缚压迫也与人同。夫天才之大小，与其知力意志之大小为比例；故痛苦之大小，亦与天才之大小为比例。①

他在这里提到“因果之法则与空间时间之形式”，显然是受了康德思想的影响。本来康德告诉我们：人同时属于感觉世界和理智世界，同时受到自然规律和理性规律的支配；在第一种秩序中，人是自然的，而在第二种秩序中，人是自由的；这两种秩序能够而且必须统一。现在王国维从叔本华的立场出发，认为这两种秩序都是意志的现象，二者相互冲突、无法调和，个人“知力意志”越强，就越感到被阻遏、被限制，痛苦也就越大。

天才“所缺陷者与人同，而独能洞见其缺陷之处”，这一点正是我们理解哈姆雷特悲剧命运的关键所在。

哈姆雷特是怎样一个人呢？他可以说是时代的骄子，命运的宠儿：他的老朋友艳羡他高踞“命运冠冕的正中”(c. f. II, ii, 246)；他的恋人称他是“高瞻远瞩的朝臣，辩才无碍的学者，武艺超群的战士，众望所归的一国之英”(III, i, 161－162：“The courtier's, scholar's, soldier's, eye, tongue, sword, /The expectancy and rose of the fair

① 王国维：《叔本华与尼采》，载《静庵文集》，辽宁教育出版社，1997 年，第 92—93 页。

state")；他不仅深受本国人民爱戴[1]，去世后挪威王子 Fortinbras（这是哈姆雷特的一个镜像人物）也叹惋他本会成为一名杰出的王者（c. f. V，ii，429－430："he was likely，had he been put on，/To have proved most royally"）。然而，高踞"命运冠冕的正中"、成为万民瞻仰的一国之君并不是哈姆雷特的真正理想。他声称自己可以"关在胡桃壳里而自认为是无限空间的君王"（II，ii，270－271），并且由衷地赞美 Horatio（III，ii，66－74）说：

For thou hast been
As one，in suff'ring all，that suffers nothing；
A man that Fortune's buffets and rewards
Hast ta'en with equal thanks；and blest are those

---

① Claudius 向 Laertes 解释他为什么不能处决哈姆雷特，原因有二：首先，他深爱着 Gertrude，一步也离不开她，而 Gertrude 没有哈姆雷特简直就活不下去（IV，vii，13－18："The Queen his mother/Lives almost by his looks；and for myself，—/My virtue or my plague，be it either which，—/She's so conjunctive to my life and soul/That，as the star moves not but in his sphere，/I could not but by her."），因此他投鼠忌器、不肯造次；其次，老百姓都非常喜爱哈姆雷特，不但对他的缺点视而不见，甚至认为是优点（id，18－23："The other motive/Why to a public count I might not go/Is the great love the general gender bear him，/Who，dipping all his faults in their affection，/Would，like the spring that turneth wood to stone，/Convert his gyves to graces"），杀他恐怕会犯众怒。之前他也曾满怀妒意地说："不明事理的大众都喜爱他，这些人用眼睛而不是根据明智的判断来喜欢一个人，他们不会考虑他的过错，而是会认为刑罚太重了"（IV，iii，3－7："He's loved of the distracted multitude，/Who like not in their judgment，but their eyes；/And where 'tis so，the offender's scourge is weighed，/But never the offense."）。如果不因人废言，他的话还是很有道理的。大众喜欢以貌取人，对政治人物也不例外。例如春秋时期郑国公叔段骄纵无礼，图谋不轨，但是老百姓喜欢他，称赞他"洵美且仁"、"洵美且好"、"洵美且武"（《诗经·郑风·叔于田》）。再如三国时孙策顺利平定江东，据说是因为他"为人美姿颜，好笑语，性阔达听受，善于用人，是以士民见者，莫不尽心，乐为致死"（陈寿：《三国志·吴书一·孙破虏讨逆传第一》，上海古籍出版社，2002 年，第 1018 页）。可见对于政治人物来说，"洵美且好"、"美姿颜"是他们个人魅力的重要来源——他们由此具有某种"明星效应"而成为大众崇拜的偶像——甚至可以说是一种"克里斯玛"（charisma）。在这个意义上讲，政治是一种表演：它不仅具有观赏性，而且需要被观赏。

Whose blood and judgment are so well commingled
That they are not a pipe for Fortune's finger
To sound what stop she please. Give me that man
That is not passion's slave, and I will wear him
In my heart's core, ay, in my heart of heart,
As I do thee.

参考译文：

你浑若无事地忍受一切苦楚，
对命运的苛待和优遇都一视同仁；
这样的人是有福的，
他的情感和理智调理得十分停当，
命运无法随意排遣他。
给我这样一个不为情所役的人，
我会把他放到心间、置于心灵的中心①，
就像我对你一样。

Horatio 是哈姆雷特的知心好友(c. f. III, ii, 64—66："Since my dear soul was mistress of her choice/And could of men distinguish, her election/Hath sealed thee for herself." & 73—75："I will wear him/In my heart's core, ay, in my heart of heart, /As I do thee.")，或者说是他的"另一自我"(c. f. I, ii, 168—169："Horatio—or I do forget myself!")，在他身上，哈姆雷特与其说发现、不如说投

① 《管子·内业篇》云"心以藏心，心之中又有心焉"，《心术下》亦云"心之中又有心"(陈鼓应：《管子四篇诠释》，商务印书馆，2006 年，第 110、181 页)。《大乘起信论》揭"一心二门"之说，以为"依一心法有二种门"，"一者心真如门，二者心生灭门"；然而"是心从本已来，自性清静而有无明"，"心真如者，即是一切法界大总相法门体"(高振农：《大乘起信论校释》，中华书局，1992 年，第 16、61、17 页)。哈姆雷特所谓"my heart's core"、"my heart of heart"者，其心之心、真如心欤？

射和寄托了自己的理想人格(确切说是斯多葛哲人式的人格[①])。他对 Horatio 的赞美——“情感和理智调理得十分妥当,命运无法随意来排遣他”——正表达了他自己内心深处的真实理想,这就是超越特殊而有限的生命,“纵浪大化中,不喜亦不惧”,成为一个自由的人。

不幸的是,哈姆雷特受制于自己的出身,意志不属于个人(I, iii, 20—21: “his will is not his own; /For he himself is subject to his birth”)。这样他就具有双重的身份和命运:一方是他的出身和世俗义务(id, 23—27: “on his choice depends/The safety and health of this whole state, /And therefore must his choice be circumscribed/Unto the voice and yielding of that body/Whereof he is the head.”),另一方则是他的天性与精神追求(II, ii, 270—271: “I could be bounded in a nutshell and/count myself a king of infinite space”)。二者虽然有被动接受与主动选择之分,但它们都是先定的必然命令和欲罢不能的生命程序。黑格尔曾经断言“在真正悲剧性的事件中,必须有两个合法的、伦理的力量相互冲突”[②],现在哈姆雷特一个人身上同时出现了两种相互冲突的合法伦理力量,他自身即构成了悲剧性的反讽。

可以说,哈姆雷特的命运自身分裂了。这就是为什么他一方面以大英雄海格里斯自期(c. f. V, i, 294: “Let Hercules himself do what he may”),觉得自己应当有所作为,一方面又由衷地向往“胡桃壳”里的世界,悲叹自己必须担负起治世的任务(I, v, 215—216: “The time is out of joint. O cursed spite/That ever I was born to

---

① 17 世纪英国文人罗伯特·伯顿在《忧郁的解剖》中援引斯多葛哲人的话说:“明智的人应当不带任何激情和情绪波动”(Robert Burton. *Anatomy of Melancholy*. London: J. M. Dent & Sons Ltd., 1932, p. 251)。再如黑格尔指出:斯多葛哲学“摈弃一切”,“对于一切东西、一切直接的欲望、感情等等一概漠不关心”;“斯多葛派哲学的伟大处即在于当意志在自身内坚强集中时,没有东西能够打得进去,它能把一切别的东西挡在外面”(黑格尔:《哲学史讲演录》,贺麟、王太庆译,商务印书馆,1960 年,第 3 卷第 35、37 页)。哈姆雷特说的“浑若无事地忍受一切苦楚”、“不为情所役”即是此意。

② 黑格尔:《哲学史讲演录》,贺麟、王太庆译,商务印书馆,1960 年,第 2 卷第 44 页。

set it right!"),结果坎陷在两种命运之间,无法取决也难以自拔[1],成了一个"不幸的人"。

"不幸的人",这正是哈姆雷特对自己的清醒认识(I, v, 211: "so poor a man as Hamlet is"; V, ii, 240: "His madness is poor Hamlet's enemy")。帕斯卡尔曾经说:

> 人的伟大之所以伟大,就在于他认识自己可悲。一棵树并不认识自己可悲。
>
> 因此,认识自己可悲乃是可悲的;然而认识我们之所以为可悲,却是伟大的。[2]

这番话几乎完全适用于哈姆雷特。哈姆雷特是一个"独能洞见其缺陷之处"的自觉者。通观全剧,我们发现几乎所有人都生活在一种不自觉的、缺乏反思的天真状态之中,如 Polonius 喋喋不休地宣讲"简洁是智慧的灵魂",Ophelia 沉醉于虚幻的爱情,Gertrude 安然享受不伦婚姻带给她的幸福生活,Claudius 自欺欺人地扮演着英明君主的角色,只有哈姆雷特一个人始终清醒地觉察到自身(小我)的可悲,并进而同情地感受到他人(非我)的不幸与痛苦。这就是为什么他会感叹"时运的暴虐和轻薄、强徒的胡作非为、高傲者的白眼、爱情被鄙弃的惨痛、法律的延误、官府的侮慢、克己忍耐反被没有价值的人奚落",乃至对全体人类(大我)产生了悲悯(c. f. I, iv, 58: "we fools of nature"; II, ii, 323: "And yet to me what is this quintessence of dust?"; III, i, 137—139: "What should such fellows as I/do, crawling between earth and heaven? We are arrant knaves all")。可以说,哈姆雷特是一个痛苦的自觉者,他的痛苦与不幸在很大程度上正是由他的自觉造成的。

这是一种超越的、普遍的同情,或者说是一种更大的自觉(大觉)。人类历史上许多伟大人物都有过这样的生命感受和心理体验。

---

① 在这个意义上,Claudius 忏悔时的哀鸣"like a man to double business bound, /I stand in pause where I shall first begin, /And both neglect"(IV, iii, 44—46)恰是哈姆雷特生存处境的真实写照。

② 帕斯卡尔:《思想录》第 6 编第 397 节,何兆武译,商务印书馆,1985 年,第 175 页。

如儒家讲“仁者己欲立而立人，己欲达而达人”（《论语·雍也第六》[①]），“大人者与天地合其德”（《易传·文言传》[②]）、君子“上下与天地同流”（《孟子·尽心上》[③]）、“民，吾同胞；物，吾与也”（张载：《正蒙·乾称篇上》[④]）；佛家讲“无缘之慈、同体之悲”，以普度众生为己任；耶稣也说“爱你的敌人”（《路加福音》6：27[⑤]），情愿牺牲自身为全人类赎罪。哈姆雷特悲天悯人，也有同样的情怀。然而，他身为一国储君，遭逢杀父欺母、篡位夺国的无妄之灾而落入极端紧张、不容转圜、“虽欲不为是不可得”[⑥]的生存境域，于是只能放弃自己的人生理想、重新回到现实世界去完成因偶然而成为必须的尘世义务。

就这样，哈姆雷特的命运结成了一个无法解释的死结。为了更好地说明这一点，我们不妨拿他和苏格拉底与释迦牟尼这两位哲人做一比较。

先来看苏格拉底。据柏拉图《格黎东篇》（*Criton*）记载，苏格拉底被雅典法庭判处死刑后，他的朋友劝他逃跑，但他拒绝了。朋友们对此感到不可理解，认为这样做不仅会毁掉他本人，而且也会毁掉他的儿子，因此是一个“最偷懒的办法”，对他这样一个正直的人来说是可耻的。对于上述责难，苏格拉底的回答是：他在心灵深处听到了“最神圣的法律”的呼唤，后者告诉他不要把子女、生命一类的事情看得比道义更加重要，因此他宁肯赴死[⑦]。在苏格拉底看来，践行自己的哲学是生命中的头等大事，为此他可以放弃一切，包括赡养家庭的责任，而无所愧怍。就这样，他成功地化解了自己临处的道德困境，从而在命运面前开释了自己。

我们再来看释迦牟尼。释迦牟尼本是迦毗罗卫国的太子，十六

---

① 杨伯峻：《论语译注》，中华书局，1980年，第65页。

② 唐明邦：《周易评注》，中华书局，1995年，第176页。

③ 杨伯峻：《孟子译注》，中华书局，1960年，第305页。

④ 张载：《张子正蒙》，上海古籍出版社，2000年，第231页。

⑤ 《圣经·新约》，中国基督教协会，1995年，第105页。

⑥ 柳宗元：《宥蝮蛇文》，载《柳宗元集》，易新鼎点校，中国书店，2000年，第270页。

⑦ 柏拉图：《格黎东篇》45D & 54C，《柏拉图对话集》，王太庆译，商务印书馆，2004年，第59—60、70—71页。

岁成婚，十九岁（一说二十九岁）出家修行，三十岁（一说三十五岁）时证道成佛。就个人而言，他实现了与生俱来的、不容已的理想，成就了自身；但是从家庭、民族和国家的角度来看，他逃避了同样是与生俱来的和不容已的责任和义务，因此是不道德的。例如宋代理学家二程兄弟就曾责难说：

> 佛者一黠胡尔，佗本是个自私独善，枯槁山林，自适而已。若只如是，亦不过世上少这一个人。却又要周遍，谓既得本，则不患不周遍。要之，绝无此理。（《河南程氏遗书卷第二上·二先生语二上》[①]）
>
> 佛逃父出家，便绝人伦，只为自家独处于山林，人乡里岂容有此物？……释氏自己不为君臣父子夫妇之道，而谓他人不能如是。容人为之而己不为，别做一等人；若以此率人，是绝类也。（《河南程氏遗书卷第十五·伊川先生语一》[②]）

程氏兄弟从儒家伦理立场出发，坚持修身、齐家、治国、平天下的进路，认为释迦牟尼的做法只是“自适”而无法“周遍”、“率人”，因为这不仅在理论上自相矛盾（“自己不为君臣父子夫妇之道，而谓他人不能如是”，“容人为之而己不为”），而且会导致“绝人伦”、“绝类”的灾难性后果。二程的说法不无偏激与隔阂之处，但他们的确击中了问题的要害。对于“外道”的指责非难，佛教有一套自圆其说的解释。《佛说未曾有因缘经》即是一例。这部经书缘起于释迦牟尼派遣大弟子目犍连（即国人熟知的那位“目连”）“往彼迦毗罗城，问讯我父阅头檀王，并我姨母波阇波提，及三叔父斛饭王等”，同时交给他一项重要任务：说服他出家之前的妻子耶输陀罗送他们的儿子罗睺罗前来跟他修道[③]。目犍连如命前往，经过一番波折终于见到耶输陀罗并向她传达了佛意。耶输陀罗的回答是：

---

① 《二程集》，中华书局，1981年，第24页。

② 同上书，第149页。

③ 《佛说未曾有因缘经》，《大正新修大藏经》第17卷，东京：大正一切经刊行会，昭和三年，第575页。标点为笔者试加。

释迦如来为太子时娶我为妻,奉事太子如事天神,曾无一失。共为夫妇未满三年,舍五欲乐,腾越宫城,逃至王田。王身往迎,违戾不从,乃遣车匿白马令还,自要道成,誓愿当归。披鹿皮衣,譬如狂人,隐居山泽,勤苦六年。得佛还国,都不见亲,忘忽恩旧,剧于路人,远离父母,寄居他邦。使我母子守孤抱穷,无有生赖,唯死是从——人命至重,不能自刑,怀毒抱恨,强存性命,虽居人类,不如畜生。祸中之祸,岂有是哉!今复遣使,欲求我子为其眷属,何酷如之!太子成道,自言慈悲,慈悲之道应安乐众生,今反离别人之母子。苦中之甚,莫若恩爱离别之苦;以是推之,何慈之有!①

目犍连无法,只好请来王后劝导耶输陀罗。耶输陀罗仍不肯从命,并且悲愤地反诘说:

我在家时,八国诸王竞来见求,父母不许。所以者何?释迦太子才艺过人,是故父母以我配之。太子尔时知不住世出家学道?何故殷勤苦求我耶?夫人娶妇正为恩好,聚集欢乐,万世相承,子孙相续,绍继宗嗣,世之正礼。太子既去,复求罗睺,欲令出家,永绝国嗣,有何义哉!②

这番话说得何其沉痛,又何其严正,真是掷地有声!一般人定然会无言以对,但这难不住佛陀。他一开始就告诉目犍连说:

因复慰喻罗睺罗母耶输陀罗,令割恩爱放罗睺罗,令作沙弥,修习圣道。所以者何?母子恩爱,欢乐须臾,死堕地狱,母之与子,各不相知,窈窈冥冥,永相离别,受苦万端,后悔无及。罗睺得道,当还度母,永绝生老病死根本,得至涅槃,如我今也。③

这番话其实预先回答了耶输陀罗的第一个责难:佛并不是要"离别人之母子",而是要度化他们,使之"永绝生老病死根本,得至涅槃"。耶

---

① 《佛说未曾有因缘经》,《大正新修大藏经》第十七卷,东京:大正一切经刊行会,昭和三年,第575—576页,标点为笔者试加。

② 同上书,第576页。

③ 同上书,第575页。

输陀罗不是问佛“何慈之有”么？这就是佛的“慈悲之道”。现在这番话没有说服耶输陀罗，于是佛又当机“遣化人空中告言”说：

> 耶输陀罗！汝颇忆念往古世时誓愿事不？释迦如来当尔之时为菩萨道，以五百银钱从汝买得五茎莲华。上定光佛时，汝求我世世所生共为夫妻。我不欲受，即语汝言：“我为菩萨，累劫行愿，一切布施，不逆人意。汝能尔者，听为我妻。”汝立誓言：“世世所生，国城妻子及与我身随君施与，誓无悔心。”而今何故爱惜罗睺，不令出家学圣道耶？①

这就回答了耶输陀罗的第二个责难：原来，“往古世时”耶输陀罗追求佛陀，为此她立下誓言“世世所生，国城妻子及与我身随君施与”；现在佛只是按照这个誓约行使自己的正当权利罢了。多么高明的解释！既然是因缘注定的前世宿业，耶输陀罗也就释然了：

> 耶输陀罗闻是语已，霍然还识宿业因缘，往事明了如昨所见，爱子之情自然消歇，遣唤目连，忏悔辞谢，捉罗睺手，付嘱目连，与子离别。②

于是，佛圆满地解释（开脱）了命运，或者说使自身命运成为了可解释的（可开脱的）。

能够解释命运的人或命运能够解释的人是有福的。然而，哈姆雷特的命运恰恰是无法解释的。我们不妨设想一下，如果苏格拉底和释迦牟尼的父亲也遭人陷害死于非命，他们是否还能常驻喜乐安宁的精神世界，一如既往地继续自己的哲学事业呢？恐怕很难。退一步讲，即便他们还能用“心灵的呼声”、“前世因缘”之类的说辞一了百了地解释命运、开脱在世的责任，这些解释也很难对哈姆雷特发生作用了。时代不一样了。苏格拉底和释迦牟尼均相信生命可以轮回再来，但哈姆雷特从小接受的信念却是：生命只有一次，我们并没有重新来过的机会。基督教所说的“afterlife”并非指“来世”或“来生”，

---

① 《佛说未曾有因缘经》，《大正新修大藏经》第 17 卷，东京：大正一切经刊行会，昭和三年，第 576 页，标点为笔者试加。

② 《大正新修大藏经》第 17 卷，第 576 页。

而是指人死后灵魂接受审判、根据生前功过上天堂或下地狱之前的存在；现在他甚至对这一点也产生了怀疑(III, i, 72—76："To die—to sleep. /To sleep—perchance to dream: ay, there's the rub! /For in that sleep of death what dreams may come/When we have shuffled off this mortal coil, /Must give us pause.")。按照黑格尔的说法，世界历史是"精神"的展开过程，这种向前进展的精神是"一切人内在的灵魂"，但它是"不自觉的内在性"，由"伟大的人"即所谓"世界历史个人"或"世界精神的代理人"引向自觉[①]；现在哈姆雷特把时代精神引向了自觉[②]，或者说时代精神通过它的代理人哈姆雷特表达了自身，而这个自觉的意识就是："To be, or not to be—that is the question"。这显然是一种怀疑的精神。怀疑不等于怀疑主义，即如黑格尔在介绍古代怀疑论哲学时所说：

> 古代的怀疑论并不怀疑，它对于非真理是确知的；它并不只是徘徊不定，心里存着一些思想，认为有可能有些东西或许还是真的，它十分确定地证明一切非真。换句话说，怀疑对于它乃是确定的，并没有期望得到真理的打算，它并不是悬而不决的，而是斩钉截铁的，完全确定的；不过这个决定对于它并不是一个真理，而是它自身的确定性。这个决定乃是精神自身的安宁和稳定，不带一点悲愁。[③]

怀疑主义本身构成一种信仰，而怀疑则不然，它——

---

① 黑格尔：《历史哲学》绪论，王造时译，上海书店出版社，1999年，第19、30—34页。

② 在剧本中，这不仅表现为他本人的自觉，也表现为他唤醒了其他人的自觉：例如他训斥Ophelia，使之结束天真状态而产生了痛苦的自觉(c. f. III, i, 170—171："O, woe is me/T' have seen what I have seen, see what I see!" IV, v, 45—46："we know what we are, but know/not what we may be.")；Claudius看到哈姆雷特授意演出的戏后，良心受到折磨而被迫正视自己的罪恶灵魂(III, iii, 39—75："O, my offence is rank, it smells to heaven"etc.)；再如Gertrude遭到哈姆雷特的训斥，由是看到了自己灵魂中"无法消除的污点"(III, iv, 100—102："Thou turn'st mine eyes into my very soul, /And there I see such black and grained spots/As will not leave their tinct.")等等，不一而足。

③ 黑格尔：《哲学史讲演录》，贺麟、王太庆译，商务印书馆，1960年，第3卷，第111页。

> 只是不确定，乃是一种与确认相对立的思想——一种举棋不定，一种悬而不决。怀疑包含着心灵和精神的一种分裂，它使人惶惶不安；这是人心中徘徊于二者之间的状态，它给人带来不幸。[①]

简言之，“怀疑是安宁的反面，安宁则是怀疑论的结果”[②]。对心灵来说，信仰既是束缚，也是必要的凭护。哈姆雷特因自觉而怀疑一切，这固然打破了信仰的结，但同时也就失去了存在的解，于是他的命运成了一道不可解的、甚至根本无解的难题。

就这样，哈姆雷特裸然一身和命运怪兽遭遇了。他哀叹自己的不幸，但是已经无路可逃。他被迫仓促应战，但是深知对手无比强大，自己注定会失败。他竭力抗争，但是力气逐渐衰竭。而就在扭打和僵持的同时，他绝望地、清醒地等待着（甚至是企盼着）那个必然的结局——或者说最终解决，也就是死亡——的到来（c. f. V，ii，219—221：“If it be now，’tis not/to come；if it be not to come，it will be now；if it be not/now，yet it will come：the readiness is al”）。在此之前，他只能忍受。

这就是哈姆雷特的命运。在某种意义上，这也是人的命运。

---

① 黑格尔：《哲学史讲演录》，贺麟、王太庆译，商务印书馆，1960 年，第 3 卷，第 110 页。

② 同上书，第 119 页。

附录一

# 关汉卿和莎士比亚：中英戏剧传统比较考察之一

谁是中国的莎士比亚？老实说，这是一个典型的伪问题。姑且不论此问所蕴含的文化地方主义色彩与殖民心态——今天我们需要的是平等的对话而不是单向度的攀附——莎士比亚只有一个，尊某某为中国的莎士比亚，恰恰证明他不是。也许这样提问更恰当些：在中国文学史上，有哪一位作家与莎士比亚的生活与创作时代相仿，个人的经历与个性接近，创作题材与风格类似，并在本国或世界文坛中具有等同的影响和声誉？这样提问相对严谨一些，但是仍有漏洞，如作家的声誉与其创作成就往往并不相符，而且啰嗦了些。为方便讨论起见，下文暂时沿用"某某是中国的莎士比亚"这一约定俗成的提法，遵循上述原则对下述中英剧作家做一番比较考察，想来读者自能意会。

## 一　汤显祖是中国的莎士比亚吗？

20世纪中叶，赵景深先生在《汤显祖与莎士比亚》一文（以下简称《汤》文）中指出：汤显祖是中国的莎士比亚，因为二者"生卒年相同，同为东西二大戏曲家,题材都是取之他人,很少自己的想象创造,并且都是不受羁勒的天才,写悲哀最为动人"①。

这是中西作家比较研究中较早的一篇论文,其发轫之功,自不可没;而"汤显祖是中国的莎士比亚"这一说法日后深入人心,几乎成为定论,直到今天尚在影响着人们的研究思路,如徐朔方、周锡山等人的同名论文就有近十篇之多。不过,今天我们再细玩该文,不难发现这个提法并不是无懈可击,如文中列举的几条理由并非汤、莎二氏的本质类同点,其具体论证亦漏洞颇夥,令读者甫一阅毕而疑窦丛生。顺此思路写作的论文,虽多方补充经营、局部论证亦能言之成理,其立论大端终不免有些先天不足。看来重新评价、认识这个今天仍很通行的"话语",还是很有必要的。

我们现在便不妨将之逐条推敲一番。

赵氏认为,汤显祖(1550—1617)与莎士比亚(1564—1616)"生卒年相同,这是相同的第一点",并引《中国近代戏曲史》的话说:"东西曲坛伟人,同出其时,亦一奇也。"②按以同年而为同行,固甚难得,然以世界之大,同年甚至同日月生卒者不知凡几;何况汤显祖与莎士比亚生卒年份并不全然相同。若准此例,则王士祯(1634—1711)与德莱顿(John Dryden,1631—1700)亦为同时,再如龚自珍(1792—1841)与雪莱(Percy B. Shelly,1792—1822)同生而丁尼生(Alfred Tennyson,1809—1892)与惠特曼(Walter Whitman,1819—1892)共逝,这几位同行也都大可一比了;但他们又有何本质上的类同点呢?维·日尔蒙斯基说过:"我们可以而且应该把在相同社会历史发展阶段生成的类似文学现象进行比较。"③但在时间上平行的社会并不总处在相同的历史阶段。这一点对于文学来说尤其是如此。

其次,《汤》文认为"汤显祖与莎士比亚都在戏曲界占有最高的地

---

① 原载《文艺春秋》1946年2卷第2期,引自北京大学比较文学研究所编:《中国比较文学研究资料(1919—1949)》,北京大学出版社,1989年,第283页。

② 同上书,第278页。

③ 维·日尔蒙斯基:《比较文艺学》,列宁格勒:科学出版社,1979年,第7页,转引自陈惇等编:《比较文学》,高等教育出版社,1997年,第211页。

位。这是相同的第二点。”[①]西方戏剧并非戏曲，这且不论；莎翁确是雄视百代的大剧作家——本·琼森（Ben Jonson）的诗赞“自豪吧，我的不列颠，你拿得出一个人，欧洲所有的剧坛都向他致敬”即代表了后世莎评的主流意见——但汤显祖在中国剧作家的排行榜上，恐尚非头号种子。《汤》文云：“汤显祖是明万历年间的大戏曲家，虽不能说像莎士比亚那样有世界的声誉，但是在中国的传奇方面，不能不说是首屈一指。”[②]此言非虚，但明传奇之前，尚有作为“中国最自然之文学”[③]的元杂剧，再往前溯更有金院本、诸宫调，传奇又怎能代表整个中国戏曲呢？因此，传奇大家亦难称戏曲作家第一人了。

复次，《汤》文指出：“在题材方面，他们俩都是取材于前人者多，而自己创作的少。”[④]以下有精当的论述，如莎剧中《亨利五世》、《麦克白》等取诸史实或传说，《罗密欧与朱丽叶》、《威尼斯商人》等汲化于欧洲各国故事，特别是意大利的“小说”（Novella）；汤剧则包括“四梦”在内，无不胎托于唐人传奇及元杂剧。斯论极是。莎翁的“拿来主义”举动之大，竟使“大学才子”之一的罗伯特·格林（Robert Greene）于辗转病榻之时兀自规劝马洛（Christopher Marlowe，1564—1593）等同行勿再作剧，因为“有一只用我们的羽毛装点自己的暴发户乌鸦”（“For there is an upstart Crow，beautified with our feathers”）。不过，莎氏的前辈如基德（Thomas Kyd），同时代人如马洛、琼森等又何尝不是如此？不过视野较狭、气魄稍逊罢了。古罗马作家贺拉斯（Horace）曾鼓励剧作家采用古典题材，认为“从公共的产业里，你是可以得到私人的权益的”[⑤]。在中国，文章向为“天下之公器”，“填词”虽是“文人之末技”，然亦“乃于史传诗文同源而异派者也”[⑥]，戏剧与稗官正史关系之密切，恰似同胞兄弟，剧家作剧，欲不

---

① 《中国比较文学研究资料（1919—1949）》，北京大学出版社，1989 年，第 279 页。

② 同上书，第 278 页。

③ 王国维：《宋元戏曲史》，华东师范大学出版社，1995 年，第 121 页。

④ 《中国比较文学研究资料（1919—1949）》，北京大学出版社，1989 年，第 282 页。

⑤ 《诗学·诗艺》，人民文学出版社，1982 年，第 144 页。

⑥ 李渔：《闲情偶寄·结构第一》，引自郭绍虞主编：《中国历代文论选》（一卷本），上海古籍出版社，1979 年，第 294、295 页。

资鉴前人亦不可得矣。试以杂剧大家关汉卿为例,在他所作六十余种剧中,取诸野史、小说的就有《薄太后走马救周勃》、《关大王独赴单刀会》等近三十种;它如《感天动地窦娥冤》、《温太真玉镜台》等"旦本"戏,也都渊源有自,并非纯然向壁而造者。即以取材而论,汤显祖取用的多是唐传奇等文人作品,与关、莎二氏迥然有别。显然,这第三点理由亦难以成立。

《汤》文列出的第四条理由,是"莎士比亚的戏剧是不遵守'三一律'的……汤显祖也是不肯遵守规律的,他所谱的曲常与曲律不合",他们"都是不受羁勒的天才,这是相同的第四点"。[①] 此论似是而非。"醉酒的野蛮人"(伏尔泰语)莎士比亚所蔑视的,是古板教条的欧陆戏剧传统,为此他甚至被认为"断送了英国的戏剧"[②]:他在"斗鸡场"中展开了河山万里,在"木头的框子里"(见《亨利五世》开场白)埋伏下了百万貔貅,摧肝裂胆之际突来科诨调谑,喋血鸣镝之处忽见筋斗杂耍……所有这一切,都维护、发扬了英国戏剧"是大众娱乐的综合艺术品种"[③]这一本土传统。而汤显祖作为文人剧作家,他所致力反抗的却是本国戏曲"本色"派之"家数"。如他在《与宜伶罗章二书》中再三致意:"《牡丹亭》要依我原本,吕家改的,切不可从。虽增减一二字以便俗唱,却与我原本做的意趣,大不同了。"为了维护剧本的"意趣神色"(汤显祖:《答吕姜山》),他不惜"拗尽天下人嗓子"(汤显祖:《答孙俟居》),甚至为此和沈璟大打笔墨官司。他的创作取向与莎翁可以说恰好相反:莎士比亚致力在舞台上展现剧作的壶中世界,汤显祖却把目光投向案头,得意于在剧本中施展他的袖里乾坤。

《汤》文举出的最后一条论据是:"汤显祖与莎士比亚的戏剧悲哀的地方,都极能动人";尽管"莎士比亚所作虽非全是悲剧,汤显祖也许竟不曾写过悲剧",但后者之"《牡丹》、《紫钗》二记实有写成悲剧的

---

① 引自《中国比较文学研究资料(1919—1949)》,北京大学出版社,1989年,第280、281、282页。

② 伏尔泰:《论悲剧》,引自马奇主编:《西方美学史资料选编》(上),上海人民出版社,1987年,第580页。

③ 王佐良:《白体诗里的理想世界——论莎士比亚的戏剧语言》,载《莎士比亚》第2期,浙江人民出版社,1984年,第2页。

可能”,因此二人的戏剧天才都在悲剧中得到最大发挥[①]。此说又差。姑不言汤显祖到底创作过悲剧与否(因为“可能”并不等于事实),也不论莎剧中的崇高悲剧感与汤剧中缠绵悱恻的“动人”、“悲哀”是否为一谈,我们单是来分析一下二人剧作中的人物形象与主题,就足以说明问题了。莎剧中展现的,或是溺爱失察、刚愎自用的耄聩君王,或是因谗生妒、转爱成恨的摩尔大将,或朝廷新贵由于野心膨胀而做法自毙,或青春王子愤激家国惨变而留连感伤……可以说,其中的人物性格、主题思想都达到了“极大丰富”的程度。这一点前人之述已备,毋庸赘述。相形之下,《汤》文作者首肯的《牡丹》、《紫钗》二剧,充其量不过是鲁迅论《红楼梦》时所说的言情“小悲剧”,至于《南柯》、《邯郸》二记更是直接抒发“人生如梦”的主题,人物、主题相对单一,整体上看与莎剧迥然异趣。

除此之外,汤、莎二氏的差异亦不在少数,如剧本数量多寡悬殊;莎翁不仅是大剧家,也是开领一代诗风(Shakespearean sonnet)的大诗人,而汤氏诗作虽多,却非以此道见长……这些且不论,《汤》文列举出的五点理由,均非确凿无疑,在此基础上得出结论说“汤显祖是中国的莎士比亚”,不免有些轻率了。

陈寅恪先生曾在《与刘叔雅教授论国文试题书》中指出:“盖此种比较研究方法,必须具有历史演变及系统异同之观念。否则古今中外,人龙天鬼,无一不可取以相与比较。荷马可比屈原,孔子可比歌德,穿凿附会,怪诞百出,莫可追诘,更无所谓研究之可言矣。”[②]赵景深先生固非穿凿为文,但自郐而下,皮攀肤附、“私掖偷携强撮成”的比较文学研究不在少数。这类文章在茶余饭后作为佐谈之资尚可,但若用于严肃的文学研究,“仅仅对两个不同的对象同时看上一眼就作比较,仅仅靠记忆和印象的拼凑,靠主观的臆想把一些很可能游移不定的东西扯在一起找类同点,这样的比较绝不可能产生论证的明

---

① 引自《中国比较文学研究资料(1919—1949)》,北京大学出版社,1989年,第282、283页。

② 陈寅恪:《陈寅恪集·金明馆丛稿二编》,陈美延编,三联书店,2001年,第252页。

确性”[①]。

但这绝不是说作家比较研究全无可能或毫无意义。恰恰相反,作家作为创作主体,是文学作品研究中相当重要的一环。别林斯基说得好:“每一部艺术作品一定要在对时代、对历史的现代性的关系中,在艺术家对社会的关系中,得到考察;对他的生活、性格以及其他等等的考察也常常可以用来解释他的作品”[②]。作家比较的前提,并不是要不要比较、能否比较,而是因何比较、如何比较。

先说第一点。法国比较文学学者(如卡雷)认为比较作家须研究“作家生平之间的事实联系(*rapports de fait*)”,对于同气连枝的西方各国文学来说,这个看法自然是不错的,但中西(欧美)文学在20世纪初以前几无接触,相互辗转之影响固然极少,“事实联系”更是“遇之匪深,即之愈稀”,若照以上实证思路,中西作家的比较研究只能是一条短小逼仄的死胡同,在此基础上的作品比较乃至诗学比较亦势将成为沙地上筑起的象牙塔。事实上,东西方特别是中西比较文学研究已形成国际性大趋势,比较文学事业若没有中国参予,不过是一只跛鸭。正如美国比较文学学者纪延所说,“只有当世界把中国和欧美这两种伟大的文学结合起来理解和思考的时候,我们才能充分地面对文学的重大理论性问题。”[③]也许,绝少“事实联系”的两大文学传统之间不期而遇的契合,反而更能深刻、有力地揭示“一切文学创作和经验是统一的”这个命题的真理性。当然,这样的比较工作需要更为敏锐的头脑、更为艰巨的劳动,但也更富有挑战性、更具有研究价值。

那么应如何开展比较呢?首先一点,比较者必须具有“历史演变与系统异同之观念”。这里,我们不妨对“系统”概念稍作引申,即把作家及其作品放置到特定历史条件与社会背景这一文学外的大系统中去考察。在我看来,这应当是比较工作的第二条原则:在这两个座

① 巴尔登斯柏格(Fernand Baldensperger)语,引自张隆溪主编:《比较文学译文集》前言,北京大学出版社,1982年,第4页。

② 别林斯基:《关于批评的讲话》,引自伍蠡甫、胡经之主编:《西方文艺理论名著选读》(中),北京大学出版社,1985年,第297页。

③ 引自乐黛云:《比较文学与中国现代文学》,北京大学出版社,1987年,第40页。

标上座标值相近甚或相反的作家、作品，方才具有比较的可能与价值。

其实这两条原则并不新鲜，前人之述已备。孟子云“知人论世”，西方历史实证主义学者亦强调从作者的生平、作品产生的时代背景下研究、评价作品。法国学者泰纳（Taine）更认为文学创作的发生、发展取决于（作家的）种族、环境和时代：“如果你想看到地里将有一次劳而有效的收获，就得在历史这块地里深耕细作。”[①]对此，丹麦文学评论家勃兰兑斯（Brandes）有一段精辟的发挥：

> 尽管一本书是一件完美、完整的艺术品，它却只是从无边无际的一张网上剪下来的一小块。从美学上考虑，它的内容，它创作的主导思想，本身就足以说明问题，无需把作者和创作环境当作一个组成部分来加以考察；而从历史的角度考虑，这本书却透露了作者的思想特点，就像“果”反映了“因”一样，这种特点在他所有的作品中都会表现出来，自然也会体现在这一本书里，不对它有所了解，就不可能理解这一本书。而要了解作者的思想特点，又必须对影响他发展的知识界和他周围的气氛有所了解。[②]

当然，他们都是从实证角度谈比较研究的，对于异源、异质的中西文学来说不一定完全适用，但若将类型学研究、平行研究方法结合起来，辅助参伍，则不失为稳妥有效的研究方法。

综上所述，对作家进行比较研究，在首先考察作品的文学性之外，须同时考察其生活时代、创作环境、创作个性等因素。基于以上认识，我愿提出“关汉卿与莎士比亚是互为镜像的中英两大戏剧传统代表作家”这一命题，具体论证如下。

---

① 泰纳：《英国文学史·导论》，引自朱雯等编选：《文学中的自然主义》，上海文艺出版社，1992年，第35页。

② 勃兰兑斯：《19世纪文学主流》第1分册，张道真译，人民文学出版社，1980年，第2页。

## 二 关汉卿和莎士比亚

说到关、莎二氏的比较,我们立刻面对一项不利的事实:他们的生活时代相隔甚远,竟达三个世纪之多。

事实上,时间与历史的发展并不是同步的。各国的政治、经济、文化进程并不均衡,因此大可不必胶柱鼓瑟,刻求作家生卒年月的一致。马克思曾指出,存在着历史的相似现象,是可以造成文学和艺术的类似发展的,即类似的历史条件可能产生出类似的艺术作品①。关汉卿虽然年长莎士比亚三百岁,但他们生活、创作其中的社会却处于类似的历史的发展阶段,呈现出相似的转型时代精神。

我们先来看莎翁的时代。莎士比亚身历伊丽莎白一世(1558—1603)、詹姆士一世(1603—1625)两朝。这是一个民族扩张、商业繁荣和宗教大论战的时代。《至尊法案》(1534)推翻了罗马教廷的宗教权威地位,代之而起的是英王即"英国国土教会的最高统治者"这一新的权威。其后多年的宗教纷争,亦在坚持至尊王权的前提下得以折冲和解。内政稳定下来的英国开始把目光投向外界,在1588年击溃西班牙"无敌舰队"后,更逐渐成为欧洲政治、经济和世界贸易的龙头②。这个时期的英国,可以说正处在神权与君权国家、封建农业社会与近代工商业社会、民族与世界性国家的交接点上。

社会的发展与变化,带来了英国文学的黄金时代,而戏剧则是这个时代的骄子。从1580年起,60年内,英国产生了数十位卓有成就的剧作家,见于记载的剧本有一千部左右。莎翁与其同行们的创作,从不同的时空角度折射出这一时代的光怪陆离的色彩。遗憾的是,这一时期剧本文学化、戏剧歌舞化的趋势(琼森的创作即是典型的例子),尤其是从欧洲大陆吹来的诸如"三一律"等复古风尚,渐渐掩翳了这一光芒,致使后来戏剧日趋诡丽而生气渐少,莎剧中回荡的那种

① 柏拉威尔:《马克思和世界文学》,梅绍武等译,三联书店,1980年,第546页。

② 参见伊·勒·伍德沃德:《英国简史》,上海外语教研出版社,1990年,第8章、第9章。

“盛世元音”难以为继，渐至化为一两声呜咽惨叫。不用到英国资产阶级革命胜利、清教徒当政后封闭伦敦剧院，实际上就已经曲终人散了。[1]

我们再看关汉卿。关汉卿的生活和创作时代，正值胡马南渡、在包括中国在内的广大亚欧地区建立起蒙古贵族专制统治的元朝。中国无意中——也许是不情愿地——被抛进世界历史的发展轨迹。然而，表面上的大一统并不意味着民族矛盾的缓解。元统治者于施行四民等级制之外，从开国至仁宗延佑朝近四十年间废止科举，汉人知识分子地位低下，有道是“八娼九儒十丐”（谢枋得：《叠山集》），华夏文明可说是处在一个“脱节的时代”：中国也正面临着原始游牧文明与封建农耕文明，汉人与胡人生活习俗，佛道思想与儒教思想、民族国家与世界性国家的相峙、对撞[2]。

元杂剧作为一种来自民间的文艺样式，于此文化断层中勃发，可谓正得其时。首先，由于蒙古贵族专政，废行科举，致使“中州人每沉抑下僚，志不获展”（胡侍：《真珠船》），大批失意落魄文人成为杂剧作家，形成中国文学史上罕见的专业文人创作队伍。其次，由于蒙元统治者虔信佛教（喇嘛教），失势的儒学在政治、文化、意识形态领域中风光不再，元杂剧得以保持、发扬其大众文化本色，成为具有原生性质的“最自然之文学”与戏剧形式。后世戏剧如传奇、昆曲，偏重于格律、意趣等文学性，每有繁缛典丽之弊；而乱弹、皮黄，则侧重娱乐歌舞，又往往失之于俚俗不文；只有元杂剧，处在中国戏曲发展历程中一个“文质彬彬”的阶段，形成了中国古典戏剧的一座高峰。当时有姓名可考的剧作家有八十余人，见于记载的作品达五百余种。这一盛况是空前绝后的，足可与伊丽莎白一世时期至1642年的英国戏剧相揖让而毫无逊色。

综观关、莎二氏的生活与创作时代，不难发现，二者虽一呈上升

---

① Gamini Salgado. *English Drama: A Critical Introduction*. Edward Arnold Ltd., 1980, pp. 85—86 & 131.

② 参见韩儒林：《元朝史》，人民出版社，1986年，第4、6、9、11—14页及第4章第5节，第5章第4、5节，第9章第1、4节，第10章各处。

态势,一现下降轨迹,但二者相交于一点:其座标值,一为“断”,即该时期与之前的时代形成某种断层;其二为“变”,即本时期是本民族文化连续性发展中的一个突变点,因而呈现出若干相应的临界状态特征(如英国戏剧中的“巴洛克风格”即是其表征①)。这两个特点在很大程度上决定了当时中英文坛的气候,也是以关剧为代表的元杂剧与以莎剧为代表的英国文艺复兴时期戏剧得以激扬灿烂的源泉。

不过,关汉卿与莎士比亚能成为震古烁今的戏剧大家,除了受到时代与社会的影响,亦得力于他们独特的生活与创作经历。

有趣的是,对于二者的生活和创作经历,我们均知之甚少。先说莎士比亚。由于资料不足,有的研究者甚至怀疑有无莎士比亚这个人或莎剧的作者是否就是此公②。好在近四百年来英国社会一直安定,婴儿出生受洗、成人婚丧记录及各色法律文件、账目、登记册等保存完整,通过这些材料,我们勉力亦能勾勒出莎翁的生平大概。可惜这些材料零碎漶漫,缺少莎氏从故乡到伦敦这一关键时期的记载,不少剧本的创作时间难以确定,至于作者的创作意图、理论思想更是无从查考。不过,莎翁比他的中国同行已是幸运多多。对于关汉卿,我们知道他大致生活在金末元初时期,但具体年代却是一个谜,而有限的记载也时相抵牾,致有人认为有大小两位关汉卿。至于关氏的藉贯,研究者们更是聚讼不已:或曰大都人(钟嗣成:《录鬼簿》),或曰解州人(邵远平:《元史类编》),或曰祁之伍仁村人(罗以桂:《祁州志》)……今人大多认为关氏原藉祁州,后离乡赴京作剧成名,或近于真实。不过中国人素喜攀扯名人点缀本地风光,这场官司恐怕还会继续打下去。而关氏在大都的活动虽然记载稍详,但除了关氏本人及其与友朋的诗作往还、回忆之外,资料亦付阙如。

关、莎二氏均来自民间,本非庙堂人物,当时自不会有人为他们撰写什么年谱、行传,这对研究者来说是一大遗憾。然而正因如此,

---

① 参见杨周翰:《镜子和七巧板》(中国社会科学出版社,1990年)中《巴洛克的涵义,表现和应用》一文。

② See *Candidates for Shakespeare*. London: Thames & Hudson Ltd, 1996, pp. 37—38. 其中列出的莎剧作者有30余人之多。

他们的思想、心灵——这具体表现为个性与作品风格——浸渍弥漫着朴素的大众性与真气淋漓的原生风貌。

关汉卿与莎士比亚，当然不是"玩"戏剧、一不留神玩成了戏剧大家，但他们也不是发愤著书、志在美刺、自觉担任时代书记员的正统派作家。不错，他们是文人（*hommes de lettres*），但他们首先是饱经世情的世间人（men of the world）。如关汉卿曾在"金末以解元贡于乡，后为太医院尹"，后来据说因"金亡不仕"（蒋一葵：《尧山堂外记》），这才成了专业剧作家。关氏为人"滑稽佻达"（王国维：《元戏曲家小传》），《录鬼簿》的作者称他"心机灵变，世法通疏"；关氏本人也曾豪迈地自述"我是个普天下郎君领袖，盖世界浪子班头"，"我是个蒸不烂、煮不熟、捶不扁、炒不爆、响当当一粒铜豌豆"（《南吕一枝花·不伏老》）[①]；这是自嘲，同时也是一幅逼真的自画像。

关汉卿亦是相当不错的诗人，现有散套若干传世，并曾有一曲《南吕一枝花》相赠名旦朱帘秀。莎士比亚是英国诗人中可数之白眉，亦曾为一"黑夫人"（Dark Lady）大作十四行诗；从这27首诗来看，称作者一声"浪子"并不算是过分。当然，关、莎二氏生活经历中的相似处远远不止于此。莎翁虽非"少也贱"（其父曾出任市财务官），但少小便辍学随父学习手艺，干活补贴家用。后一度任乡间学校教员，不过他为人师表的意识淡薄，据说曾不止一次伙同不三不四的朋友，到附近大户（Sir Thomas Lucy of Charlecot）的林苑中偷鹿，为躲避有司追究而遁往伦敦闯滩，从为剧院看马开始，打杂工、赶零碎角儿，渐至正式登台，担纲"宫内大臣剧团"（Lord Chamberlain's Men）的主演、股东和剧作家，直到成为环球剧院（the Globe Theatre）的"经理"（housekeepers）之一，每年坐拥250镑，厕身贵游，买屋刻稿，俨然名士矣[②]。

个人生活经历的丰富多姿，对关、莎二氏创作心理、创作风格无疑影响至深。关汉卿的早期活动我们不甚了了，但从其为人、文风来

---

① 王学奇等：《关汉卿全集校注》，河北教育出版社，1990年，第772页。

② 参见裘克安：《莎士比亚年谱》，商务印书馆，1995年，第122、125、127、135、137、145、147、170页。

看，他和莎翁一样，都是来自乡村，久历世情，登台演戏、下台写剧而扬名京城内外。莎氏际遇似优于关氏，但他们作为演员兼剧作家，稿酬菲薄不说，其职业在当时也是属于不入流的行当[①]。因此他们虽是严格意义上的文人，却非株守书斋、青春作赋的"名家"，而他们的作品自然也不会是散发头巾气的案头清供。德国哲学家狄尔泰以为"富有想象力的诗所具有的最一般特征，在于它来源于丰富多彩的生活感受、来源于人生的经验，而不是文人们从书本到书本的抄袭"[②]，这一点正是关、莎二氏超出同侪后辈的奥妙所在。

时代与个人生活经历的影响是重要的，而他们成为戏剧花园中"一根最高的枝条"(泰纳:《艺术哲学》)，还得力于他们的创作小气候。

还是先来看关汉卿。在元杂剧作家中，关氏年辈最高，作品最多，成就也最大。这一点早有公论，如贾仲明补撰《录鬼簿》，以"凌波仙"一曲凭吊关氏，赞之为"驱梨园领袖，总编修师首，捻杂剧班头"。以今人眼光来看，尊关汉卿为"杂剧之父"应不为过。不过，伟大的艺术家并不是一枝独秀的光杆儿牡丹，在他周围还聚集了一大批优秀的剧作家，如时有"莫逆之交"之目的杨显之(杨氏常为关氏剧本进行"后期制作"而得外号"杨补丁")，与关氏"相亲如故者"的梁进之，与关氏风格酷似的"小汉卿"高文秀、"蛮子汉卿"沈和甫等。此外，关氏作为"玉京书会"的灵魂人物，不仅与伶人(如朱帘秀)等往还密切，他本人亦"至躬践排场，面傅粉墨"(臧晋叔:《元曲选·序二》)。关汉卿能成为"杂剧创作的中心作家"、"本色派的第一流人物"[③]，这些经历应该说起到了重要的作用。

如果用中国古典戏曲术语来描述莎士比亚，那么他无疑是一名"本色派"作家了。和关汉卿一样，莎氏本人也是一名演员兼编剧。

---

① See C. T. Onions (ed.). *Shakespeare's England*, Vol. II. Oxford: Clarendon Press, 1917, pp. 240 & 242.

② 狄尔泰:《诗的伟大理想》，引自《西方文艺理论名著选编》(下)，北京大学出版社，1985年，第558页。

③ 青木正儿:《中国戏曲史》，中国戏剧出版社，1957年，第54页。

他的演技如何，我们不甚了了[①]，但他的剧本（确切讲是脚本）无疑是人类文明所达到的制高点之一，对此历代诸家的惊叹赞美赅备，委实无庸赘言；我们只需知道，莎翁能成为不世出的天才，他的前辈、同仁以及后起之秀，诸如李利（John Lyly）、格林（Robert Greene）、皮尔（George Peele）、洛奇（Thomas Lodge）、纳什（Thomas Nashe）、马洛、基德这些所谓的“大学才子”以及弗莱彻（John Fletcher）、博蒙（Francis Beaumont）这些年轻的同行居功甚伟。如他们创制了素体诗、复仇悲剧、伟人悲剧、浪漫主义喜剧、历史剧、宫廷喜剧、传奇剧（tragic comedies），而莎翁则博采诸家成果，更加纯熟老到地驾驭这些形式，从而真正全面奠定了英国戏剧的传统。莎剧无论从剧本数量上还是从戏剧样式上都超迈前贤[②]，而后者主要活跃于 16 世纪八九十年代，并“在英国戏剧走向成熟的发展途中抛弃了戏剧”[③]：格林于 1592 年病故，1593 年马洛被杀，1594 年基德去世，而李利则于 1594 年后告别了剧作生涯[④]……依此而论，莎士比亚一如关汉卿，亦是开风气而集大成的剧作家。

关汉卿和莎士比亚的名字分别代表了中英戏剧的最高成就。事实上，关、莎二氏创作成就之高，几令后学难乎为继。詹姆士一世时期的英国剧坛风行华丽而空洞的假面歌舞剧（the Masque），例如当时的文坛盟主琼森就创作了 40 部音乐歌舞剧[⑤]，而彼时之悲剧创作，亦钟情于恐怖、暴力、乱伦、通奸一类耸人听闻的题材，整个剧坛呈现出所谓“巴洛克”的怪诞风格。与之相似，杂剧在元朝后期逐渐

---

① 据说他曾经在《哈姆雷特》中饰老王的鬼魂，在《如愿以偿》中出演亚当一角（*Shakespeare's England*, Vol. II. Oxford University Press, 1917, pp. 248），并在琼森的两部作品中扮演过角色（阿尼克斯特：《莎士比亚传》，安国梁译，海燕出版社，2001 年，第 153、180 页）。

② 洛奇、纳什、基德各有剧作一种传世；皮尔、格林各五种；马洛七种；李利最多，然亦不过八种。“大学才子”们剧作共有 28 种传世，而莎氏一人就有 37 种。另外“大学才子”除李利外都只运用一种戏剧形式写作，而莎剧则几乎包括了当时所有的戏剧类型。

③ 张泗洋等：《莎士比亚引论》（下），中国戏剧出版社，1989 年，第 105 页。

④ 阿尼克斯特：《莎士比亚传》，安国梁译，海燕出版社，2001 年，第 68—69 页。

⑤ 即便是琼森本人，也曾批评“妆绘和木匠活成了假面剧的灵魂”（“Painting and carpentry are the soul of masque”, *Shakespeare's England*, Vo II, p. 332.）。

衰微:内容上战斗性和现实性的锋芒减弱了,宣扬封建和出世思想的劝善剧、神仙道化剧甚嚣尘上;在艺术上亦偏向曲词的工丽华美和情节的曲折离奇,杂剧全盛期那种朴素、生动的风格剥落殆尽,陷于颓唐趣味的流弊渐起[①],余风直熏染至明代前期的剧坛。

"时运交移,质文代变"(《文心雕龙·时序》),这大约也是艺术兴衰的一个规律吧;而在关、莎二氏的剧作中流溢出来的那种元气淋漓的原生性,恰是后代作家可望而不可及的天才标志。马克思反对剧作家把人物写成"时代精神的传声筒",曾提出"莎士比亚化"这一概念;我国学者则将莎士比亚的风格总结为"题材的多样化,剧型的多样化"、"众多形象鲜明的人物"及"五颜六色千变万化的万花筒式语言"[②]。笔者认为,这几条规则亦完全适用于关汉卿的剧作。为方便讨论起见,本文将使用"原气淋漓的本色派风格"来统一描述关、莎二氏的创作风格。下面,我们不妨就以此为切入点,对他们剧作中的语言、题材和人物形象等方面略作一番比较。

关汉卿被誉为"本色派的第一流人物"(青木正儿)。"本色派"与"文词家"或"名家"相对而言,两者的区别首先在于语言。明人王骥德所谓"曲之始,止本色一家","自《香囊记》以儒门手脚为之,遂滥觞还有文词家一体。夫曲……一涉词藻,便蔽本来"(《曲律·论家数第十四》)即是。关汉卿"作为当行的剧作家,创造出适合于场上演出的'场上之曲',与专门写'案头之曲'的'名家'大异其趣。"[③]正因为这个原因,正统文人对关氏的评价历来都偏低,如《太和正音谱》的作者朱权就认为:"观其词语,乃可上可下之才。"确实,关剧中的语言固然丰实生动,但同时也稍显纷乱粗犷。关剧作为演出脚本,"文字在剧本上的书写随意性较大。且有些方言土语,市井用语,甚至有音无字,便出现重音不用形的现象","又由于服从于唱腔音律的需要,造成词序颠倒,词语重叠或语法失常等现象"[④]。应该说这些现象确实

① 宁宗一、陆林、田桂民编:《元杂剧研究概述》,天津教育出版社,1987年,第128页。

② 陆谷孙编:《莎士比亚专辑》,复旦大学出版社,1984年,第3—5页。

③ 李汉秋、曾有芬编:《关汉卿研究资料》,上海古籍出版社,1988年,第4页。

④ 王学奇等:《关汉卿全集校注》,河北教育出版社,1990年,第2页。

都存在，然而它们决非“俚腐”的“本色之弊”(王骥德:《曲律》)，而是恰恰证明了关汉卿具有原生性的本色风格。关剧语言可以说达到了“语求肖似”(李渔:《闲情偶寄》)的境界，即“根据生活本身所提供的语言来反映现实，充分为剧情和人物性格服务”①，而不是大掉书袋，让剧中人一律之乎者也，片面地追求戏剧语言的典丽。

“一切强有力的东西；都被称为粗鄙的”②，司汤达曾这样形容当时的法国戏剧欣赏标准。对此褊见陋识，古今中外不知多少天才作家为之扼腕永叹！莎士比亚总算比关汉卿幸运些，甫逝世便有琼森献诗，被赞为“时代的灵魂”、“我们剧坛的喝采对象”；但琼森也不无惋惜的提到这位“诗人中的诗人”文化不高，“只懂得一点儿拉丁文，希腊文更少”，“但愿他改过一千行”。莎翁殁后很长一段时间内，世人对他的剧作评价并不很高，多为其“野蛮”、不雅驯感到遗憾，而其中头一款罪状往往就是莎剧的语言。如德莱顿认为莎翁“以辞害意”、“硬把日常使用的字句粗暴地使用”③，伏尔泰亦认为“文笔太铺张”，断言“这位作家的功绩断送了英国的戏剧”④。事实当然不是这样。我们知道，莎士比亚是首屈一指的英语语言大师；在他使用的一万七千余(一说据电脑统计为 29,066，最高数字达 43,566)词汇中，既有高古时髦的古罗马语、法语、意大利语，也有百姓习用的方言土语，甚至实在不登大雅的粗话。即以《哈姆雷特》一剧为例，其中我们不仅可以读到典雅的素体诗，玄奥的思索和评论，也可看到平实的口语化散文和粗野俚俗的市井人语。确实，莎翁对于文字游戏(如双关仿辞)有着非同寻常的爱好，时或堆叠缛丽的辞藻而遭后人嗤点，不过我们须知，莎剧同关剧一样首先是舞台演出脚本，写作时并未计划出版，粗枝大叶、遗漏重复、臃肿花哨的毛病在所难免。其实，莎氏本人对文词派作家的夸张其辞也很不以为意，他曾借哈姆雷特之口加

---

① 游国恩等:《中国文学史》第 3 册，人民文学出版社，1963 年，第 198 页。

② 《拉辛与莎士比亚》，引自伍蠡甫编:《西方文论选》(下)，上海译文出版社，1979 年，第 153 页。

③ 张泗洋等:《莎士比亚引论》(下)，中国戏剧出版社，1989 年，第 373、379、387 页。

④ 伏尔泰:《论悲剧》，引自《西方美学史资料选编》(上)，北京大学出版社，1985 年，第 580、584 页。

以抨击(III，ii，17－24)，并且在三幕二场“戏中戏”中予以丑化模仿。莎剧语言与所谓“绮丽体”(Euphuism)是大异其趣的(莎氏在《爱的徒劳》一剧中使用了这种文体，同时又对它进行嘲讽；在《亨利四世》上篇二幕四场中更是痛快地讥讽了这种风格)。前面所说的莎剧语言的不足之处，我认为在某种程度上倒是展示了作者汪洋恣肆、“不择地而出”的语言天才。

关剧与莎剧语言中这种酣畅淋漓的原生性，在各自的戏剧传统中不仅罕逢其匹，甚至后继乏人。莎翁封笔后，琼森接掌英国剧坛之牛耳，但他把自己的作品当成文学经典看待，为剧本文学化献力甚伟，并在1616年出版了《作品集》(*Works*)，这部文集“成为英国剧本文学化进程中的一座里程碑”①。而元杂剧，则自关汉卿之后(特别是在元后期)日趋典丽，作者往往着意于格律词藻的雕镂，词曲的文学性孤立地看有出蓝之势，但作为戏剧语言则生气剥尽、“不能复化”(《文心雕龙·通变》)，而且往往喧宾夺主，诗“味”浓郁而剧“情”消隐。这一趋势自《香囊记》后加速发展，终于在传奇剧大师汤显祖那里由附庸成为大国，完成了文学的又一轮文质循环。

这种文和质的区分也体现在关、莎二氏作品的体裁与题材上。莎士比亚一生作剧凡38部，计历史剧10部，喜剧14部，悲剧10部，传奇4部；各种戏剧样式在他手中无一不被运用得出神入化。中国古典戏剧的分类自成一派，关汉卿的剧作既有“公案”(如《窦娥冤》、《鲁斋郎》)、“风情”(如《救风尘》、《望江亭》)，也有历史剧(如《单刀会》、《哭存孝》)，几乎涵盖了当时几乎所有的戏剧样式。他们的剧作题材，更是洋洋乎万取一收，蔚为大观。在中英两国戏剧史上，剧作样式如此完备、取材如此广阔者，除去关、莎二氏，不作第三人想。

题材的广泛，在优秀剧作家手中，必然导向人物形象的丰富多彩。关汉卿和莎士比亚都是描绘当时社会众生相的大手笔。关剧里的人物，有官吏(如包待制、钱大尹)，有武将(如关羽、李存孝)，有文士(如裴度)，有贵妇(如邓夫人、刘夫人)，有权贵贼臣(如鲁斋郎、桃

① Stanley Wells. *Literature and Drama*. London, Routledge & Kegan Paul Ltd., 1970, p. 46.

杌),有地痞无赖(如杨衙内、张驴儿),有风尘女子(如赵盼儿、杜蕊娘),三教九流应有尽有,五行八作活灵活现。莎剧更为我们提供了文学殿宇中最壮阔的一条人物画廊。据统计,莎剧中出现的人物有名者达七百余,有台词的角色竟达 1378 人之多!以种族分,有欧、非、犹太、摩尔、阿拉伯;以国别论,有英、法、德、意、丹麦、希腊、罗马、埃及;以时代言,有远古、中古、近现代;从职业上看,上至帝王将相,中有农工商兵,乃至倡优叫花,林林总总,无所不包。非但如此,关、莎二氏笔下人物,性格真实多样,有厚度、有深度。“莎士比亚所表现的一切人物,都揭示高度人格化的、拥有个性结构的生命”[①],狄尔泰曾如是评价莎剧中的人物;歌德亦赞叹说:“没有比莎士比亚的人物更自然的了!”[②]而关汉卿,作为“中国最自然之文学”——元杂剧的首座,比诸莎氏“神一般的”(伏尔泰语)人物塑造功力亦不遑多让。前文所说的“莎士比亚化”,其实正是“本色”或“原生性”的一种表述方式,亦可称为“关汉卿化”,因为关汉卿的创作也体现出同样的特点。

与其他描写单一身份类型主人公的剧作家(如马洛与汤显祖)不同,关汉卿与莎士比亚塑造的是复合的、多元的、立体的人。为说明这一点,我们不妨从两人笔下的浩瀚人物形象中截取“妇女形象”这一切片,看她们是如何体现了作者的原生性风格的。

先说莎剧。从上古史诗到中世纪的浪漫传奇,欧洲文学中的妇女形象多属陪衬(如珀涅罗珀),或类“起兴”之由头(如海伦),即使被尊奉为女神,其地位实与宝物、圣杯相去不远,不过是男性主人公政治、爱情游戏中的人格化猎物或彩头罢了。这一局面到了文艺复兴时期有所改观,而到了莎翁手中就更是一番新天了。莎剧中的妇女确实占据了舞台的“半边天”,如《温莎的风流娘儿们》中的培琪大娘、《亨利五世》中的快嘴桂嫂、《麦克白》中的麦克白夫人、《李尔王》中的里甘、《威尼斯商人》中的鲍西娅、《特罗伊洛斯与克瑞西达》中的克瑞

---

① 狄尔泰:《诗的伟大理想》,引自《西方文艺理论名著选读》(上),北京大学出版社,1985 年,第 556 页。

② 歌德:《莎士比亚纪念日的讲话》,同上书,第 426 页。

西达……她们年龄不一,性情各异,来自社会各阶层;更重要的是,这些人物无论贤愚善恶,无一不是活生生的“有着内在的活力和对自身强烈的意识”(狄尔泰语)的“这一个”,而非声容举止经过男性想象力统一包装的阴性符号或青春、美丽的简单拟人化。

再看关剧。中国文学除了《诗经》、乐府外几乎是清一色的男性世界,妇女形象几成绝响,偶或出现一些春闺少女、高楼怨妇,而且多半是被蹭蹬失意的男性作家拉来自况,借以渲泄其不遇、不售的怨艾牢骚。这种现象到了唐传奇、宋金话本等俗文学中略有反拨,然亦往往囿于小家碧玉私会情郎、风尘女子慧眼识英雄一类,即便有侠女、神女一类角色出现,重点亦往往在其“侠”、其“神”而非其“人”特别是女人的身份。关汉卿扭转了这一局势。在他的13种“旦本”杂剧中,关氏创造出不同年龄、身份、性格的女性形象,如大义替死的童养媳窦娥、智斗登徒的再醮寡妇谭记儿、老辣热忱的风尘女子赵盼儿……她们不再是在情天恨海中春啼秋怨的单调扁平人物模型(stereotype),而是被还予了本来面目的真实女人。

关剧与莎剧中的妇女形象不仅数量众多、性格丰富多样,而且往往是作者的代言人(surrogate)或心目中的理想人物①。薇奥拉、鲍西娅、德斯狄莫娜、米兰达、窦娥、谭记儿、燕燕、赵盼儿……这个名单还可以再开下去。这一现象绝非巧合,个中情由也不难索解:在等级森严的古代社会,无论是西方神权国家,还是东方的君权国家,妇女都处在等级金字塔的底层,如西方常以男女欢爱象征人对神的皈依,而中国素以夫妇之道譬喻君臣伦常。当这社会处于转型的边缘,当人们因其身份、地位动荡变化而对自身存在意义和价值进行反思时,他们很容易对同样不幸的妇女产生认同、理解、同情乃至礼赞。较早觉醒的人,如中下层文人,往往因之提笔作文,通过塑造妇女形象来排攘胸中块垒,抒发一己的愤懑不平。《十日谈》、《红楼梦》就是很好的佐证。关、莎二氏均生活在一个大变革的时代,他们的中下层生活

① 严格说来,关汉卿的时代并不具备产生“新人”的社会历史条件,但不可否认,这些可爱、可敬的女性形象构成了剧本世界中的“亮点”,我们不妨将此视为作者在社会转型期的人格价值取向。

经历与佻达放浪的个性等各方面条件辐凑聚变，使他们得以创造出新一代的女性形象。

可惜的是，他们塑造的这些“新女性”形象却被后辈所忽视甚至歪曲：她们好不容易逃出海角危塔、重锁香闺来到人间世界的前台，旋又被一支笔逼回宫室、沙龙和闺房的背景中。例如琼森重拾中世纪“性情剧”(Humorous Plays)的人物塑造手法，而海伍德(Thomas Heywood)则惯于把戏核置于夫—妻—情夫的三角关系上①，致使妇女形象单调雷同，失却莎剧人物所特有的那种原生性和真实性。无独有偶，在“后关汉卿”时代，才子佳人剧风行于世，如白朴的《墙头马上》、郑光祖的《倩女离魂》、乔吉的《两世姻缘》等等，无复关剧中的多元立体品貌。这是戏剧的退步还是它的必然发展趋势？是时代风习使然还是作家个人趣味的结果？不管怎么说，关汉卿与莎士比亚笔下的女性形象，恰如一道闪电划破长空，虽只戛然一现，却震烁百代、弥足珍贵。

关、莎二氏剧作中的女性形象先谈到这里。此外二氏笔下人物相似之处甚多，如追求个性解放、赞美治世雄才等等，指不胜屈。东坡咏庐山诗句云：“横看成岭侧成峰”，这正是原生性作家作品的绝好写照。然而，他们不论如何“远近高低各不同”，有一点在本质上是相同的，即具有充盈、结实、元气淋漓的原生性风格。关、莎二氏剧中的人物形象是这样，语言、题材、体裁亦复如此。中英剧坛诸家中创作相契如斯者，似无第三人。贤如汤显祖，他的“临川四梦”创作别是一工，可以说是“用写诗的手法写戏”②，其内容也可归为“两情相悦反礼教、士子顿悟成丹道”两端，与关莎二家相较，尽管自成家数，却无多少可比性。

因此我们可以有把握地说：在中英戏剧传统中，关汉卿与莎士比亚是最具可比性的代表性作家。当然，这并不意味着二者全然等同；事实上他们之间尚存在着许多差异，有些差异甚至还是根本性

---

① 参见 Sir Ifor Evans. *A Short History of English Drama*. London: MacGibbon & Kee, 1965, pp. 67—68 & 78—79.

② 游国恩等：《中国文学史》第 4 册，人民文学出版社，1963 年，第 79 页。

的——仅以剧本形式而论,就有对表演性与文学性、诗体与散文体的不同侧重等等(这将是下文要讨论的问题)。然而,差异的存在正是比较研究的一个重要前提:比较对象若浑然不类,固无法比较,但如两粒豌豆般相似,也就无需比较了。钱钟书先生云:“比较不仅求其同,也在存其异,是所谓‘对比文学’。正是在明辨异同的过程中,我们可以认识中西文学传统各自的特点。”[①]研究者能味斯语,则思过半矣。

关汉卿与莎士比亚是中西比较文学研究的一组理想对象,二人创作的契合与歧异揭示了戏剧这一艺术形式与文学样式的本质规律与分化可能。本文提出:“关汉卿与莎士比亚是中英戏剧传统中互成镜像的两位代表”;这一论点若能成立,那么中英乃至中西戏剧的比较研究将获得一块坚实的基石。我对此深怀信心。

---

① 张隆溪:《钱钟书论比较文学与文学比较》,载朱维之编:《中外比较文学》,南开大学出版社,1992年,第144页。

附录二

# 文学和表演：中英戏剧传统比较考察之二

中西戏剧比较是一个有趣的课题。有的人认为二者是互不影响、各成体系的系统，除了进行主题学的研究外，其他问题都缺乏可比性，或者不比自明。事实上，二者之间绝非“缺乏可比性”，其具体差异只有通过比较方能凸现出来。元杂剧与英国文艺复兴时期的戏剧、关汉卿与莎士比亚的戏剧创作，就是极好的研究对象。如果我们承认“比较”是获得真知的一个有力手段，那么关剧与莎剧为我们认识中西戏剧各自的特点及二者间的异同，提供了可信的例证。

## 上　楔子

下面我们就不妨从一个小题目入手，即对关剧与莎剧中的开端部分作一番考察；为方便讨论起见，这一开端部分在本文中统称为楔子。

元杂剧的体制一般为四折一楔子。杂剧中的楔子，上承唐宋时期的“致语”（又名“乐语”、“念语”，是由“参军”或优长在表演前所致的骈文颂词）和宋话本的“入话”（也叫得胜头回，原是说书引子），下启明清传奇的“家门”、“开场”、“传概”[①],而独盛于元。在《元曲选》所收的一百种杂剧中,有楔子的共69种,占三分之二强。在关汉卿现存18种剧作中,有楔子的共12种(包括“双楔子”和“头折”)。有时元杂剧没有“楔子”或“楔子”居于剧中,但开始时总要由登场人物“自报家门”的。在明代中期以后,随着北杂剧的衰落,楔子渐渐销声匿迹了,但广义上的楔子,即戏剧结构中的开端部分,仍以“引子”,“定场诗”,“自报家门”等其他形式保存下来,并在后代一脉相承的表演形式(包括明清传奇,清中后期之“乱弹”如京剧)中作为一种程式而大量地运用。楔子与中国传统戏剧关系十分密切,可以说是它的一个基本形式特征。

但这并不意味着只有中国传统戏剧才有楔子或类似的戏剧表现手法;它只不过是完整地保存至今并且尚在广泛运用罢了。楔子的运用在西方戏剧中亦有悠久的历史。古希腊公元前6世纪的酒神颂歌中即出现了歌队领队(Chorus),由其与歌队通过唱、白来结构敷演情节。后领队逐渐发展成一个演员,可与剧中人交谈,起着类似剧情介绍与评介的作用。在文艺复兴时期的英国,歌队的任务由一个演员来担任,由他来朗诵开场白与收场白,进行幕间评论并预告即将发生的事件。莎士比亚的前辈如基德(Thomas Kyd)在《西班牙悲剧》(*The Spanish Tragedy*)中,其同时代剧作家如马洛(Christopher Marlowe)在《浮士德博士的悲剧》(*Doctor Faustus*)中,稍后的琼森(Ben Jonson)在喜剧《狐狸》(*Volphone*)都运用了这一手法。莎士比亚本人有时也运用楔子(Chorus, Prologue, Induction),但与关剧相比数量有限,且大部分集中在第一创作时期(1590—1600)的历史剧与悲剧作品中[②],在中后期剧作中就很难见

① 亦名“副末开场”,“开宗”、“标目”、“提宗”、“开演”、“叙传”、“首引”、“家门大意”、“家门始末”,“开场家门”、“敷演家门”、“传奇纲领”、“本传开宗”、“梨园鼓吹”等等。其中亦由非剧中人“副末”一人登场,用一首或两首诗简介剧情,同样只有“报幕”性质,不能算是正戏。

② 这几部作品是:《罗密欧与朱丽叶》,剧首致Prologue;《特洛伊洛斯与克瑞西达》(Prologue);《亨利四世(下)》(Induction)及第三创作期(1609—1613)中的《亨利八世》(Prologue)。这部作品实际上是第一时期历史剧的收束。

到了。

关剧与莎剧分别是中、英戏剧黄金时期的巅峰之作，它们之间的异同代表并体现了中英乃至中西戏剧理论与实践的共同规律与深刻分歧。亚里士多德在论及悲剧的“整一性”（Wholeness）时云，一出完整的悲剧，必须由开端、发展、结尾三部分组成①。我国元代乔孟符对杂剧的结构，亦曾提出著名的“凤头、猪肚、豹尾”的要求，即所谓“起要美丽，中要浩荡，结要响亮”（陶宗仪：《南村辍耕录》卷八“作今乐府法”条）。中西戏剧一致强调开端在戏剧结构中的重要性；但开端应是怎样的，或何为好的、合适的开端，莎士比亚与关汉卿在各自的创作实践中给予了不同的答案。这些相异之处，在其剧作里楔子的运用（如数量、组成、表演人员、手法与正戏的关系等）中均有具体的凸现。

下面我们不妨具体分析一下《感天动地窦娥冤》与《亨利五世》两剧中的楔子并就二者的异同作一番比较。

请先来看《窦》剧中的楔子。楔子起始，由“卜儿”（类似京剧中的老旦演员）饰剧中人蔡婆“带戏上场”，首先念了四句定场诗：“花有重开日，人无再少年；不须长富贵，安乐是神仙。”向观众泛泛介绍自己所饰角色的老年妇人身份。然后是自报家门：“老身蔡婆是也……家中颇有些钱财”进一步向观众介绍了自己的籍贯、家庭及婚姻状况。接下来蔡婆追述穷书生窦天章因无力偿银、欲卖女窦娥为蔡婆童养媳一事。这时冲末、正旦扮剧中主角窦天章、窦娥父女上场。窦天章亦念了四句定场诗后自报家门，向观众介绍自己的姓名、籍贯、职业、卖女原由等。下面是窦天章与蔡婆相见，商议卖女借银事；剧情即从此展开。之后三人同下，楔子结束；第一折正式开戏则已是十三年后的事情了。

下面我们再来看《亨利五世》中的Prologue。在篇幅不大的整个开场白中，只上了一名并非剧中人物的致辞者。开场白由素体诗（Blank Verse）形式写成，首先按照史诗体例的俗套赞美缪斯并吁请

---

① Aristotle. *Poetics* (translated by Gerald F. Else). The University of Michigan Press, 1970, p. 30.

灵感，继而为舞台条件的简陋而向观众道歉:“在座的诸君，请原谅吧！像咱们这样低微的小人物，居然在这几块破板搭成的戏台上，也搬演什么轰轰烈烈的事迹。难道说，这么一个‘斗鸡场’容得下法兰西的万里江山？还是我们这个木头的圆框子里塞得进那么多将士?”接着又吁请观众:“来激发你们庞大的想象力吧，就算在这团团一圈的墙壁包围了两个强大的王国……我们提到马儿，眼前就仿佛真有万马奔腾……把我们的帝王打扮得像个样儿，这也全靠你们的想象帮忙了;凭着那想象力，把他们搬东移西，在时间里飞跃，叫多少年代的事迹都挤塞在一个时辰里。”[①]至此，致辞者在剧中的任务完成，在他下场后，演出正式开始。

观察以上两段楔子，我们发现二者间颇有一些共同之处，如它们都在剧首出现，简略地介绍剧情以使观众熟悉剧中环境(如历史背景、地点)与人物;但更多的、更引人注目的却是二者间的不同。

我们先来看看它们在戏剧结构中的地位的作用。俄国形式主义学派的中坚人物鲍里斯·托马舍夫斯基在谈到“戏剧情节分布的构成”时认为:“开端……在剧初必须造成适于详细讲述的局势。戏剧的处理办法是引入一个开场人。由他在演出前向观众交代开头的情景。随着求实细节印证原则的兴趣，开场人的角色被溶到了剧中，其职能由开场人物之一来担任。”[②]这个说法也大致适用于元杂剧中的楔子，尤其是其中“自报家门”的开场方式。但有一点需要特别指出，即杂剧如《感天动地窦娥冤》中开场人与剧中人融为一体，并不是为了“求实”以换取逼真的戏剧效果，正像莎剧如《亨利五世》力求逼真(莎翁甚至为未能作到这一点而再三申歉)而特设一名非剧中人致辞者。后者在开场白与正戏间起到一种“切换”(switch)作用，即将舞台切割成两层泾渭分明的表演时空(与观众同时同地的舞台和虚拟的剧中时空)，而元剧楔子中演员甫一登台已是剧中人物，在“向观众交代开头的情景”时用的是第一人称。在西方戏剧中大多用第三人称，特例如基德之《西班牙悲剧》楔子中的“魂子”上场云:“I was a

① 《莎士比亚全集》(五)，朱生豪等译，人民文学出版社，1987年，第241页。

② 《俄国形式主义文论选》，方珊等译，三联书店，1989年，第155页。

courtier in the Spanish court, my name was Don Andrea ..."这里的 Don Andrea 虽是剧中人物,但饰其"魂子"的演员却随后坐下,与观众一起观剧了,所以这番致辞其实起了剧情提示的作用,它向我们介绍了剧中参与剧情发展的各个人物,但是与剧情发展毫无关系。莎剧也是如是,不过将魂子的任务交予了致辞者。更重要的是,关剧楔子具有"造成适于讲述的局势"的完全功能,而莎剧开端的任务一分为二,大部分信息要由文字叙述(如人物表、舞台说明)来传达。关汉卿之后的剧作家们有时采用"副末开场"的开端形式,然不废"楔子"及"自报家门"等手法(典型如洪升《长生殿》的开端),而西欧剧作家们,自莎士比亚以下,愈来愈倚仗剧本文字说明,干脆抛弃了"楔子"(代表作家如萧伯纳,有时竟以长达几页的篇幅精细地描述故事背景)。

中西戏剧楔子的差异流变,实在引人注意。为什么关剧与莎剧中的楔子存在着这样的差异? 换言之,为什么中西戏剧中的开端采取了不同的形式? 为解答上述疑问,我们不妨在中西戏剧这两个庞然大物身上竖剖一刀,看看它们经络血脉的走向。

"歌舞之兴,其始于古之巫乎?"[①]王国维认为,中国戏曲亦可上溯到初民的宗教仪式。"后世戏剧,当自巫优二者出";二者,一"乐神"一"乐人",共同构成了中国传统戏剧中的骨架与雏型。不过,中国的戏剧主要还是为了娱众。无论"乐神"还是"乐人",娱乐性始终是中国戏剧的第一要义;因此在中国戏剧中,歌舞表演成分占了大半江山。

中国戏剧的另一特点,就是"美"。清末京剧大师谭鑫培在谈表演心得时云:"戏中作工以哭笑为最难,以其难以逼真也;然使果如真者,亦复何趣旨哉?"[②]这里的"趣旨"指的正是艺术之美,为了达到"美"而不是"真"的目标,则需借助夸张写意、程式等虚拟性手段。这样就形成了中国戏曲艺术"坦白承认演戏","表现形式的程序化"与"戏是生活的虚拟"等一整套独特的理论体系与"既不泥真,亦不认

---

① 王国维:《宋元戏曲史》,华东师范大学出版社,1995 年,第 11、4、15 页。

② 陈彦衡:《说谭》,载《谭鑫培艺术评论集》,中国戏剧出版社,1990 年,第 147 页。

假”、“既要观戏,又要赏艺”的戏剧审美观。

我们不难发现,中国戏剧的这些特点,无论其娱乐性或歌舞、虚拟,都是针对其舞台演出而言的;舞台演出而不是剧本创作占据着中国传统戏剧的中枢地位。中国戏剧剧本的创作确曾数度操纵在“文人”手中,但并未形成气候;像汤显祖那样斤斤于“意趣神色”(《答吕姜山》)等剧本文学性的作家实属凤毛麟角,大多数创作人员都是像关汉卿那样游离于士林之外的落魄知识分子。正统的所谓“文人”偶一兴至也会游戏笔墨,但他们更多的时候只是戏剧的欣赏者或批评者,并未真正加入创作队伍。而且更重要的是,不论哪类作者的作品,几乎全部是为演出而创作的,所谓“词藻工,句意妙,如不谐里耳,为案头之书,已落第二义”(王骥德《曲律·论戏剧第三十》),“无声戏”式的案头剧(Closet Drama)在“五四”前的中国少而又少。

可以说,中国戏剧的表演性纯度很高,文学剧本在很长一段时间内不过是附丽于表演,而与身段动作、音乐伴奏等平行的一种舞台演出文字记录罢了。而作为叙事文学与抒情文学相结合之文学样式的戏剧,在中国始终未得到充分发展。所谓“填词之设,专为登场”,戏剧表现的任务,差不多全部要落实在演员的表演之中。这就是为什么杂剧楔子中人物要化好妆,穿好行头“带戏上场”,同时却又以剧外人(如作者)的口吻向观众介绍“开头的情景”,并通过繁重的表演(如《窦》剧楔子中上场人物念“白”、作“科”甚至唱“曲”),将“适于详细讲述的局势”展现出来。

反观莎剧的楔子,则其为一可有可无的附件,除去对剧情的简介或暗示,它与正文无多大关系,即使删去也毫不影响演出效果。可以说它只是作为一种历史遗留下来的僵化仪式依靠惯性而被运用着。致辞者如人格化的“谣言”等剧外人物除去朗诵一段素体诗外并无其他表演任务,他起的作用类似报幕员(这种表演方式倒是比杂剧楔子更为接近中国唐宋时期的“致语”、“参场”);而且在莎剧中运用“楔子”者不过聊聊五出,随着逼真摹仿原则如“三一律”在英国剧坛的兴起[1]，致辞者也渐渐溶入剧中而消失了。18世纪以后，此类“楔子”就几乎完全绝迹了。莎剧的楔子正好体现了这一转型期的特点。

我们知道，西方戏剧是摹仿的产物，它自诞生后不久便发育成一种成熟的文学样式，剧本创作与舞台演出剥离而并行，享有与戏剧演出同等重要的地位。如古希腊有专门的赛诗会，听众通过作者的朗读来评定剧本的优劣；古罗马喜剧作品中，亦有一部分是专门向公众朗读而不是为了上演而创作的。至于中世纪的戏剧，也不一定都要在舞台上演出，在多数情况下只是为朗诵而作，因此究其质是一种“叙述体”(*genus narratinum*)[2]。这一特点深刻影响了西方后世的戏剧创作(如莎氏同代人本·琼森的创作及浪漫主义时期大量涌现的案头剧)，从而构成西方戏剧的一种传统。

西方作家喜欢把作品拟作一座小小的傀儡戏台，或把戏剧视为用人物的语言和动作建构起来的立体文学世界。这样，与中国戏剧强调“美”与虚拟不同，西方戏剧走的是一条皈依逼真再现(verisimilitude)、力求如实描摹世态人情的道路。亚里士多德认为“一切艺术都是摹仿”，“戏剧是对行动中的人的摹仿”[3]；古罗马诗人西赛罗论喜剧时所说：喜剧是“生活的摹本，风俗的镜子，真理的反映”；莎翁本人也曾借哈姆雷特之口说：“自有戏剧以来，它的目的始终是反映自然，显示善恶的本来面目，给它的时代看一看自己演变发展的模型。”(《哈姆雷特》三幕二场)。新古典主义时期“三一律”横行欧洲剧坛不必说了，甚至在挣脱“三一律”的束缚后，易卜生揭橥的现实主义戏剧及20世纪初企图“建立正在进行的生活”的自然主义戏剧中，对逼真摹仿的要求(如“第四堵墙”理论)更是发挥到了极致。

诚然，莎士比亚的戏剧是对当时欧洲大陆戏剧传统的一个反动。限于物质技术条件，伊丽莎白时期的剧场采用类似中国传统“三面

---

① Ben Jonson 在 *Volphone* 的 Prologue 中云：“The laws of time, person, he observeth, from no needful rules he swerveth”，即从反面证实了这一点。

② 乌乐利希·韦斯坦因：《比较文学与文学理论》，刘象愚译，辽宁出版社，1987年，第102页。

③ Aristotle. *Poetics* (trans. by Gerald F. Else). The University of Michigan Press, 1970, pp. 15 & 20.

光"式的裙式(skirt)舞台，不可能像现代镜框式舞台(picture stage)那样把观众与演员隔离开来，故演员可以直接同观众交流，而且在"喝醉酒的野蛮人"(伏尔泰语)莎士比亚的剧作中，我们发现的是"一种混杂的艺术品种"，其中几乎包括了当时流行的所有大众娱乐形式，但莎剧几乎在对"三一律"表示蔑视的同时很快就文学化了：莎剧毕竟只是西方戏剧大树的一枝而已。

文学化是莎士比亚时代英国剧坛的一个必然趋势。出于经济方面的考虑，莎翁的同辈剧作家如海伍德(Thomas Heywood，1570—1641)尚认为"为了在印刷品中追求不朽的名声，那么可没有什么钱好赚的了"，马斯顿(John Marston，1575—1634)等人也认为"一个剧本不过是失去灵魂的尸体"；在他们看来，戏剧艺术是种综合艺术，而"文学性"只是其中一个因素，戏剧剧本并不同于专供阅读的文学作品"①。但这种观点在出身上层、受过高等教育的观众与剧作家的双重推动下逐渐发生了变化。本·琼森就把他的剧作当成古代经典作品一样看待，为剧本文学化不遗余力，并且在 1616 年出版了他的剧作(*Works*)——这成为剧本文学化的一个划时代的标志。

莎翁的创作时代，就正处于这样一种转型期。莎剧中的几个楔子写得算不上高明，甚至很草率，很快就退化成了打印在剧本上的文字叙述：1603 年的四开本与 1623 年的对开本几乎毫无例外地在首页列出了人物表及故事发生之场所及时代的简介。本来楔子的作用是为了"减轻开端的负担"，由演员通过叙述或表演来"造成适于详细讲述的局势"，但在莎氏时代，这部分任务显然已经开始由文字叙述来承担了。

"宣物莫大于言"(张彦远：《历代名画记》)，倒是凭着文字之功，直到今天我们还能欣赏到莎剧的精妙。但这不等于说，我们在莎剧剧本中发现了的就是一部完整的莎剧。虽然塞缪尔·约翰逊声称"时间的洪流经常冲刷其他诗人们的容易瓦解的建筑物，但莎士比亚像

---

① Stanley Wells. *Literature and Drama*. London: Routledge & Kegan Paul Ltd, 1970, pp. 40—41 & pp. 45—46.

花岗岩一样不受时间洪流的任何损伤”(《莎士比亚戏剧集序言》[①]),这不过是文人从文学的角度来说罢了。事实上,时间照样冲刷走了莎剧的舞台表演成分,只留下其“文学性”部分安然不动,而且随着时间流逝而越发地凸现出来,甚至被误认为这便是莎剧的全璧了。欣赏莎剧的最佳场所其实是在剧院。若地下有知,莎翁对上述诸家买椟还珠式的言论,真不知做何感慨。

不过请注意,虽然莎剧在当时以表演为指归,其文学剧本的功能与地位仍极其重要,几乎就等于演出本。据说有的演员拿到莎氏剧本甚至一字不改拿来演出,这在中国戏剧演员是匪夷所思的。在我国戏曲传统中,文字决不代表着戏剧表演的全部或主要力量;与之相反,西方戏剧的力量在很大程度上体现在文字(剧本)中。有时对文字的迷信甚至导致对戏剧的误读。例如马洛的名剧《马尔他的犹太人》(*The Jew of the Malta*)曾在很长一段时期内被认为是作者“最糟糕的作品”,如爱略特(T. S. Eliot)就认为它是“一场闹剧”,1964年在伦敦重排上演该剧时,许多评论家都认为这是一场“冒险”[②]。结果出乎大多数人的预料,演出获得了巨大成功,从此马洛的戏剧天才方真正为世人重新发现。

不幸,很多中国戏曲大师都罹受了马洛的命运,关汉卿就是其中之一。关汉卿和他的同行们,如所谓的“关、王、马、郑、白”杂剧五大家,开创了中国戏剧史上第一个文人编剧的时代。他们对中国戏剧传统的影响是深远的。但正如前文所述那样,氍毹毯上的演出才是中国戏剧的中心。明清传奇、昆曲剧(曲)本大多朗朗可读,具有颇高的文学性,但并未获得像西方戏剧中文学剧本那样的正统地位,文学化也始终未能成为中国戏剧发展的大趋势,虽然文学化进程在中国戏剧史上也曾提上日程,如明末的汤(显祖)沈(璟)之争便是当时戏

---

① 塞缪尔·约翰逊:《莎士比亚戏剧集序言》,引自《莎士比亚评论汇编》(上),社会科学出版社,第46页。又,许多著名评论家都蹈此覆辙,如坎贝尔(Thomas Campbell)曾云:《麦克白》有的部分我爱读,而非在舞台上看演出;兰姆(Charles Lamb)认定莎士比亚的悲剧只宜阅读不宜上演,而歌德断言莎士比亚属于诗,“在舞台史中他只是偶然地出现”。

② Stanley Wells. *Literature and Drama*, London: Routledge & Kegan Paul Ltd. 1970, pp. 86—87.

剧文学与戏剧表演两大派之间的论战。火并的结果,是具有中国特色的折中:“倘能守词隐先生之矩矱,而运以清远道人之才情,岂非合之两美乎?”(吕天成:《曲品》)话虽如此,然而从此后数百年间的戏剧实践来看,中国戏剧无疑是沿着舞台表演的大方向前进的。词章典丽的昆曲渐趋没落,充斥了俚言“水词”的“乱弹”(京剧是最典型的代表)却受到包括文人学者在内的广大观众的喜爱,即是明证。

对舞台表演的重视,甚至达到“填词之设,专为登场”的程度,与对文学剧本和剧本文学性的重视,甚至以文学技法庖代戏剧手法,这些都构成了中西戏剧的一个重要分界点。

现在不妨回过头来概括上述分歧对关剧与莎剧中楔子的影响。如前所述,本文所讨论的楔子即广义上的楔子,是指戏剧的开端。作为戏剧结构的有机组成,“开端”的任务无非是介绍剧中人物的姓名,剧中人之间的关系,时间地点——社会背景,补叙往事,初步展现人物性格并设置伏线,预示或开展冲突;简言之“在演出前向观众交代开头的情景”以“造成适于详细讲述的局势”。关剧与莎剧的楔子在这一点上的功能是相同的。

但是,中西戏剧对于舞台表演与文学剧本的不同侧重使得关剧和莎剧的楔子表现出不同的形态。关剧的开端,不管有无楔子,开始总要由登场人物同时也是剧中人“自报家门”。这种手法,虽然有人认为“太近老实,不足法也”(李渔:《闲情偶寄》),但它对于戏剧的表演却是一种十分适宜的手法。由于中国戏曲观众具有“既不泥真,亦不认假”的欣赏习惯,登场人物可以同时肩负起表演剧中人与介绍剧中人的任务而不会担心受到指摘;又因为中国戏曲以歌舞为主,观众看戏时更关注其中的技术成分,他们需要迅速地了解大概剧情,以便集中精力欣赏表演。莱辛讨论“诗与画在构思与表达上的区别”时指出,如果诗人运用熟悉的故事和人物为题材,在表达上“就是抢先了一步,诗人能愈快地使听众了解,这就能愈快地引起听众的兴趣”[①]。这一点对于剧作家又何尝不是呢?为了使观众尽早尽快地了解剧情以便充分欣赏表演,在开端部分让演员通过表演,同时简介剧情与剧

① 莱辛:《拉奥孔》,朱光潜译,人民文学出版社,1979年,第66—67页。

中人，这应当说是一种极为精简和有效的手法。

西方剧作家（如布瓦洛、狄德罗、果戈理）也认识到了这一点，但却把开端的任务交给了文字。西方戏剧始终是对现实的模仿，这就要求演员尽可能地真实再现生活。这种传统中培育出的剧作家与观众，怎能容忍“由剧中人代理剧情介绍人”这种不真实的手法呢？在这种情况下，甚至在剧中引入一个开场人来向观众“交代开头的情景”也是有损真实的。于是，西方强大的戏剧文学传统把戏剧开端的任务交给了剧本，通过其中的文字叙述来介绍人物姓名、生活关系、故事发生的时间与地点等等。这样，开端的任务实际上被剧本中非表演性的文字部分承担起来，而表演性的楔子也就不得不退避三舍乃至消声匿迹了。

莎剧的楔子正处在这样一种尴尬的处境之中。一方面是重视舞台表演的英国本土戏剧传统，另一方面却是与西方文学传统共振而生的对剧本文学性的重视，这就使得莎剧中的楔子一分为二，其功能分别体现在开场白及人物介绍、舞台提示之中。从表演的角度讲，莎剧的楔子与关剧相比，无疑显得有些笨拙累赘，但若从剧本的文学性角度讲，“自报家门”式的楔子确实有些简单直露甚至原始，所以莎剧更能赢得读者的掌声也就不足为奇了。

以文字和以表演来建构戏剧的开端，哪一种方式更为高明或较为可取？寻求这个问题的答案其实并无多大意义。我们知道，包括戏剧在内的任何一种艺术形式，都与本国的文化传统息息相关，凡是满足了某一时代观众审美需求的艺术形式便是好的艺术形式。其次，进化论的观点并不完全适用于艺术，如唐诗宋词分别表达满足了当时及后代的艺术趣味，但我们绝不能因为宋词后出便认为宋词的艺术成就高于唐诗。简言之，凡是适应特定时空条件的艺术形式便是好的艺术形式。真正的问题也许是：如何使艺术形式适合民族与时代的要求呢？

其实历史已经给了我们这方面的启示，即东西戏剧间的相互影响与借鉴分别壮大丰富了各自的戏剧理论与实践。如布莱希特受到京剧表演的启发，结合古代西方戏剧的传统（如歌队）表现手法，在《伽利略传》、《高加索灰阑记》等创作中成功地运用了楔子、定场诗、自报家门等程式,创立了"叙事剧"(Episches Theater)这一戏剧类型。中国则在五四时期从西方移植来戏剧文学这一文类,舞台上出现了话剧这种西方戏剧形式,对中国传统戏剧表演程式产生了很大冲击。如《原野》的序幕:

> 大地是阴沉的,生命藏在里面。泥土散着香,木根在土里暗暗滋长。
>
> 巨树在黄昏里伸出乱发似的枝桠,秋蝉在上面有声无力地振动着翅膀。……

像这样优美富含诗意的开端在中国传统戏剧中是极为罕见的,这里的楔子可以说完全文字化了。再如 20 世纪末新编上演的京剧《曹操与杨修》中,"报子"一角揉合了古希腊戏剧歌队及元杂剧"冲末开场"的开端方式,也对传统的开端方式进行了革新尝试。

小小的楔子,反映了中西戏剧对于文字与表演的不同侧重,体现出中西戏剧传统深层结构的异同。正确认识它在中西戏剧中的运用特点与演变,对于完整理解中西戏剧、借鉴吸收西方戏剧来发展本国戏剧传统,应当不无启发。

## 下 诗·乐·剧

现在我们来讨论中西戏剧作为一种文学样式,其文本存在形式即文体的一个差异。

如果说,戏剧是西方文学的骄子,戏曲在中国倒像是个血缘可疑、来路不明、躲躲闪闪欲寄身"文学"篱下而不得的流浪儿。我们读西方文学史,差不多从一开始便接触到了戏剧。根据亚里士多德的看法,摹仿这种"人的天性"在人类文学童年生产出抒情诗、史诗和戏剧诗这三种最初的、也是最基本的文学样式。"[1]古希腊、罗马戏剧的黄金时代过后,在中世纪西方戏剧曾一度岑寂,但并未销灭:它潜藏

① Aristotle. *Poetics* (trans. by Gerald F. Else). The University of Michigan Press, 1970, p. 20.

在教会仪式中（如唱诗、弥撒）并在文艺复兴时期苏生、壮大；后虽几经跌宕，这条血脉却始终传流不息，直到今天。因此说，作为叙事文学与抒情文学结晶的戏剧，铸就了西方文学巨鼎的一足。

亚里士多德的论断在中国却遇到了麻烦。首先，如前文所述，中国传统戏剧文本对形体、语音表达的依赖性极大，在很大程度上未能摆脱舞台表演的附庸地位而成为纯粹的文学形式。其次，戏剧晚至金元才出现（尽管几乎同时也高度成熟），而更晚至民初王国维氏方将之揖入文学庙堂。他认为元杂剧是“中国最自然之文学”，并强调“元剧最佳之处，不在其思想结构而在其文章”①。但问题也就随之而来：“元剧最佳之处”当指剧中之曲，而“曲”向被目为“诗将而词，词降而曲”（黄星周：《制曲枝语》）这一系统的衍化物，那么代表中国古代戏剧文学的杂剧，到底是“诗”的胜利还是“剧”的凯旋？如其兼美二者，那么哪一方起的作用更大？二者的关系又是怎样的？

## 一　诗体与散文体

中国戏曲有一最醒目的文体特点，即没有产生像西方戏剧那样的散文文体。还让我们来看关剧与莎剧这组试验品。莎剧文体可分为散文（主要是对白）、素体诗、押韵对句与格律诗；后三者均为诗体，其中以素体诗为主，广泛用于独白、对白、开场白与下场白。关剧则采用多宫调、多曲体的联套方式，一剧中每折均由一“套数”或“套曲”组成；对白多为散文体，但也有用诗体的（如《窦娥冤》中窦娥斥责欲再嫁的婆婆时便唱了《后庭花》等四支曲子）。关剧中的曲子，不仅可以抒情，还可以叙述，具有多种表达功能。

关剧与莎剧均属诗剧（Poetic Drama），但“诗”在二者及二者所代表的戏剧传统中，份量两样，走势亦大不相同。虽然诗体在西方从古希腊到今天一向被认为是戏剧的合适语言媒介，不仅在新古典主义剧作家手中曾再度辉煌，20 世纪亦出现许多优秀的诗剧作家（如 Maxwell Anderson、T. S. Eliot、Christopher Fry 等人），但散文表达事实

① 王国维：《宋元戏曲史》，华东师范大学出版社，1995 年，第 121 页。

上已成为西方戏剧语言的主流形式。早在伊丽莎白一世时期的英国,李利(John Lily)就创造出号称“绮丽体”(Euphuism)的散文喜剧,到18世纪,李洛(George Lillo,1693—1739)又首创“散文体家庭剧”,而随着真实主义(Realism)兴起,王政复辟时期的喜剧对话均采用散文体,此后散文便逐渐成为西方戏剧的主要表达方式,至19世纪下半页易卜生出,散文体语言在西方戏剧创作中更取得了完全胜利。

戏剧语言散文化,是西方戏剧流变的一个特征,而莎剧则体现出这一语言媒介转型期间的某些特点。如《哈姆雷特》一剧中散文道白已占有不小的比例。典型如墓地(五幕一场)一折,道白多为散文甚至口语;而在戏中戏(三幕二场)中,作者甚至对雕镂堆砌的诗剧体皮里阳秋地予以丑化摹仿。总的来说,莎氏作品中已出现“诗”从“剧”中剥落的迹象,诗与散文的界限开始变得模糊了(如素体诗有不工整的变体出现)。

杂剧的重心无疑是在曲子。即以元剧首座关汉卿的杰作《窦娥冤》为例①,该剧说白特繁,是关剧中最为散文化的一部作品。据笔者统计,曲文占全第五分之一强(21%)。其余诸作中曲文所占比例当在百分之五十上下(极端的例子是《关张双赴西蜀梦》与《诈妮子调风月》残本;前者所存惟曲,共41首,后者除去少量对白,共有曲56首;两剧大意从这四五十支曲子中也还能揣度出来)。即便是最为散文化的《窦》剧,也有41支曲子,这些曲文是全剧精华,并占去了大部分的演出时间②。

杂剧是以金代北方民间俗谣俚曲为基础,吸收宋代大曲和诸宫调及宋杂剧,金院本舞台表演而形成的艺术形式,与诗歌可说渊源有自。与西方不同,中国戏剧不但没有随着时代趋向散文化,反而加强了本身的诗体特征。关汉卿之后的杂剧、传奇,越来越向“诗”靠拢,出现了一大批所谓的“文词家”及文人剧。其代表如汤显祖,虽以“琼

---

① 根据《关汉卿全集校注》,河北教育出版社,1990年。下引同。

② 对于杂剧的演出,我们从由之一脉相承而来的京昆戏曲中约略能获得一些了解。如程砚秋主演的《窦娥冤·法场》一折,全部表演时间约二十分钟,而演唱由“滚绣球”衍化来的一段反二黄慢板(“没来由遭刑宪受此大难……”)就用了十二分二十秒(据程氏1954年静场录音)。

筵醉客”关汉卿的精神传人自居，但观其剧作，更多地像在读抒情诗而非阅读剧本，具有革新思想的汤氏恰恰在形式上采取了向诗歌输诚的反表演或非表演道路。事实上，不论是临川派还是吴江派，本色派还是文人派，几经文质代变的中国戏曲几乎均为诗体创作。

黑格尔在其《美学》一书中曾把诗分为两种，其一为上古时期一般艺术性散文还未发展成熟之前就已存在的原始诗歌，其二是散文化的生活情况和语言都已完全发展成熟时发展出来的诗歌(《美学》第 3 卷下第 3 章)。事实上，几乎所有的文类都是源出第一类诗歌的母体，经过散文化后而成形。西方文学便体现了这一规律，戏剧则是典型的例子。

耐人寻味的是，中国文学的散文化进程很早就启动了。就《诗》、《书》、《礼》、《易》这几部现存最早的中国古籍来看，其中只有《诗经》一书纯是诗歌作品，其余各书不是诗、散混合，就是已很成熟的散文。事实上，诗(黑格尔所说的第二类诗)与散文的区别在魏晋南北朝时期还成为热门的话题。南朝宋人颜延年认为，文章无韵者为“笔”，有韵者“文”，刘勰在《文心雕龙·总术》中虽直斥其非，却也承认“今之常言，有文有笔”。真正明确界定了“文—笔”的是梁元帝萧绎：“不便为诗”、“善为奏章”谓之笔，“吟诵风谣，流连哀思者，谓之文”(《金楼子》)。后世多承用此说，所谓“有所记述之为文，吟咏性情之为诗”(元好问：《遗山先生文集·杨叔能小亨集引》)或“诗以道性情”(杨慎：《升庵全集·诗史》)等等即是。

令人费解的是，即然在中国文学中诗、散对垒森严，为何戏剧的主体却是兼任叙事，抒情功能的诗(曲)呢？换一个角度来问，为什么“诗”在戏曲中的势力如此张大，以至于中国传统戏剧始终未能产生西方式的散文体戏剧呢？进一步追问，这一现象反映了我国戏曲、文学乃至文化的一个什么特点？

在问题的旋涡中，我们又向下卷深了一层。

## 二　诗与乐的离合

“乐”也许是将我们度出问题之海的船筏。

顾炎武曾经指出："古人必先有诗，然后以乐和之"（《日知录·乐章》）。我们可以在《尚书·尧典》中为之找到凭据："诗言志，歌永言，声依永，律和声。八音克谐，无相夺伦，神人以和。"如果说这里讲的"乐"还难以断定是否即为上古戏剧，那么《吕氏春秋·仲夏季第五·古乐》篇中"昔葛天氏之乐，三人操牛尾，投足以歌八阕"的记载，无疑展现了一幅再生动不过的原始戏剧表演画面。

所谓"古曰诗颂，皆披之金竹"（钟嵘：《诗品》），"乐为诗心"（《文心雕龙·乐府第七》），中国诗歌与音乐互为表里。虽然到了文学自觉魏晋，文学自身的音节韵律开始受到重视（如《世说新语·文学》载："孙兴公作天台赋成，以示范荣期，云：卿试掷地，要作金石声。范曰：恐子之金石声，非宫商中声。"），但诗人们仍往往从纯音乐的角度衡定文学本身的音乐性。稍后如沈约即标榜"音律调韵"之"秘"，认为"夫五色相宜，八音协畅，由乎玄黄律吕，各适物宜，欲使宫羽相变，低昂互节……妙达此旨，始可言文"（《宋书·谢灵运传》），而后人索性认为"诗在六经中，别是一教，盖六艺中之乐也"（李东阳：《麓堂诗话》），干脆将诗与乐等量齐观。较诗后出的曲子词、长短句、诸宫调乃至杂剧、传奇、花雅诸部，全封承袭了这一天然密切关系。有时诗对乐甚至还具有能动的反作用力，如明戏剧家王骥德便认为"盖曲之调，犹诗之调"，曲之美听，在乎声调，"其法须先熟唐诗……机括即熟，音律自谐"（《曲律·论声调》）。中国传统戏剧中诗与乐之关系密切如此。

不过，诗、乐与表演的结合，也是古代西方戏剧的特征。亚里士多德的《诗学》开宗明义，认为戏剧（包括悲剧与喜剧）"凭藉节奏、话语和音调进行摹仿"[①]。此话不假。古希腊酒神节宗教仪式上载歌载舞、连唱带念的合唱（chorus）蕴育了悲剧的雏型（choir song→tragedy）[②]，而喜剧亦是从歌曲（*komos*：the song of the gay revelers）发展而来，二者均有乐器伴奏。古罗马戏剧祖述希腊，然其本土之原

---

① Aristotle. *Poetics* (trans. by Gerald F. Else). The University of Michigan Press, 1970, pp. 15—16.

② H. J. Rose. *A Handbook of Greek Literature*. London: Methuen & Co., 1956, p. 103.

始戏剧“萨图拉”(satura)亦胎托于诗歌“Fescennine Verses”[①]。中世纪的教会仇视世俗娱乐，戏剧一度岑寂，但恰恰正是教会内部极类戏剧的仪式(如弥撒)和音乐造就了日后戏剧的苏生勃发[②]。17世纪初意大利歌剧(Opera)的兴起，也不过是力图再现古希腊戏剧中音乐特色的结果。《悲剧的诞生》的作者说悲剧的灵魂——音乐——消逝而悲剧随之衰亡，这句话正好从反面说明西方古代戏剧与“乐”的关系是何等密切。

尽管中西戏剧与“乐”都有如此之深的渊源，但到了后世，在各自的代表作家关汉卿与莎士比亚的剧作中，“乐”的成分此消彼长，分量大不一样。就拿关剧中曲文比例最低的《窦娥冤》来说吧，全剧有四套共41支曲，它们担负着推动情节、展开动作的功能，从文学角度看也是全剧的精华(如“滚绣球”)。而莎剧中极富音乐性的《第十二夜》也不过由小丑Feste穿插了6支歌曲(*O Mistress Mine*; *Hold Thy Peace*; *Three Merry Men*; *Fare-well, Dear Heart*; *Hey Robin*; *When 1 was a little Tiny Boy*)以及几段器乐演奏而已，不仅数量远逊《窦》剧，而且与全剧进程无甚关系，只是作为严格意义上的歌曲存在着，其地位颇似咖啡屋里的背景音乐。其他莎剧(如《爱的徒劳》五幕一场，《麦克白》剧中三女巫的巫咒曲，《哈姆雷特》剧中奥菲莉亚投水前的哀歌)就更是如此了。

一言以蔽，关剧中诗、乐、剧是融融泄泄的三位一体，莎剧中三者却是“杂而不越”，各自为政。二者的差异不可谓不大矣。这一差异中最引人注目之处则是诗与乐的离合。在中国戏曲中，“乐”总领歌诗，贯穿古今：演员尤其是主角要在音乐伴奏下，将诗(曲)文演唱出来。而西方戏剧早有古希腊时起就已出现了诗与乐的疏离，并且愈演愈烈(后世歌剧出现便是其后果)。不错，古希腊演员于掌握道白工夫以外，还需按节歌唱，有时为了表现狂喜、迷乱的剧情，也要进行

---

① Margaret Bieber. *The History of the Greek Theatre*. Princeton University, 1939, pp. 65 & 301.

② Sir Ifor Evans. *A Short History of English Drama*. London: MacGibbon & Kee, 1965, p. 21.

舞蹈表演,但诗歌乐舞尤其是诗与乐似乎并未形成浑然的一体。希腊戏剧在以合唱(chorus)为主体的早期阶段,已出现在合唱间隙歌队领队(*exarchos*)与剧中人的对白。后世悲剧由此生发而歌队式微(其直接表现就是舞台上乐队的位置渐被侵消),领队不再由职业诗人担任,从此合唱音乐一蹶不振。[①] 古罗马时期的剧作家塞内加创作了大量纯供阅读的案头剧,这也许是一极端现象,但却被文艺复兴时期及以后的剧作家所继承发扬。莎剧中的诗不消说是"事谢丝管"的了,琼森倒是创作了不少假面歌舞剧,但这并不是严格意义上的戏剧[②],而不少浪漫主义剧作家们更因"自信几行素体诗就可以构成一台戏"而折戟沉沙[③]。此后欧洲剧作家与观众对写实的兴趣与日俱增,非但乐亡,诗亦亡矣。直到本世纪方有若干诗剧作家出来,力图恢复戏剧中"乐"的精神,但那与古希腊戏剧中"乐"的精神已然是貌合神离了。

## 三 音乐与作为戏剧灵魂的"乐"

现在我们追到了问题的核心——乐。中西戏剧生发流变异同的全部秘密,也许就蕴含在这粒种子之中。

中西戏剧从一开始对于"乐"的理解就有些两样,而随着时间推移,这一罅隙更日渐断裂成为鸿沟。前面谈到中国戏曲中"乐"总歌诗,这话其实低估了"乐"的作用。《礼记·乐记》云:"诗言其志也,歌咏其声也,舞动其容也;三者本于心,然后乐器从之。""乐"不单单是人声或器乐发出的音乐,它更是一种戏剧的精神。《尚书·尧典》云

---

① Margaret Bieber. *The History of the Greek Theatre*. pp. 18 — 20. Gilbert Murray. *A History of Ancient Greek Literature*. London: William Heinemann, 1899, pp. 208—209.

② 将假面剧推向大成的琼森本人也不无讥讽地说过:"彩妆与砌末成了假面剧的灵魂"。按假面剧源自理查二世时期之宫廷化妆舞会,并在詹姆士二世统治时期盛极一时,多为王家婚诞或外交庆典仪式。

③ Sir Ifor Evans. *A Short History of English Drama*. London: MacGibbon & Kee 1965, p. 144.

“八音克谐，无相夺伦，神人以和”，《礼记》云“乐者，天地之和也”，此处所谓“和”是指戏剧或前戏剧（仪式）中的“乐”。从上古巫舞（王国维说）、庙堂之颂（刘师培说），到汉时之“东海黄公”、“西方老胡”，北齐至唐的“代面”、“钵头”、“踏谣娘”，及宋金元之院本、杂剧，明清至近代的传奇、花雅诸部，直到现代的京昆与地方戏曲，乃至 20 世纪末兴起的 MTV，均秉此精神而来。

“乐”不单组织、而且超越了文字、舞蹈和音乐；“乐”是戏剧中文字、舞蹈与音乐的缘起与旨归。中国“最自然之文学”——元杂剧的成功，正来自“乐”这只看不见的手的始终在场。可以说，在中国传统戏剧中，我们看到了诗与乐、诗与剧、剧与乐的密合无间。

西方戏剧却是另外一番风光。古希腊戏剧源乎宗教庆典仪式中的歌舞；希腊语中的“诗”（*aoide*）原义即是“歌”，而二者均属“乐”（*mousike*）的范畴。悲剧缪斯 *Melpomene* 与“歌舞”（*molpe*）一词同源，这表明悲剧不仅要“说”，更要“唱”，许多古希腊悲剧（如 *Oresteia*）即以 *molpe* 终场①。可见，早期戏剧极富“乐”的精神。

歌队（chorus）则为这一“乐”的精神在戏剧中的人格化体现，如其领队往往同时兼任诗人、演员、歌手、演奏家以及领舞。但是在雅典民主政体兴起后，歌队渐趋非职业化而渐渐不歌，代之而起的是渐趋繁重的说白，舞蹈也日趋草率；歌队开始在剧中担任真正的、活生生的角色，而原始歌队也就消失得更快了②。可以说，歌队作为古希腊戏剧灵魂，随着力求写实之悲剧的发展，不可避免地走向了没落，而后世悲剧的衰变亦由此远埋下了伏笔。

事实上，即使在古希腊戏剧最具“乐”的精神的全盛期，文字与音乐也并非妙合无垠。亚里士多德认为悲剧成分有六：情节、性格、思想、言辞、唱段与场景，他不单将诗从乐中析离，并且显然认为“言辞”表达意思的“潜力”远比唱段这一“装饰成分”重要（《诗学》第 6 章）。

---

① W. D. Standford. *Creek Tragedy and The Emotions*. London: Routledge & Kegan Paul, 1983, p. 49.

② Gilbert Murray. *A History of Ancient Greek Literature*. London: William Heinemann, 1899, p. 213.

确实,虽然如古典作家所承认的,演说家与演员的言辞,在共鸣韵律方面与歌同质,但在雅典戏剧黄金时期,"言辞"的地位至高无上。当时器乐要伴和人声,公元前 5 世纪末,一名叫做克勒索克斯(Krexos)的音乐家引进了"衬腔(复调)音乐"与"辅韵伴奏"(heterophonic and pararhythmic accompaniments),文字本身的音乐性与器乐就此两分[①]。另一方面,虽然戏剧中的音乐成分经过埃斯库罗斯与索福克勒斯时代的衰落而在欧里庇德斯手中有所回升,但歌队中的"乐"却一去不返了。如自索福克勒斯之后,埃斯库罗斯式集诗人、演员、演奏者及歌队领队于一身的多功能角色逐渐分朴散[②],"乐"的原始精神从此也就消失了[③]。

如果说,中国原始戏剧的精神是"乐",是"神人以和"及"天地之和"的"和",是诗、乐、舞的浑然一体,那么古希腊戏剧却体现出诗与剧、诗与乐、乐与剧的离析走势,即"和"的破坏与消失。前面讲过,元杂剧全面继承了上古原始戏剧中"和"的精神;与之相反,文艺复兴时期及之后欧洲戏剧,却继承甚至加速了古希腊戏剧中诗—乐—剧的离心倾向。

莎剧即是比较典型的例子。与同辈后学片面强调音乐舞美(如琼森的假面剧)或剧本文学性(如浪漫主义剧作家)不同,莎士比亚努力在他的戏剧综合诗文、音乐、舞蹈表演来娱乐当时的观众,如《第十二夜》中的歌曲及类乎 *molpe* 的终场、《爱的徒劳》五幕一场、《罗密欧与朱丽叶》一场五幕中的假面舞会等即是。不过,莎剧并未成为中国戏剧那样的表演形式:独树一帜的英国本土戏剧终究仍是欧洲戏剧传统的一个分枝,其对逼真摹仿的重视掩没了对"和"、"乐"的追求。莎翁本人曾借剧中人物之口,要求演员准确、自然地反映社会生活(《哈姆雷特》三幕二场),就足以说明问题了。

---

① W. D. Standford. *Creek Tragedy and The Emotions*. London: Routledge & Kegan Paul, 1983, p. 63.

② Margaret Bieber. *The History of the Greek Theatre*. Princeton University Press, 1939, pp. 158—159.

③ Gilbert Murray. *A History of Ancient Greek Literature*. London: William Heinemann, 1899, p. 209.

西方近现代诗剧作家继承古希腊、罗马及文艺复兴时期的戏剧精神，力求在作品中突出“音乐”特色，但也没有真正达到中国戏曲或古希腊早期戏剧中“和”的精神。以萧伯纳为例，他本人精通乐理，早年并写过音乐评论，但其剧作仅具“歌剧式的结构”而已，大众通过阅览其剧本来品味文字的音乐之美，这与古希腊诗剧作品多为悦“耳”而非娱“目”颇有不同。其他作家如艾略特、布莱希特等人也都未能真正解决戏剧中“乐”也就是“和”的难题。他们注入的是歌曲、配乐、伴舞或音乐的结构、节奏诸成分的杂合，但不是“乐”，更非“和”。他们的创作，与汤显祖虚心接受帅机、王骥德等对《紫萧记》文辞太过的批评，洪升与音律专家毛玉斯及徐麟合作以求“审音协律，无一字不慎”及孔尚任在创作《桃花扇》时“每一曲成，必按节而歌，稍有拗字，即为改制”的做法，形成了鲜明的对比。

## 四 美与真：不同接受者的反动

现在，我们对以关、莎二氏为代表的中西戏剧传统之异同试做一全景回顾。二者分歧大抵有以下三点：

首先，中西戏剧“本事”(story)载体不同。中国戏曲文学先天发育不足，是依赖性很强的副(准)文类。戏曲的剧本类似唱白的底本，只提供大致框架，其中“空白点”极多，往往依赖演员的再创作方能成活。甚至有这样一种有趣的现象，即戏剧文学创作的兴盛竟会导致舞台表演的萎缩，继而又会导致剧本创造的式微。而在西方，戏剧是与史诗、抒情诗鼎足而三的文类。如亚里士多德认为“悲剧即使不借助动作也能产生它的效果，因为人们只要凭借阅读，便可清楚地看出它的性质”[①]，再如黑格尔认为诗是艺术之王，而戏剧则是诗中之王(《美学·序论》)。无论从理论上还是从实践上看，西方戏剧都接近于一种叙述体文类。

其次，中西戏剧文学对诗体与散文体的侧重不同。中西戏剧起

① Aristotle. *Poetics* (trans. by Gerald F. Else) The University of Michigan Press, 1970, p. 74.

初均为合乎韵律的诗体创作,但西方戏剧语言因重视逼真摹仿而日趋散文化,中国戏曲却与诗歌长相厮守,一再从民间文艺形式汲取元气而冲破诗词格律的羁束,从而是拓展了诗国的疆域、丰富了诗的表达能力(抒情与叙事)。这构成了中西戏剧语言/叙述方式的不同。

第三,中西戏剧对"乐"的理解与实践大相径庭。"乐"是戏剧的母体,这一点中西皆然。但在中国戏曲中,"乐"一以贯之地作为灵魂而发挥作用,无论它作为文学创作还是舞台艺术。而"乐"在西方戏剧中呈离散态势,"乐"或"和"在戏剧中的缺席使之分化为歌剧、舞剧、叙述体话剧(诗体或散文体)及哑剧、音乐假面剧等等各得一体、各自为政的亚剧种。

上文分析表明,中西文化对"和"的不同认识,导致了中西戏剧的殊流异相。奇怪的是,为什么中西戏剧同作为上古歌舞音乐合一之仪式的衍化产物,竟会对"和"采取大相径庭的认识与实践呢?换言之,中西上古戏剧雏型中的核心因素——"和"有何不同,为什么会产生这一不同?

先看第一个问题。中国美学的特点,体现为"高度强调美与善的统一","强调情理的统一"等伦理因素的"和","以和为美的思想最为典型地体现了中国'古典美'的理想"①;"美"是"和"的核心,是"和"的旨归与外现。反观之下,西方文艺美学诸概念——无论是"理念"、"摹仿"、"渲泄"、"太一"或"崇高",无论是镜式外观或灯式内摄,无论是人与神的合一、摹仿作品与摹仿对象的逼真、表现作品与心灵的契合——往往将"真"作为艺术的环中之义。"美"与"真"构成包括戏剧在内诸多中西艺术品种的内在面貌,更决定了它们的发展路线与趋势。

为什么会产生这样的不同?这个答案恐怕得到戏剧的接受者即观众身上去寻找。读者接受批评认为文学作品并非纯然自足的客体,其发生、存在与发展的效果均取决于作者与读者的共谋。戏剧可以是典型的例子。"剧本只有在舞台上才有生命"(果戈理语),没有

① 刘纲纪、李泽厚:《中国美学史》第1卷,上海社会科学出版社,1987年,第24—25、101页。

观众就没有戏剧，而中西戏剧的观众或预期观众是大不一样的。

上古戏剧起源于部落内全民性的宗教仪式，而所有的宗教仪式都服务于交际的目的。这一“交际”不仅包括“天人相和”、“人神克谐”这种由上及下，宗教性的交流，也包括“乐者为同”(《礼记·乐记》)、通过艺术相互传达感情的横向性、世俗性交流。

中西戏剧的核心“和”对此两方面各有侧重。古希腊戏剧源出赛神，演出并非纯为娱乐，而是作为宗教仪式的一部分来教化大众，如演出地点必须选在诸神圣地，甚至在公元前3世纪出现的演员公会也是一个宗教组织①。“诗人为演出所作的剧本这一工作是‘教化’(*didaskein*)”②，这样戏剧实际上成了一种国家政治生活制度。如政府向富户征收“公益税”(tax of public service)来组织全民性的免费演出，同时观看戏剧演出也是公民的义务。在古罗马，戏剧渐渐成为固定的庆典演出，政府举办赛诗会鼓励创作，或大兴土木兴建“全国最辉煌的建筑”——剧院③。中世纪仇视世俗娱乐的教会扼杀了戏剧，恰从反面证实了上层社会对戏剧的控制。在“戏剧好似社会中心”④的文艺复兴时期英国，戏剧家们(如莎士比亚、本·琼森)不仅隶属王室贵族(类似中国古代士大夫的家班)，他们的创作亦非纯然“虚静无执”(negative capability)，而是以大众尤其是上层观众为剧家之心(《温莎的风流娘儿们》的创作缘起即是一例)。欧洲自从文艺复兴到19世纪，文化领导权总体上掌握在贵族手中。英国政府1737至1843年实施的“禁演令”(Licensing Act)及全欧性的检查制度(censorship)即说明了国家对戏剧的控制。至于19世纪以来浪漫主义戏剧、自然主义戏剧的兴起，也是由上而下的“交际”，不过这一权力在民主化历史进程中从教会、贵族转移到资产阶级知识分子手中

---

① Margaret Bieber. *The History of the Greek Theatre*. Princeton University Press, 1939, p. 307.

② W. D. Standford. *Creek Tragedy and The Emotions* London: Routledge & Kegan Paul, 1983, p. 64.

③ Ibid., p. 11.

④ Sir Ifor Evans. *A Short History of English Drama*. London: William Heinemann, 1899, p. 106.

罢了,主流社会对戏剧的主导性质则始终如一。

“从本质上说,中国戏曲来自民间”①,中国戏曲具有最典型的民间性。在宗教意识淡薄、世俗力量强大的古代中国,戏剧或宗教仪式很快变形并消融到各种政治、伦理礼仪中去了。王阳明曰:“《韶》之九成便是舜的一本戏子,《武》之九变便是武王的一本戏子”(《传习录·下》),即发见此意。孔子悲叹礼坏乐崩,并非像尼采那样悲悼“乐之精神亡,剧亦偕亡”,而是喟叹一种政治制度的崩溃。在由其创立并在后世成为国家意识形态的儒家学说中,“敬鬼神而远之”的入世、现实主义态度进一步扫荡了宗教仪式在社会生活中的功能。戏剧既失去国家执行教化功能的战略地位,它就只能成为一种在野的、世俗性的、偏重娱乐的艺术形式。与此相应,下层观众便取得了对戏曲的主导权。这样,在中国戏曲发生与发展的过程中,我们看到的是一种由下而上的作用力而不是相反。

不同的文化语境造就了不同的观众,而不同的观众又对各自的文化传统进行着修正与塑形。“诗”与“乐”在中英戏剧传统中的不同境遇,可以说验证了这一简单然而常被忽略的事实。

---

① 赵山林:《中国戏曲观众学》引言,华东师范大学出版社,1990年,第1页。

# 参考书目 I

## 正文部分

### I 文本

1. Folger Shakespeare Library. *The Tragedy of Hamlet*：*Prince of Denmark*，edited by Barbara A. Mowat and Paul Werstine. New York：Washington Square Press，1992.

2. *Hamlet.* edited and with an introduction by Harold Bloom. New York：Chelsea House，c1990.

3. *Hamlet.* edited by Harold Jenkins. London/New York：Methuen，1982.

4. *Shakespeare's Hamlet*，*Prince of Denmark*，with introduction and notes for students and preparation for the examinations by Stanley Wood and Rev. F. Marshall. London：George Gill & Sons，1904.

5. *The First Quarto of Hamlet*，edited by Kathleen O. Irace. New York：Cambridge University Press，1998.

6. 《哈姆雷特》，裘克安注释，商务印书馆，1984 年。

7. 《哈姆雷特》，朱生豪译，吴兴华校，人民文学出版社，1977 年。

8. 《哈姆雷特》，卞之琳译，人民文学出版社，1956 年。

9. 《哈姆雷特》，梁实秋译，台北：远东图书公司，1976 年。

10. 《罕秣莱德》，孙大雨译，上海译文出版社，1991 年。

11. 《汉姆莱特》，曹未风译，上海：新文艺出版社，1955 年。

# Ⅱ 引用文献

## A. 中文部分

1.《大乘起信论校释》,高振农校释,中华书局,1992 年。
2.《大佛顶如来密因修证了义诸普萨万行首楞严经》,《大正新修大藏经》第十九卷,东京:大正一切经刊行会,昭和三年。
3.《大智度论》,《中华大藏经》第 25 册,中华书局,1987 年。
4.《二程集》,王孝鱼校点,中华书局,1981 年。
5.《二程遗书》,上海古籍出版社,2000 年。
6.《佛说未曾有因缘经》,《大正新修大藏经》第十七卷,东京:大正一切经刊行会,昭和三年。
7.《困学纪闻》,孙海通校点,辽宁教育出版社,1998 年。
8.《柳宗元集》,易新鼎点校,中国书店,2000 年。
9.《慎子》,四部丛刊子部第五十九函。
10.《十三经注疏·春秋公羊传注疏》,北京大学出版社,1999 年。
11.《十三经注疏·春秋谷梁传注疏》,北京大学出版社,1999 年。
12.《十三经注疏·春秋左传正义》,北京大学出版社,1999 年。
13.《十三经注疏·礼记正义》,北京大学出版社,1999 年。
14.《十三经注疏·毛诗正义》,北京大学出版社,1999 年。
15.《十三经注疏·尚书正义》,北京大学出版社,1999 年。
16.《十三经注疏·孝经注疏》,北京大学出版社,1999 年。
17.《十三经注疏·周易正义》,北京大学出版社,1999 年。
18.《象山语录·阳明传习录》,上海古籍出版社,2000 年。
19.《新刊四书五经·礼记集说》,中国书店,1994 年。
20.《新唐书》,中华书局,1975 年。
21.《续修四库全书》,上海古籍出版社,2002 年。
22.《杂阿含经》,《大正新修大藏经》第二卷,东京:大正一切经刊行会,昭和三年。
23. 张载:《张子正蒙》,上海古籍出版社,2000 年。
24.《朱熹集》,郭齐、尹波整理,四川教育出版社,1996 年。

25. 班固:《汉书》,中华书局,1962 年。
26. 曹础基:《庄子浅注》,中华书局,2000 年。
27. 曹丕:《典论·太子篇序》,《丛书集成新编》第 80 卷,台湾:新文丰出版公司,1985 年。
28. 曹雪芹:《红楼梦》,人民文学出版社,1982 年。
29. 陈登原:《国史旧闻》,中华书局,2000 年。
30. 陈鼓应:《管子四篇诠释》,商务印书馆,2006 年。
31. 陈鼓应:《老子今注今译》,商务印书馆,2003 年。
32. 陈骙、李淦:《文则 文章精义》,人民文学出版社,1960 年。
33. 陈寿:《三国志》,上海古籍出版社,2002 年。
34. 程树德:《论语集释》,中华书局,1990 年。
35. 董楚平:《楚辞译注》,上海古籍出版社,1998 年。
36. 范晔:《后汉书》,中华书局,1965 年。
37. 冯达甫:《老子译注》,上海古籍出版社,1991 年。
38. 傅亚庶:《刘子校释》,中华书局,1998 年。
39. 顾炎武:《日知录集释》,岳麓书社,1994 年。
40. 郭茂倩:《乐府诗集》,上海古籍出版社,1998 年。
41. 郭庆藩:《庄子集释》,中华书局,1961 年。
42. 何宁:《淮南子集释》,中华书局,1998 年。
43. 洪迈:《容斋随笔》,上海古籍出版社,1996 年。
44. 黄怀信:《逸周书校注补释》,西北大学出版社,1996 年。
45. 黄晖:《论衡校释》,中华书局,1990 年。
46. 黄宗羲:《黄宗羲全集》,浙江古籍出版社,2005 年。
47. 焦循:《孟子正义》,中华书局,1987 年。
48. 黎靖德编:《朱子语类》,中华书局,1994 年。
49. 李贽:《焚书·续焚书》,岳麓书社,1990 年。
50. 陆九渊:《陆九渊集》,中华书局,1980 年。
51. 庞朴:《东西均注释》,中华书局,2001 年。
52. 浦起龙:《史通通释》,影印文渊阁四库全书(史部)第 685 册。
53. 钱穆:《朱子学提纲》,三联书店,2002 年。
54. 钱钟书:《管锥编》,中华书局,1986 年。

55. 钱钟书:《谈艺录》,中华书局,1979 年。
56. 沈德潜:《古诗源》,中华书局,1963 年。
57. 司马光等:《资治通鉴》,中华书局,1956 年。
58. 司马迁:《史记》,中华书局,1959 年。
59. 苏舆:《春秋繁露义证》,钟哲点校,中华书局,1992 年。
60. 唐明邦:《周易评注》,中华书局,1995 年。
61. 汪荣宝:《法言义疏》,中华书局,1987 年。
62. 王夫之:《船山思问录》,上海古籍出版社,2000 年。
63. 王国维:《静庵文集》,辽宁教育出版社,1997 年。
64. 王继培:《潜夫论笺校》,中华书局,1985 年。
65. 王利器:《文子疏义》,中华书局,2000 年。
66. 王树民:《廿二史劄记校正》,中华书局,1984 年。
67. 王通:《文中子中说》,四部丛刊子部第四十四函。
68. 王先谦:《荀子集解》,中华书局,1988 年。
69. 王先慎:《韩非子集解》,中华书局,1998 年。
70. 王学奇、吴振清、王静竹:《关汉卿全集校注》,河北教育出版社,1988 年。
71. 闻一多:《神话与诗》,古籍出版社,1956 年。
72. 熊十力:《十力语要》,辽宁教育出版社,1997 年。
73. 熊十力:《新唯识论》,中华书局,1985 年。
74. 熊十力:《中国现代学术经典·熊十力卷》,河北教育出版社,1996 年。
75. 徐元诰:《国语集解》,中华书局,2002 年。
76. 徐震堮:《世说新语校笺》,中华书局,1984 年。
77. 许维遹:《韩诗外传集释》,中华书局,1980 年。
78. 荀悦:《申鉴》,四部丛刊子部第四十四函。
79. 严可均:《全上古三代文·全秦文》,商务印书馆,1999 年。
80. 杨伯峻:《列子集释》,中华书局,1979 年。
81. 杨伯峻:《论语译注》,中华书局,1980 年。
82. 杨伯峻:《孟子译注》,中华书局,1960 年。
83. 姚鼐:《惜抱轩文集》,清嘉庆六年江宁刘文奎家刻。

84. 叶嘉莹:《中国词学的现代观》,岳麓书社,1990 年。
85. 叶瑛:《文史通义校注》,中华书局,1994 年。
86. 余英时:《文史传统与文化重建》,三联书店,2004 年。
87. 袁枚:《随园全集》,民国十七年扫叶山房石印本。
88. 张少康:《文赋集释》,人民文学出版社,2002 年。
89. 张双棣、张万彬、殷国光:《吕氏春秋译注》,北京大学出版社,2000 年。
90. 张万起、刘尚慈:《世说新语译注》,中华书局,1998 年。
91. 章太炎:《国学讲演录》,华东师范大学出版社,1995 年。
92. 章学诚:《文史通义》,刘氏嘉业堂刻章氏遗书本,《续修四库全书》史部第 448 册,上海古籍出版社,2002 年。
93. 周振甫:《文心雕龙注释》,人民文学出版社,1981 年。
94. 朱熹:《四书章句集注》,中华书局,1983 年。

**B. 西文部分**

1. Aristotle. *Ethics* (ed. by William Kaufman). New York: Dover publications, Inc., 1998.
2. Aristotle. *Politics* (trans. by Benjamin Jowett). New York: Dover publications, Inc., 2000.
3. Ernst Cassirer, Paul Oskar Kristeller & John Herman Randall, Jr. (ed.). *The Renaissance Philosophy of Man*. Chicago: The University of Chicago Press, 1948.
4. Geoffrey Chaucer. *The Canterbury Tales*. Oxford University Press, 1985.
5. George Berkeley. *A Treatise Concerning the Principles of Human Knowledge*. The Liberal Arts Press, Inc., 1957.
6. George Santayana. *Reason in Common Sense*. New York: Dover Publications, Inc., 1980.
7. Goethe. *Faust*. Frankfurt am Main, Deutscher Klassiker Verlag, 1999.
8. James Joyce. *Ulysses*. London: The Bodley Head Ltd., 1937.

9. Jonathan Culler. *On Deconstruction*. London: Routledge & Kegan Paul, 1985.
10. Leo Strauss. *Persecution and the Art of Writing*. Chicago: The University Of Chicago Press, 1980.
11. Michael Caesar (ed). *Dante: The Critical Heritage*. London: Routledge, 1995.
12. Northrop Frye. *The Double Vision*. University of Toronto Press, 1991.
13. Pascal. *Pensées*. Jean-Claude Lattes, 1988.
14. Plato. *Republic* (trans. by John Llewelyn Davies & David James Vaughan). Wordsworth Editions Ltd., 1997.
15. Robert Burton. *Anatomy of Melancholy*. London: J. M. Dent & Sons Ltd., 1932.
16. Roman Ingarden. *The Literary Work of Art: An Introduction on the Borderlines of Ontology, Logic, and Theory of Literature*. Evanston: Northwestern University Press, 1973.
17. Sheldon Sacks (ed.). *On Metaphor*. London: The University of Chicago Press, 1980.
18. Sigmund Freud. *Beyond the Pleasure Principle* (trans. by C. J. M. Hubback). The International Psycho-Analytical Press, 1922.
19. Sir James Frazer. *The Golden Bough*. Wordsworth Editions Ltd., 1993.
20. Thomas Carlyle. *On Hero, Hero-worship and the Heroic in History*. London: Macmillan & Co. Ltd.

## C. 译文部分

1.《圣经》,中国基督教协会编,1995 年。
2. 艾因哈德:《查理大帝传》,戚国淦译,商务印书馆,1979 年。
3. 爱克曼:《歌德谈话录》,朱光潜译,人民文学出版社,1978 年。
4. 奥古斯丁:《忏悔录》,周士良译,商务印书馆,1963 年。

5. 奥维德:《变形记》,杨周翰译,人民文学出版社,1984 年。
6. 巴尔扎克:《巴尔扎克论文艺》,人民文学出版社,2003 年。
7. 柏拉图:《柏拉图对话集》,王太庆译,商务印书馆,2004 年。
8. 柏拉图:《柏拉图全集》,王晓朝译,人民出版社,2003 年。
9. 柏拉图:《蒂迈欧篇》谢文郁译注,上海人民出版社,2003 年。
10. 柏拉图:《理想国》,郭斌和、张竹明译,商务印书馆,1986 年。
11. 北京大学哲学系编:《古希腊罗马哲学》,商务印书馆,1961 年。
12. 策勒尔:《古希腊哲学史纲》,翁绍军译,山东人民出版社,1992 年。
13. 但丁:《神曲·地狱篇》,田德望译,人民文学出版社,1990 年。
14. 笛卡尔:《第一哲学沉思集》,庞景仁译,商务印书馆,1986 年。
15. 笛卡尔:《探求真理的指导原则》,管震湖译,商务印书馆,1991 年。
16. 费希特:《现时代的根本特点》,沈真、梁志学译,辽宁教育出版社,1998 年。
17. 弗洛伊德:《弗洛伊德后期著作选》,林尘、张唤民、陈伟奇译,上海译文出版社,1986 年。
18. 福柯:《不正常的人》,钱翰译,上海人民出版社,2003 年。
19. 歌德:《浮士德》,董问樵译,复旦大学出版社,1983 年。
20. 格罗塞:《艺术的起源》,蔡慕晖译,商务印书馆,1984 年。
21. 海德格尔:《存在与时间》,陈嘉映、王庆节译,三联书店,1987 年。
22. 海德格尔:《在通向语言的途中》,孙周兴译,商务印书馆,1997 年。
23. 海然热:《语言人》,张祖建译,三联书店,1999 年。
24. 荷马:《奥德赛》,陈中梅译,花城出版社,1994 年。
25. 荷马:《伊利亚特》,陈中梅译,花城出版社,1994 年。
26. 赫西俄德:《工作与时日 神谱》,张竹明、蒋平译,商务印书馆,1991 年。
27. 黑格尔:《大逻辑》,杨一之译,商务印书馆,1976 年。
28. 黑格尔:《法哲学原理》,范扬、张企泰译,商务印书馆,1961 年。

29. 黑格尔:《精神现象学》,贺麟、王玖兴译,商务印书馆,1979 年。
30. 黑格尔:《历史哲学》,王造时译,上海书店出版社,1999 年。
31. 黑格尔:《美学》,朱光潜译,商务印书馆,1981 年。
32. 黑格尔:《小逻辑》,贺麟译,商务印书馆,1980 年。
33. 黑格尔:《哲学科学全书纲要》,薛华译,上海人民出版社,2002 年。
34. 黑格尔:《哲学史讲演录》,贺麟、王太庆译,商务印书馆,1960 年。
35. 怀特海:《科学与近代世界》,何钦译,商务印书馆,1959 年。
36. 卡尔·曼海姆:《意识形态与乌托邦》,黎鸣、李书崇译,商务印书馆,2000 年。
37. 卡西尔:《人论》,甘阳译,上海人民出版社,2003 年。
38. 康德:《纯粹理性批判》,蓝公武译,商务印书馆,1960 年。
39. 康德:《道德形而上学原理》,苗力田译,上海人民出版社,2002 年。
40. 康德:《历史理性批判文集》,何兆武译,商务印书馆,1990 年。
41. 康德:《判断力批判》,邓晓芒译,人民出版社,2002 年。
42. 康德:《实践理性批判》,韩水法译,商务印书馆,1999 年。
43. 康德:《未来形而上学导论》,庞景仁译,商务印书馆,1978 年。
44. 孔狄亚克:《人类知识起源论》,洪洁求译,商务印书馆,1989 年。
45. 莱辛:《拉奥孔》,朱光潜译,人民文学出版社,1979 年。
46. 列夫·托尔斯泰:《安娜·卡列尼娜》,周扬、谢索台译,人民文学出版社,1956 年。
47. 列维-布留尔:《原始思维》,丁由译,商务印书馆,1981 年。
48. 刘小枫主编:《人类困境中的审美精神》,东方出版中心,1994 年。
49. 罗素:《西方哲学史》,马元德译,商务印书馆,1976 年。
50. 洛克:《人类理解论》,关文运译,商务印书馆,1959 年。
51. 尼采:《悲剧的诞生》,周国平译,三联书店,1986 年。
52. 尼采:《超善恶》,张念东、凌素心译,中央编译出版社,2005 年。
53. 尼采:《权力意志——重估一切价值》,张念东、凌素心译,商务印书馆,1991 年。

54. 帕斯卡尔:《思想录》,何兆武译,商务印书馆,1985 年。
55. 培根:《新工具》,徐宝骙译,商务印书馆,1984 年。
56. 皮亚杰:《发生认识论原理》,王宪钿等译,商务印书馆,1981 年。
57. 皮亚杰:《结构主义》,倪连生、王琳译,商务印书馆,1984 年。
58. 乔治·米诺瓦:《自杀的历史》,李佶、林泉喜译,经济日报出版社,2003 年。
59. 塞万提斯:《堂吉诃德》,屠孟超译,译林出版社,1995 年。
60. 叔本华:《叔本华论说文集》,范进、柯锦华、秦典华、孟庆时译,商务印书馆,1999 年。
61. 叔本华:《作为意志与表象的世界》,石冲白译,商务印书馆,1982 年。
62. 斯宾诺莎:《伦理学》,贺麟译,商务印书馆,1983 年。
63. 斯宾诺莎:《知性改进论》,贺麟译,商务印书馆,1960 年。
64. 苏维托尼乌斯:《罗马十二帝王传》,张竹明、王乃新、蒋平译,商务印书馆,1995 年。
65. 塔西佗:《历史》,王以铸、崔妙因译,商务印书馆,1981 年。
66. 维柯:《新科学》,朱光潜译,商务印书馆,1989 年。
67. 维特根斯坦:《逻辑哲学论》,郭英译,商务印书馆,1962 年。
68. 西塞罗:《国家篇法律篇》,沈叔平、苏力译,商务印书馆,1999 年。
69. 西塞罗:《论老年论友谊论责任》,徐奕春译,商务印书馆,1998 年。
70. 锡德尼:《为诗辩护》,钱学熙译,人民文学出版社,1998 年。
71. 休谟:《人类理解研究》,关文运译,商务印书馆,1957 年。
72. 休谟:《人性论》,关文运译,商务印书馆,1980 年。
73. 亚里士多德:《诗学》,陈中梅译,商务印书馆,1996 年。
74. 亚里士多德:《诗学》,陈中梅译,商务印书馆,1996 年。
75. 亚里士多德:《形而上学》,吴寿鹏译,商务印书馆,1959 年。
76. 伊拉斯谟:《愚人颂》,许崇信译,辽宁教育出版社,2001 年。

参考书目 II

# 附录部分

## A. 中文部分

1. 徐震堮:《世说新语校笺》,中华书局,1984 年。
2.《谭鑫培艺术评论集》,中国戏剧出版社,1990 年。
3. 周振甫:《文心雕龙注释》,人民文学出版社,1981 年。
4.《新刊四书五经》,中国书店,1994 年。
5. 北大比较文学研究所编:《中国比较文学研究资料(1919—1949)》,北京大学出版社,1989 年。
6. 陈寅恪:《陈寅恪集·金明馆丛稿二编》,陈美延编,三联书店,2001 年。
7. 郭绍虞主编:《中国历代文论选》,上海古籍出版社,1979 年。
8. 韩儒林:《元朝史》,人民出版社,1986 年。
9. 乐黛云:《比较文学与中国现代文学》,北京大学出版社,1987 年。
10. 李汉秋、曾有芬编:《关汉卿研究资料》,上海古籍出版社,1988 年。
11. 刘纲纪、李泽厚:《中国美学史》,上海社会科学出版社,1987 年。
12. 陆谷孙编:《莎士比亚专辑》,复旦大学出版社,1984 年。
13. 宁宗一、陆林、田桂民编:《元杂剧研究概述》,天津教育出版社,1987 年。
14. 裘克安:《莎士比亚年谱》,商务印书馆,1995 年。
15. 杨周翰:《镜子和七巧板》,中国社会科学出版社,1990 年。
16. 游国恩等:《中国文学史》,人民文学出版社,1963 年。
17. 臧晋叔:《元曲选》,中华书局,1979 年。
18. 张泗洋等:《莎士比亚引论》,中国戏剧出版社,1989 年。

19. 赵山林:《中国戏曲观众学》,华东师范大学出版社,1990 年。
20. 朱维之编:《中外比较文学》,南开大学出版社,1992 年。

### B. 西文部分

1. Aristotle. *Poetics* (translated by Gerald F. Else). The University of Michigan Press, 1970.
2. C. T. Onions (ed.). *Shakespeare's England*. Oxford: Clarendon Press, 1917.
3. *Candidates for Shakespeare*. London: Thames & Hudson Ltd, 1996.
4. Gamini Salgado. *English Drama: A Critical Introduction*. Edward Arnold Ltd., 1980.
5. Gilbert Murray. *A History of Ancient Greek Literature*. London: William Heinemann, 1899.
6. H. J. Rose. *A Handbook of Greek Literature*. London: Methuen & Co., 1956.
7. Margaret Bieber. *The History of the Greek Theatre*. Princeton University, 1939.
8. Sir Ifor Evans. *A Short History of English Drama*. London: MacGibbon & Kee, 1965.
9. Stanley Wells. *Literature and Drama*. London, Routledge & Kegan Paul Ltd., 1970.
10. W. D. Standford. *Creek Tragedy and The Emotions*. London: Routledge & Kegan Paul, 1983.

### C. 译文部分

1.《俄国形式主义文论选》,方珊等译,三联书店,1989 年。
2.《莎士比亚全集》,朱生豪等译,人民文学出版社,1987 年。
3. 阿尼克斯特:《莎士比亚传》,安国梁译,海燕出版社,2001 年。
4. 柏拉威尔:《马克思和世界文学》,梅绍武等译,三联书店,1980 年。

5. 勃兰兑斯:《19 世纪文学主流》,张道真等译,人民文学出版社,1980 年。
6. 马奇主编:《西方美学史资料选编》,上海人民出版社,1987 年。
7. 青木正儿:《中国戏曲史》,中国戏剧出版社,1957 年。
8. 王国维:《宋元戏曲史》,华东师范大学出版社,1995 年。
9. 乌乐利希·韦斯坦因:《比较文学与文学理论》,刘象愚译,辽宁出版社,1987 年。
10. 伍蠡甫、胡经之主编:《西方文艺理论名著选读》,北京大学出版社,1985 年。
11. 伍蠡甫编:《西方文论选》,上海译文出版社,1979 年。
12. 伊·勒·伍德沃德:《英国简史》,上海外语教育出版社,1990 年。
13. 张隆溪主编:《比较文学译文集》,北京大学出版社,1982 年。
14. 朱雯等编选:《文学中的自然主义》,上海文艺出版社,1992 年。

# 后记一

在复旦外文系读书时，我从陆谷孙教授精读了莎士比亚的两部戏剧作品：《第十二夜》和《哈姆雷特》，留下了深刻的印象。此后每年都重读《哈姆雷特》，逐渐积累了一些想法。2002 年夏我到外地旅行，途中突然迸出一个念头：写一本关于《哈姆雷特》的书吧！第二年秋我动笔写作，两年后终于完成。这便是本书的缘起了。

在写作过程中，我经常会问自己这样两个问题：我为什么要写这本书？我为什么要这样写？现在写作已完成，不妨对上述问题略做分说，算是"卒章明义"——读者视之为作者的自我辩护，也未尝不可。

《哈姆雷特的问题》是我的第二本书。它在很大程度上是一个示范性的写作，其示范对象正是作者本人。德里达曾经说存在着两种类型的写作：一种是书的绝对模式，即"以自我转动的卷轴形式结集的整体知识"；另一种是片断性的书写，即"不在自身上以书或者绝对知识的形式结集的书写"，或曰作为"文本开始"的"某种印迹组织"[①]。德里达并不认为前者是唯一可行的写作方式，相反他表现出"对可自我关闭的整体"的怀疑。他的怀疑不是没有道理的。在中国学术界，这种"绝对模式"有时以"规范化的学术写作"的面目出现，代表了学术写作的正确道路，几乎成为一种意识形态。对于青年学生来说，接受学术规范的训练无疑是必要的（我本人就是一名受益者）；在某种意义上，写作学位论文的过程也正是一个接受学术规范训练的过程。但是有一点：硕士、博士论文的写作规范并不等于学术规范

---

① 德里达：《书写与差异》，张宁译，三联书店，2001 年，"访谈代序"第 8 页；"省略/循回"，同书第 526 页。

的全部。现在研究生论文无一例外要求创新,然而前人论述已备,为了寻求突破,写作者不得不从某个细枝末节入手(所谓"小切口")向下深挖(所谓"大截面");其结果,可能是知识的专精化,也可能是知识的狭隘化。在极端情况下,专精之学会成为另一种意义上的"后现代碎片",明察秋毫却不见舆薪,甚至歧路亡羊(用解构主义的术语讲就是"différance"),用力愈勤而离真知愈远。更重要的是,学术规范并不等于学术本身。学术规范只是一个工具,为写作目的服务的工具,本身并不是目的;如果以工具为目的,为规范而规范,那么目的和工具就会一并异化而两败俱伤,学术规范成为学术的戏仿(parody),而学术成为学术规范的反讽(irony)。

学术论文并不是学术写作的唯一方式。学术写作可以是、而且应当是多种多样的。无论是"片断性"的写作(如钱钟书的《管锥编》),还是"绝对模式"的写作(如黑格尔的《逻辑学》),只要持之有故,言之成理而有所发明,均可视为学术著作。正是在这个意义上,《哈姆雷特的问题》是一个自我示范的作品:我希望通过写作本书,为自己寻证一种新的言说方式。这种言说方式就是阐释。

《哈姆雷特的问题》是一个阐释,确切说是一个比较文学的阐释。比较文学不等于文学比较:它的研究对象未必是文学,而它的研究方法也不仅仅限于比较。按照我的理解,比较文学与其说是一种研究方法,不如说是一门认识论,即在交流前提、互动关系、对话逻辑中,通过会同与对治的方法,更好地认识自我与他者及其共同临对的某些问题。其次,在我看来比较文学可以分为三个发展阶段(同时也是三种研究模式):第一个阶段,是对异质文化及其语言载体的译介与阐释;第二个阶段,是这些译介和阐释所构成的文学—文化关系及相关研究;最后,是对文学—文化关系研究进行反思而上升为理论(比较诗学),同时作为阐释实践进入新一轮的文化互动。可以说,阐释是比较文学的灵魂,它不仅是文学—文化关系研究的对象,而且创造着新的文学—文化关系。《哈姆雷特的问题》正是处于第一阶段的阐释,阐释的对象就是哈姆雷特——作为人类/人性(humanity)一个镜像——的问题。

那么,什么是"哈姆雷特的问题"呢?首先,哈姆雷特的问题是人的问题。《哈姆雷特》是一部形而上的问题剧：如果说萧伯纳、易卜生、奥尼尔的戏剧应时对症地反映了特定时空中的社会问题，《哈姆雷特》则揭示了一切人生存中的永恒困境与根本困惑（我想这也是莎剧在中国始终没有大红的原因）。因此，哈姆雷特的问题也就是我的问题。在阐释活动中，阐释者于阐释作品的同时也阐释了自己。这种阐释也就是存在论意义上的自我解释——解说、解答、解放、解脱、开解、调解、化解、拆解、了解、释放、消释、开释……直至和解与释然；通过这种解释，我成为了我。

经典是有待解释的另一个我（他我）。《哈姆雷特》无疑是一部经典。——哈罗德·布鲁姆（Harold Bloom）甚至说莎士比亚（他指的是莎剧，其中自然包括《哈姆雷特》）是西方经典的中心。然则何谓"经典"？（与之相关的问题是：我们为何要读经典？）在我看来，经典之为经典，首先在于它的保守性。在国人眼中，"保守"差不多是抱残守缺、固步自封、不思进取、裹足不前、顽固不化的同义词，甚至被视为"进步"、"革命"、"现代"的反面。这不过是时代大叙述召唤出的一种"市场偶像"[①]罢了。其实，"保守"意味着保有、保藏、保存、保护、保养、保育、守护、守望、守卫，实在是一种基本的生存方式。以个人为例，我一出生就有一个已经过无数代适应、选择、进化和遗传的身体，这个身体是我"营生"的原始资本，首先要保守住它，岂能因其不够健壮或不够美好就丢弃不要呢？一个民族、国家或文化同样也有它的身体和原始资本，也就是"本体"。这个本体有如一枚种子，贮存以往、承载当下并化育将来（用黑格尔的话说就是"回忆把经验保存下来了，并且回忆是内在本质，事实上它也是实体的更高形式"[②]）。而经典，就是护守这枚种子的储存器；通过阅读经典，我解释了生命的本体，从而保有、养育了我自己。

《哈姆雷特》正是这样一部经典。因此，解释《哈姆雷特》意味着

---

① 培根认为：文字强制和统辖着理解力，把人们引向无数空洞的争论与无谓的幻想，是谓"市场偶像"（参见《新工具》，徐宝骙译，商务印书馆，1984 年，第 21、31 页）。

② 黑格尔：《精神现象学》第 8 章第 3 节，贺麟、王玖兴译，商务印书馆，1979 年，下卷第 274 页。

解释我自己。我在解释，也在被解释；我解释，因此我是；我就是我的解释。这个解释与生命同步，面向多种可能敞开，不断生发而无有穷已。而《哈姆雷特的问题》，不过是方今之我——自我解释的一个印迹(trace)罢了。

既然是印迹，就免不了随写随扫、“以不同形相禅”和不断延异的命运；但其所以如此，不正是出于对“环中”或“圆心”的企慕么？在这个意义上，解释乃是黑格尔所说的那种“自己爱自己的游戏”[①]：解释因由此爱，也指向此爱；解释是此爱所为，并与此爱共在。走笔至此，即以一首小诗结束本文，读者会心不远，一笑可也：

**夏夜偶题**

(2002. 5. 15—23)

银汉灭明无量寻，氤氲三弄凤凰琴。
乘龙曷待昆仑岛？燃犀还聆流水音。

本书完成后，严绍璗教授为了提携后进，将本书收入他主编的《北京大学比较文学学术文库》。这是我第二次参加严先生的项目，深感欣喜和荣幸。北京大学出版社的胡双宝先生、张冰女士、胡娜女士认真校对了书稿清样，对于他们的辛勤劳动，我致以最诚挚的谢意。

是为后记。

2006 年 2 月下旬
于北京大学中关园

① 黑格尔：《精神现象学》序言，贺麟，王玖光译，商务印书馆，1979 年，上卷第 11 页。

# 后记二

在这篇后记中，我想特别感谢一个人，他就是复旦大学的陆谷孙先生。

十二年前，我还是一名本科生，正准备考研。一个秋雨绵绵的下午，我到复旦大学了解情况，一进校门就在西侧的“名师风采”宣传栏中看到了陆谷孙先生的图片。图片上的陆先生正在讲课，头发花白，目光清朗，愉快而自信地打着手势，一派名师风范。我心头一震：这不正是我要找的老师吗？我一定要做他的学生！

事与愿违，我来到复旦后，陆先生并没有带我这一届的硕士生。当时他担任外文系主任，同时主持《英汉大词典》的编写工作，还坚持给本科生上基础课，实在太忙了。记得派定导师和研究方向后，我径直走到陆老师面前，心有不甘地说：“我想找您做导师！”听到这话，陆老师轻轻叹了一口气，注视着我，语气诚恳地回答说：“张沛啊，我今年不带学生了。你不要太看重师生名分，你上我的课，一样可以跟我学的呀。”唉，我还能说什么呢？

就这样，我的如意算盘落了空，未能拜在自己景仰的老师门下学习。不过有失就有得。我听从陆老师的建议，跟随夏仲翼先生学习西方文论，大开眼界，并进而对比较文学产生了兴趣，为日后进入北大深造打下了基础。这是后话不提，且说我当时对未能进入陆门耿耿于怀，决心“偷师学艺”：学他的真功夫，而且还要比他的正式弟子学得更好！现在回想起来，这真是少年意气；但是对青年来说，意气也许可以转成志气，不见得总是坏事吧。

于是，只要陆先生开课，无论是本科生的课还是研究生的课，我都去听。两年下来，我先后选修了陆老师的英美散文、莎士比亚戏剧精读等课程。陆老师的讲课艺术是超一流的！他嗓音浑厚，有如黄钟大吕，而且语音纯正、用词典雅(别忘了他可是辞典编纂专家!)，再加上博洽的学识、洒脱(北京土话叫“飒”，也就是谡谡有林下风气的意思)的风度，简直达到了无美不具的境界。因此，他的课堂总是人气旺盛，常常是本系的、外系的甚至外校的学生、青年教师乃至慕名而来的社会人员汇聚一堂；而陆老师，作为“the observed of all observers”，一定是神采飞扬、妙语连珠，并不时有“随心所欲不逾矩”的发挥；而听讲者，也无不欢欣鼓舞，跟着他一道神游灵魂的故国而流连忘返……

不用说，我在陆老师的课上学到很多东西，小到一字一词的读音，大到立身处世的道理，至今不能忘怀。他极少缺课，偶尔因开会不得不停课，事后也一定补上。“我是一个教书匠”，这是他的一句口头禅。记得有一天上课，正讲到酣处，突然有几名新闻记者进来，冲着讲台咔嚓、咔嚓地照个不停。陆老师开始没好说什么，过了片刻，看见这些人还在忙活，便停下来有些不快地对他们说：“老兄，这里正在上课，你们先出去好吗?”还有一次，也是正在上课的时候，一位朋友来看他，站在教室门口向他打招呼。陆老师点头示意而已，继续给学生上课。我想，在陆老师心中，上课一定是最重要的事，所以他才会这样吧。

然而，日常生活中的陆老师极富人情味，据我看是少有的深情人。他自言平生最得意的事情是“我是我父亲的儿子”。在他住处的显眼位置上，一直摆放着父亲的遗像，每到除夕他都会取下揩拭一番，鞠躬行礼，然后奉上一杯清茶，独自默坐追思。陆老师也十分重视师生友情。一位共事多年的朋友去世后，陆老师神情黯然，大异平时，后来竟因此发病。对于青年学子，他更是关爱有加。当时他做系主任，每日早八点必来“坐镇”办公室；办公室的大门始终敞开，学生可以随时来向他咨询问题。我曾多次来这里请教疑难，陆老师从未表示过厌烦，总是亲切地，甚至饶有兴味地和我讨论问题，有时还会向我提问，启发我进一步思考。我平生发表的第一篇学术论文，还有我的硕士论文选题，包括本书附录的两篇文章，都是在这样的谈话中逐渐成形的。

后来我将离开复旦时，作为临别纪念，特意请一位老朋友同来旁听陆老师本学期为四年级本科生上的最后一堂英美散文课。课间休息时，陆老师踱过来询问我考北大的情况，关切之中隐隐流露出挽留的意思。下课后这位老朋友跟我说："看得出陆先生很重视你。"我回答说："你不知道，他对每一个学生都是这样的。"确实，和陆老师在一起，你能从他的眼神和语气中感到他在真心关注你，会觉得自己很受重视，是大有希望的可造之材。这说来简单，然而非情深者不能为也。为人师者，如果没有这种深情，则不过是一台讲课机器罢了。

《哈姆雷特的问题》这本小书可以说是我和陆老师师生情谊的见证。去年我给学生开"欧美文学经典导读"，讲《哈姆雷特》，第一堂课我就告诉学生：本人当年在复旦大学陆谷孙先生开设的"莎剧精读"课上学习了这部作品，受益良深。我这么说不是为了炫耀，而实在是发自内心的感念。我用本书作讲义，一边上课，一边修改。定稿后，我把一些重要章节寄给陆师审阅，他放下手头正在进行的《英汉大词典》修订工作，认真审读一过，并提出了中肯的修改意见。我请先生赐序，他也欣然命笔，很快便写好寄来，并风趣地说："We're quits now"(我们两清了)。怎么会"两清"呢？说学生又欠了老师一笔债还差不多。陆师在序中称本人"审问慎思"、"素心笃志"云云，我愧不敢当，惟愿以此自勉，作为对老师的回报。

不觉离开复旦八年了！临别时，陆师曾赠诗一首：

深巷柳依依，新雏贴地飞。明年寻故旧，能否识荆扉？

直到去年11月，复旦百年校庆后不久，我才有机会重访母校。不用说，复旦变化很大。在我印象中，复旦是温厚从容、蕴藉风流的，正如北大雄浑阔大、沉潜激扬一样；现在看来，这似乎是一种"机械的、静止的、形而上学的观点"(借用政治教科书语，一笑)。复旦本非"荆扉"，而我——现在是"老鸟"了——有些不识故旧倒是真的。幸好，变化中有不变者在；无此不变者，变化将不知伊于胡底。会议结束后，我专程拜会陆、夏二位先生，就感受到了这个不变者，或者说保守的精神。事实上，这也是一国文化命脉的保守者——大学的精神。所谓"道不虚行"，精神需要人来践履，否则无以呈现；而陆老师，可以说正是这样一个典范。在这个意义上，他对我的帮助和影响就绝不仅仅限于学业方面了。

听到上面这番话，陆老师一定会说：我只是一名教书匠，你把我理想化了。确实，我在陆老师身上投射了自己青年时的理想；但人是需要理想的，不是么？何况，是陆老师本身焕发出理想的光华，我不过有幸见证了理想的真实性罢了。对于这样一位“教书匠”，我怎能不充满感激和敬意呢？

2006年3月上旬于北大中关园